Sylvie Winter
Rote Erde, weißes Herz

Sylvie Winter

# Rote Erde, weißes Herz

*Roman*

Allegria

# CONSCIOUSNESS

I do not see a delegation for the Four-footed.
I do not see a seat for the Eagles.
We forget …
and we consider ourselves superior.

But we are, after all, a mere part of Creation.
And we must consider
to understand where we are.
And we stand somewhere between the Mountain
and the Ant.
Somewhere, and only there,
as Part and Parcel of the Creation.

*Chief Oren Lyons Onondaga*

# 1

Marisa lehnte sich erschöpft in ihrem unbequemen Flugzeugsessel zurück und glättete verschlafen ihren sandfarbenen Baumwollanzug. Mit knapp zweiunddreißig Jahren wirkte sie jünger, als sie war. Das goldblonde Haar, im Nacken mit einem schwarzen Samtband zusammengehalten, fiel ihr seitlich in langen Strähnen ins schmale Gesicht und ließ sie verletzlich erscheinen. Es machte ihr große Mühe, die Augen offenzuhalten. Ihre Füße waren angeschwollen vom langen Sitzen. Ihr Nacken war steif. Der ganze Körper schmerzte. Nach fast 13 Stunden Flugzeit sehnte sie sich nach einem heißen Bad, aber vor allem nach einem bequemen Bett.

Es war nur noch eine knappe Stunde Flugzeit bis nach Albuquerque, der größten Stadt New Mexicos, und Marisa bemühte sich, wach zu bleiben. Die Landschaft, die sie aus dem kleinen, ovalen Fenster der Maschine unter sich vorbeiziehen sah, wurde immer weiter und leerer. Nur vereinzelt schoben sich rote Bergzungen in die endlosen gelbbraunen Ebenen, die von unzähligen ausgetrockneten Flußbetten durchzogen waren. Sie sahen aus wie lange, dürre Finger, die sich in der Weite des Landes streckten. Wie eine Mondlandschaft, schoß er Marisa durch den Kopf. Einsam und unbewohnt.

»Wollen Sie noch eine Tasse Kaffee?«

Die Stimme der Stewardess riß sie aus ihren Gedanken. Sie bedankte sich, verzichtete auf Milch und Zucker, nahm den Kaffee entgegen und nippte daran. Er war bitter und dünn. Marisa stellt ihn auf das Tablett vor sich. Wie lange war es her, seitdem sie zum letzten Mal von hier Abschied genommen hatte? Seit den sorglosen Kindertagen, die sie bei ihrem Großvater auf der Navajo Reservation in Arizona verbracht hatte. Es schien ihr wie ein ganzes Leben …

Ihre Gedanken wanderten zurück in ihre Kindheit. Sie dachte an ihren Vater, einen amerikanischen Besatzungssoldaten, den ihre Mutter sehr geliebt und kurz vor ihrer Geburt in Frankfurt geheiratet hatte. Als sie ein Jahr alt war, starb er bei einem Autounfall in seinem Jeep auf der Autobahn bei Wiesbaden. Ihre Mutter erlitt einen Nervenzusammenbruch und begann Beruhigungsmittel zu nehmen, von denen sie nicht wieder losgekommen war. Ihr Großvater hatte sie damals zu sich nach Amerika auf seinen Trading Post in der Reservation eingeladen. Er wollte seine Enkelin und die Witwe seines Sohnes kennenlernen und etwas für sie tun. Ihre Mutter hatte kein Geld gehabt, und die Abfindung von der Army hatte gerade für den Flug gereicht.

Trading Post – als Kind hatte sie sich darunter so etwas wie die kleine gelb angestrichene Post an der Straßenecke in Frankfurt vorgestellt. Der Trading Post von Großvater John entpuppte sich als ein langgestreckter Lehmziegelbau mit einem kleinen Laden daneben, in dem es Regale mit bunten Konserven und riesigen Ketchup-Flaschen gab. Im Haus gab es drei kleine, aber sehr gemütliche Räume mit Lehmböden, die mit bunten Wollteppichen belegt waren. In einem der Räume wurden Silberschmuck und die handgewebten Teppiche der benachbarten Navajo-Frauen verkauft. An John erinnerte sie sich als einen gütigen alten Mann mit einem grauen, wirren Bart und hellen, wachen Augen. Er betrieb den kleinen Laden seit über zwanzig Jahren. Marisas Vater hatte seine Mutter früh verloren und war hier bei John in der Reservation aufgewachsen. Grandpa, wie Marisa ihn nannte, hatte sie gleich ins Herz geschlossen und bemühte sich ihren Aufenthalt so angenehm wie möglich zu gestalten. Aber ihre Mutter hielt es in der Einsamkeit der Reservation nicht lange aus. Sie konnte sich nicht an das einfache Leben gewöhnen. Das Wasser mußte von einer Quelle in Blechkanistern täglich frisch geholt werden. Nach zwei Jahren wollte sie zurück, um eine neue Existenz in Deutschland aufzubauen.

Marisa blieb erst einmal beim Großvater und besuchte mit den Navajo-Kindern die Indian School. Als ihre Mutter zwei Jahre später eine gutbezahlte Stelle als Dolmetscherin bei einer Bank gefunden hatte, ließ sie die Tochter nachkommen. Marisa erinnerte sich noch an diesen Heimflug, auf dem sie große Angst gehabt hatte, allein zu sein. Eine junge Stewardess hatte sie bei der Hand genommen und ihr das ganze Flugzeug gezeigt.

Mit sechzehn war sie noch einmal mit ihrer Mutter auf die Reservation zurückgekehrt. Dem Großvater ging es zu dieser Zeit gesundheitlich nicht gut. Sie blieben den Sommer über, bis es ihm wieder besserging. Marisa half im Laden. Aber jetzt verstand sie ihre Mutter – es kam ihr alles entsetzlich öde und arm vor. Manchmal dauerte es Tage, bis ein paar Touristen vorbeikamen oder eine Navajo-Familie ihre Vorräte auffüllte. Mit zwanzig zog sie nach London, um Journalistin zu werden, und lernte dort auch ihren späteren Mann kennen.

Marisa atmete tiefer durch, überschwemmt von ihren Gefühlen und den Bildern der Vergangenheit. Ihre Ehe war schwierig gewesen. Sie fühlte sich oft elend und verlassen und suchte immer mehr bei ihrer Mutter Trost und Zuflucht. Und dann geschah das Unfaßbare. An einem Sonntagmorgen starb ihre Mutter ganz plötzlich. Eben hatte sie Marisa noch um eine frische Tasse Tee gebeten. Und als Marisa aus der Küche zurückkam und wieder das kleine Wohnzimmer betrat, lag ein lebloser Körper im Sessel. Marisa verkrampfte sich bei dieser Erinnerung. Sie spürte den Schmerz wieder so stark, daß ihr Tränen in die Augen schossen und sie rasch aus dem Fenster sah.

Der überraschende Tod ihrer Mutter hatte sie in eine schwere Krise gestürzt, von der sie sich nur langsam erholte. Sie nahm Medikamente gegen depressive Stimmungen, die sie immer wieder überfielen. Seit sie ihre Mutter verloren hatte, fehlte ihrem Leben die Richtung. Alles schien ihr sinnlos. Sie besaß kein wirkliches Zuhause mehr. Ihre Ehe mit William, den sie kurz nach ihrem einundzwanzigsten Geburtstag in London geheiratet hatte, war schon vor Jahren endgültig zerbrochen. Außer in den ersten Monaten ihrer Beziehung hatten sie sich nicht viel gesehen. William reiste als Journalist ständig rund um den Erdball. Jedes Abenteuer lockte ihn, nur nicht sie. Aber sie waren zumindest Freunde geblieben. Jetzt lebte sie allein in Frankfurt in einem kleinen Ein-Zimmer-Apartment, mit einem winzigen Balkon zur Offenbacher Landstraße.

Ihre Arbeit bei der Zeitung machte ihr zwar noch Spaß, aber sie erfüllte sie nicht mehr. Dann kam die Kündigung, weil ein großer Teil der Redakteure eingespart werden mußte, und alles schien ganz plötzlich zu Ende zu gehen. Sie hatte sich ganz heimlich eine Veränderung gewünscht, aber nicht durch einen solchen Schock. Aber sie hatte sich eigentlich auch immer nach selbständiger Arbeit gesehnt, nach einer Unabhängigkeit, bei der sie sich die Themen ihrer Berichte und Interviews selbst aussuchen konnte.

Es war, als ob das Leben ihre Bitten erhört hatte, aber auf eine Weise, die sie nicht verstand. Ein Frauenmagazin meldete sich ganz überraschend bei ihr, das Artikel für eine Serie über »weise Frauen« suchte. Sie spürte instinktiv, daß sich hier vielleicht eine Chance bot, ihr Leben zu verändern. Monatelang hatte sie nichts getan. War unfähig, etwas zu unternehmen. Die Trauer saß zu tief. Und dann erinnerte sie sich plötzlich an Dancing Grass … die Navajo-Medizinfrau, die sie damals in ihren Kinderjahren und noch einmal als Teenager gesehen hatte. Vielleicht war sie die richtige für einen solchen Artikel? War dies vielleicht der nächste Schritt?

Und nun saß sie hier im Flugzeug. Sie war auf dem Weg. Es hatte keine andere Möglichkeit gegeben, als den Schritt auch wirklich zu tun. Doch je näher sie ihrem Ziel kam, desto größer wurden ihre Zweifel. Zweifel, ob ihre Pläne in Erfüllung gehen würden. Zweifel, ob Dancing Grass überhaupt noch lebte. Zweifel, ob Marisa sie überhaupt finden würde und ob sie bereit war, mit ihr zu sprechen.

Die Stewardess kam durch den Gang und sammelte alle Pappbecher und Abfälle ein, und im selben Moment leuchteten die Anschnallzeichen auf. Die Maschine schwankte stark, als sie auf den Flughafen von Albuquerque einschwenkte und mit dem Landeanflug begann. Die starken Winde in der Hochwüste New Mexicos waren unberechenbar.

Marisa schnallte sich fester an und schloß die Augen. Ihr Magen verkrampfte sich, und sie mußte sich an den Sitzlehnen festklammern. Angst verengte ihre Kehle. Sie sah sich wieder als Fünfjährige, erinnerte sich wieder genau, wie sie damals nicht in das Flugzeug einsteigen wollte, das sie zum Großvater in die USA bringen sollte. Wie sie geweint und geschrien hatte, als sie ihre Mutter in Frankfurt in das Flugzeug trug.

Ein bitteres Gefühl der Hoffnungslosigkeit stieg aus der Erinnerung hoch, die Gewißheit, bald sterben zu müssen. Das Schwanken und Rütteln der Maschine im Anflug schien sich endlos hinzuziehen. Sie öffnete kurz die Augen, um zu sehen, ob die Landebahn nicht endlich unter ihnen auftauchte. Aus dem Augenwinkel sah sie einen riesigen Vogel, der im Abstand von vielleicht hundert Metern neben dem Flugzeug dahinglitt. Fasziniert beobachtete sie ihn und vergaß ihre Angst. Doch dann gab es einen Ruck, die Maschine setzte sicher auf, und der Vogel war verschwunden.

Der reservierte Wagen, ein kleiner roter Suzuki-Jeep, wartete bereits auf sie. Die Papiere waren schnell unterschrieben. Die Nacht würde sie im Wyndham Hotel gleich am Flughafen verbringen und morgen früh in Richtung Gallup aufbrechen. Marisa spürte wieder, wie sehr sie der lange Flug erschöpft hatte. Todmüde sank sie wenig später auf ein herrlich breites King-Size-Bett und schlief sofort ein.

Der Morgen begrüßte sie mit dem strahlendsten Blau, einem Blau, das es nur über der Wüste gab. Marisa sah erwartungsvoll aus den breiten Fenstern, die einen weiten Blick auf den nördlichen Teil der Stadt und die Berge erlaubten. Gerade Straßen, gesäumt von niedrigen Häuschen, teilweise im heimischen Adobe-Stil, dazwischen ein wenig Grün. Die weich geschwungenen Berge schimmerten noch im blauen Licht des frühen Morgens. Sie sprang schnell unter die Dusche und zog sich an. Dunkelgrüne Shorts, ein weißes T-Shirt und Turnschuhe genügten.

Marisa sah in den Spiegel. Ein schmales, müdes Gesicht, mit Haaren, die jetzt wirr und naß herunterhingen, blickte ihr entgegen. Unter ihren graugrünen Augen lagen kleine Ränder. Ihre Haut schien plötzlich rauh. Die trockene Luft hatte bereits begonnen, die ersten Spuren zu hinterlassen. Sie strich schnell etwas Lotion auf. Sie fühlte sich relativ gut und trotz der wenigen Stunden Schlaf recht ausgeruht.

Im Frühstücksraum nahm sie sich einen Kaffee und Rührei mit Toast vom Buffet. Auf den Speck verzichtete sie. Es war das übliche Frühstück hier. Dazu einen Orangensaft und einen Apfel für die Fahrt. Ein junger Mexikaner, der auf einem Bein leicht hinkte, half ihr ein wenig später beim Verstauen ihres wenigen Gepäcks. Mit einem warmen Lächeln nahm er die zwei Dollar entgegen, die ihm Marisa in die Hand drückte. »I wisha a safe journey!« rief er ihr in gebrochenem Englisch nach.

Marisa winkte ihm zu und stieg in den Jeep. Sie mußte zuerst einige Kilometer nach Norden fahren, um den Freeway nach Westen zu erreichen. Die Interstate 40, wie die Autobahn hier genannt wurde, verlief direkt über den Rio Grande, bevor sie sich wie eine riesige helle Schlange in die endlose, braungelbe Wüste hinabließ, die Albuquerque von allen Seiten umgab. Sie hatte Zeit. Wenn sie sich recht erinnerte, waren es ungefähr drei Stunden nach Gallup, der heimlichen Hauptstadt der Navajos. Dort begann die Reservation. Von da aus waren es weitere knappe zwei Stunden nach Chinle, dem kleinen Ort am Rande des Canyon de Chelly.

Dort arbeitete Elsie, die Navajo, an die sie sich noch aus ihrer Zeit in der Indian School erinnerte. Elsie war ihre Lieblingslehrerin gewesen. Jetzt hoffte Marisa über Elsie den Kontakt zu Dancing Grass zu finden. Hier auf der Reservation gab es keine Adressen. Wenige Telefone und keine Telefonbücher, keine Melderegister. Dancing Grass konnte überall sein. Marisa dachte in diesem Augenblick dankbar an Elsie. Sie war die erste Navajo-Frau gewesen, die sie damals näher kennen- und liebengelernt hatte. Sie war eine wunderbare Lehrerin gewesen, und in den Wintern hatte sie immer die schönsten Geschichten über die Entstehung der Welt erzählt ...

Die Landschaft neben der Interstate war teilweise ziemlich öde. Nichts als grau-gelbe Wüste und dürres, hartes Gras. Ende der siebziger Jahre, erinnerte Marisa sich, gab es hier noch viele Hitchhiker und bemalte Hippiebusse, denen sie manchmal sehnsüchtig nachgeblickt hatte. Heute war davon nichts mehr zu sehen. Niemand stand am Straßenrand und winkte.

Zu ihrer Rechten schlängelte sich noch immer, zumindest stückchenweise, die legendäre Route 66 durch die helle Landschaft. Die Route 66 wurde schon immer die »Mother Road« genannt – die Mutter aller Straßen Amerikas. Sie begann in Chicago und endete in Los Angeles.

Grandpa hatte ihr erzählt, wie er in den dreißiger Jahren auf ihr bis zur Küste von Kalifornien gefahren war – ein großes Abenteuer, das man nie mehr vergaß. Denn die 66 war damals nur eine staubige, schmale Sandstraße ... heute war die 66 nur noch was für nostalgische Postkarten und Fotobände.

Die großen Trucks schoben sich jetzt beängstigend nahe an ihrem kleinen Jeep vorüber. Marisa schaltete das Radio ein. Die Sender brachten Country-Musik, hysterisch klingende Talk-Programme und christliche Predigten. Endlich fand sie eine Station mit Oldies. Willie Nelson sang sehr passend »On the Road again ...«

Die Depression, die sie seit Monaten gequält hatte, schien jetzt wie von selbst zu weichen. Vielleicht waren es die neuen Eindrücke und die ganz andere Landschaft, der sie hier begegnete. Auch der Himmel schien weiter und höher. Sie atmete tiefer durch, ließ das Seitenfenster ein Stück herunter und genoß den warmen Wind, der in ihrem Haar spielte.

Ihr Leben mußte einfach irgendwann wieder einen neuen Sinn bekommen. Sie mußte wieder lernen, Freude zu empfinden. Der Druck, der stetig auf ihrem Herzen lastete, würde sich hier mit der Zeit auflösen. Doch sie wußte auch ganz instinktiv, daß keine leichte Aufgabe vor ihr lag. Ihre Gedanken gingen immer wieder zurück nach Frankfurt. Sie dachte wieder an William und ihr kleines Apartment, das sie für drei Monate ihrer Freundin Gaby überlassen hatte. Sie dachte an ihr Leben dort. Wie sie ziellos durch die Straßen gelaufen war, besonders an den Wochenenden, auf der Suche nach etwas Unbekanntem, das sie endlich wieder mit Leben erfüllen würde.

Nach dem Tod ihrer Mutter war ihr plötzlich alles fremd vorgekommen, begann sie sich wie auf Besuch in einer fremden Stadt zu fühlen. Ihre Bekannten und Freunde sah sie kaum noch. Sie hatte keine Mitte mehr, empfand sich innerlich leer, ausgebrannt und kraftlos. Etwas von ihr war mit ihrer Mutter gestorben. Die Liebe zu ihrer Mutter war immer die bestimmende Kraft in ihrem Leben gewesen. Doch das erkannte sie erst nach ihrem Tod ... Wie sehr hatte Marisa sie damals als Kind vermißt. Der Großvater war lieb, doch jede Nacht betete sie um die Rückkehr ihrer Mutter. Wie sehr hatte sie sich in diesen Jahren nach ihrer Nähe gesehnt, nach den Nachtgeschichten und den Liedern die sie ihr zum Einschlafen manchmal vorsang ... Als dann endlich der Brief kam, in dem stand, daß nun alles für ihre Rückkehr nach Deutschland bereit war, hatte sie die letzten Nächte vor ihrer Abreise nicht mehr geschlafen. Die Bilder standen Marisa wieder ganz klar im Bewußtsein. Sie spürte noch den Wind in ihrem Haar, als sie der Großvater zum Flughafen nach Albuquerque gebracht hatte ...

Dichte Wolkenfelder begannen plötzlich das tiefe Blau des weiten Himmels zu verdunkeln. Der Freeway wurde jetzt immer leerer. Es war noch eine knappe halbe Stunde bis zum Städtchen Gallup, wo sie eine kurze Pause einlegen wollte. Von dort aus ging es auf der Landstraße weiter in die Reservation. Zu ihrer Rechten ragten jetzt tiefrote Tafelberge auf, die man hier »Mesas« nannte, weil sie oben ganz flach wie Tische waren. Marisa sah schnell auf ihre Karte. Es gab zwei Wege nach Chinle, der eine führte über den nördlichen Rand des Canyon de Chelly, der andere kam von Süden her, über die weiten Ebenen, bevor sich beide Straßen kurz vor der Thunderbird Lodge trafen. In der Lodge konnte sie nicht länger als eine Nacht bleiben. Die Übernachtung war ihr zu teuer. Sobald sie Elsie getroffen hatte, wollte sie sich etwas Preiswertes suchen.

Seit dem Tod ihrer Mutter dachte sie manchmal, daß sie eine Therapie brauchen könnte, aber sie wäre sich albern vorgekommen, wenn sie bei einem fremden Menschen auf der Couch gelegen und über ihre Probleme hätte reden müssen ... Es war die Redakteurin dieses Frauenmagazins, die sie auf einen anderen Gedanken gebracht hatte.

»Haben Sie mir nicht mal erzählt, daß Sie als Kind bei den Navajos waren? Ich brauche was über Heilerinnen, weise Frauen, Schamaninen ... die müssen doch da noch so was haben, die Navajos.«

Und Marisa hatte sich an Dancing Grass erinnert, die freundliche alte Frau, die zu ihrem Großvater gekommen war, als er im Winter einen Husten hatte, der monatelang nicht mehr verschwinden wollte. Einmal war sie auch in die Schule gekommen. Die Lehrerinnen hatten sie mit großem Respekt behandelt, und Dancing Grass hatte den Navajo-Kindern eine lange Geschichte in ihrer eigenen Sprache erzählt. Marisa verstand kein Wort, aber sie hatte der ruhigen, freundlichen Stimme fasziniert zugehört. Wenn es eine weise Frau bei den Navajos gab, dann war es Dancing Grass.

Ehe sie sich versah, hatte Marisa einen Artikel über Dancing Grass in Auftrag bekommen – allerdings für ein Honorar, mit dem sie gerade den Flug bezahlen und ein paar Wochen hier leben konnte, wenn sie vorsichtig mit dem Geld umging. Beim zweiten Nachdenken hatte sie den Auftrag eigentlich zurückgeben wollen – wenn sie anfing, für solche Honorare im Ausland zu recherchieren, war sie in einem halben Jahr pleite. Doch zum Glück hatte ihre Freundin Gaby ihr immer wieder neuen Mut gemacht. Sie hatte ihr in geduldigen und liebevollen Gesprächen die Kraft vermittelt, diese Reise zu wagen. Eine Reise ins Nichts, wenn sie keinen Erfolg hatte. Eine Reise in ein neues Leben, wenn sich ihr Wunsch erfüllte, Dancing Grass zu treffen und sie wirklich zu einem Gespräch zu bewegen. Längst keimte da noch eine andere vage Hoffnung in Marisa, das Gefühl, daß es für sie selbst hier so etwas wie eine Heilung geben könnte.

Doch die Angst, daß doch irgendwie alles schieflaufen

könnte, kam auch hier auf der Interstate in regelmäßigen Abständen wieder. Marisa versuchte tapfer sie zu unterdrücken. Sie durfte jetzt, so kurz vor dem Ziel, nicht schlappmachen. Schnell griff sie in ihrer Tasche nach den Tabletten. Sie schluckte zwei der kleinen weißen Pillen und fühlte sich sofort ruhiger.

Hinter Gallup nahm Marisa den Highway 12 am Nord Rim des Canyons entlang nach Chinle. Dieser Weg war zwar etwas länger, doch das machte nichts. Sie brauchte mehr Zeit, um nachzudenken. Was war, wenn sie Elsie nicht antraf? Der Gedanke, einfach keine Verbindung zu Dancing Grass herzustellen, machte sie innerlich wieder unruhiger. Doch dann gelang es ihr, sich auf die Straße zu konzentrieren und die gelb leuchtenden Sonnenblumen, die sich jetzt zu beiden Seiten der Fahrbahn zeigten, zu bewundern. Sie liebte das starke Gelb dieser wilden Blumen. Es erinnerte sie an eine Zeit, in der sie sehr glücklich gewesen war.

Chinle, der kleine Ort am Canyon de Chelly, lag zur Rechten, als sie das Canyon-Ende erreichte. Marisa bog an der kleinen Kreuzung nach links zur Thunderbird Lodge ab. Plötzlich erinnerte sie sich wieder an alles. An die hohen Cottonwoodbäume, an den kleinen Campground, an die Pferde, die an der Straße standen und auf Reiter warteten. Vor der Lodge standen viele Autos. Sie parkte ihren Jeep und griff nach ihrer Ledertasche. Diese Tasche war ihr Talisman. Sie hatte sie noch von ihrer Mutter bekommen und seither nie wieder eine andere getragen. Sie war aus starkem, braunem Rindsleder, mit kleinen außen aufgenähten Extrataschen. Marisa liebte diese Tasche und hatte sie sogar zum Horror ihrer Freunde früher zu Abendkleidern getragen. Es war ein Stück von ihr. Jetzt umklammerte sie diese Tasche wie eine Ertrinkende, während sie auf den Eingang der Cafeteria zuging.

Innen mußten sich ihre Augen erst an das Halbdunkel gewöhnen. Die kleinen Fenster waren mit handgewebten

Navajo-Teppichen verhängt. Marisa sah sich um. Die meisten der Tische waren von Touristen besetzt. Am Buffet stand eine ältere Indianerin und zerteilte gerade ein großes Stück rohes Roastbeef. Marisa zögerte, doch dann ging sie auf sie zu.

»Kann ich bitte Elsie sprechen …?«

Die Indianerin sah auf und heftete ihren Blick einige Sekunden lang auf Marisas Gesicht.

»Sie ist nicht hier.«

»Wo ist sie? Wann kommt sie wieder?«

Marisas Stimmung sank ins Bodenlose.

»Elsie ist seit zwei Tagen fort. Du kommst zu spät.«

»Wo kann ich sie finden?«

Marisas Enttäuschung mußte unübersehbar sein. Wieder betrachtete die Indianerin sie eindringlich und mit ein wenig Mißtrauen.

»Sie ist auf einer Familienfeier, im Norden«, brummte sie.

»Wie weit ist es bis dorthin?«

»Nicht zu weit«, kam die knappe Antwort.

Marisa standen Tränen in den Augen. Sie mußte Elsie finden, oder die ganze Reise war umsonst. Zitternd setzte sie sich an einen der kleinen Tische und versuchte ihre Gedanken zu ordnen. Dann stand sie auf und holte sich eine Tasse Kaffee am Buffet. Er schmeckte schrecklich. Sie goß genug künstliche Milch hinein, bis er trinkbar wurde, und starrte aus den winzigen Fenstern auf den Parkplatz. Ihr fiel der alte Trailer ein, der immer auf dem Campingplatz gestanden hatte und den Elsies Familie manchmal benutzte, wenn Verwandte aus anderen Teilen der Reservation zu Besuch kamen.

Marisa verließ die Cafeteria und ging die wenigen Schritte zum Campground zu Fuß. Der Trailer stand noch immer am gleichen Platz, unter einem hohen, schattenspendenden Baum. Er war verschlossen. Sie klopfte mehrmals an, doch sie spürte, daß er leer war. Sie stand be-

18

nommen vor der Tür. Es durfte einfach nicht sein. Elsie mußte etwas für sie hinterlassen haben. Sie hatte ihr doch noch rechtzeitig in einem Brief mitgeteilt, daß sie sich hier treffen würden. Marisa ging um den Trailer herum. Am Fensterrahmen, der einen kleinen Spalt offenstand, entdeckte sie einen kleinen, vergilbten Zettel. Mit klopfendem Herzen zog sie ihn heraus. Es war eine Nachricht von Elsie, hastig auf ein Stück Papier gekritzelt. Kaum noch leserlich, es mußte geregnet haben.

»Bin bei Zeremonie, nahe Black Mesa, etwa zwei Stunden nördlich von hier. Folg den Zeichen an der Straße. Am Red Wash«, hier verlief die Tinte, »verläßt du den Highway und nimmst die Sandpiste. Du findest den Weg.«

Marisa fühlte sich plötzlich verängstigt und müde. Sie trat vom Trailer zurück, legte sich unter einen Baum und sah in den Himmel. Das Sonnenlicht tanzte über ihr in den Zweigen und umrahmte die dunkelgrünen Blätter mit einem hellen Schein. Sie spürte die warme Erde unter sich, und ihr Körper begann sich zu entspannen. Erst jetzt spürte sie den Jetlag bis in die Knochen. Eine bleierne Müdigkeit, die jede Faser ihres Körpers durchdrang und sie keinen klaren Gedanken fassen ließ, lag auf ihr. Ihr Körper brauchte Ruhe, um die innere Uhr dem Zeitunterschied anzupassen. Sie entschied sich, hier zu übernachten und erst am Morgen die Reise nach Norden anzutreten.

Ihr Zimmer in der Lodge war dunkel. Marisa schob die dicken, dunklen Vorhänge beiseite und versuchte das Fenster zu öffnen. Es gelang nur einen kleinen Spalt, denn es war von außen und innen verriegelt. Sie duschte schnell und warf sich auf das breite Bett, welches von einer hübschen indianischen Baumwolldecke in kräftigen Farben von Rot bis Orange in sich abwechselnden Mustern von zackigen Dreiecken und großen Kreisen bedeckt war. Plötzlich kam ihr wieder William in den Sinn. Ihr ehemaliger Mann, den sie trotz all der Schwierigkeiten nicht ganz vergessen konnte. Er hatte ihr doch immer wieder

Halt und Sicherheit gegeben, und oft wünschte sie sich, es wäre alles anders gekommen …

Sie streckte sich unter der bunten Decke aus und zog sich zwei rechteckige weiße Kopfkissen zurecht, die am Kopfende des Bettes lagen. Jetzt tauchte das Bild von Elsie in ihr auf. Ihre ruhigen Augen. Ihre füllige Gestalt, immer ein wenig gebückt, trotz ihrer Jugend. Das Gesicht ernst, dann wieder lachend, dann wieder ernst. Ohne Grund, ohne Worte. Wie mochte sie wohl heute aussehen? Schließlich hatten sie sich über fünfzehn Jahre nicht mehr gesehen. Und Dancing Grass, die grauhaarige Medizinfrau, die damals schon gut fünfzig gewesen sein mußte …

In dieser Nacht hatte Marisa einen seltsamen Traum. Sie befand sich auf einer mondbeschienenen Lichtung. Schemenhaft tauchten Gestalten auf und verschwanden wieder. Am Rand der Lichtung sah sie einen Indianer an einen Stamm gefesselt stehen. Sie zögerte. Dann kroch sie mutig hinter ihn und band ihn los. Es war zwar niemand in Sicht, doch sie hatte trotzdem das Gefühl, daß er in großer Gefahr war. Als sie ihn losgebunden hatte, drehte er sich zu ihr um. Das Mondlicht fiel auf seine Züge. Er war jung. Sein langes Haar hing bis zu seinem Gürtel. In diesem Augenblick galoppierte ein schwarzes Pferd über die Lichtung auf sie zu. Der Indianerjunge warf sich auf seinen Rücken.

»Ich komme wieder. Ich hole dich in einem Jahr ab!«

Wie durch Watte hörte sie seine Worte. Seine Augen leuchteten, dann war er verschwunden.

Marisa erwachte aufgeregt und gleichzeitig verwirrt. Der Traum unterschied sich kaum von der Realität, in der sie erwachte. Er schien sogar noch realer. Wer war dieser Junge? Sie fühlte eine Vertrautheit zu ihm, die sie sich nicht erklären konnte. Sie blieb noch eine Weile mit geschlossenen Augen liegen und versuchte das Gefühl dieses Traumes auszukosten. Es war irgendwie wie einer dieser Indianer-Filme im Fernsehen gewesen und doch viel intensiver. Sie hatte alles gefühlt, gespürt, gerochen, wie sie es sonst aus Träumen nicht kannte.

Es war noch grau, als der Wecker klingelte. Nachdem Marisa geduscht hatte, stellte sie ihre Uhr auf die lokale Zeit um. In diesem Augenblick ging die Sonne auf, und es fiel ein Schatten über das Fenster. Er wirkte für den Bruchteil einer Sekunde wie der schwarze Flügel eines riesigen Vogels. Marisa erschrak und zog den dicken Vorhang zu.

Die Cafeteria war auch am Morgen abgedunkelt wie am Vortag. Am Buffet holte sie sich einen Muffin und eine Tasse Kaffee, der wieder superdünn war. Dafür konnte man davon trinken, soviel man wollte, und es kostete nicht mehr. Marisa suchte sich einen Platz an der Wand, an der die meisten Teppiche hingen, und begann den Muffin zu verschlingen. Ein richtiges Brötchen wäre ihr jetzt lieber gewesen, doch sie sah, daß es hier nichts anderes gab.

In der einen Ecke des Lokals saß ein alter Navajo, der sie zu beobachten schien. Während er sein Frybread aß, das traditionelle Brot hier auf der Reservation, wanderten seine Augen immer wieder wie unabsichtlich zu ihr hinüber. Marisa entschloß sich, nicht darauf zu reagieren. Als sie das nächstemal aufstand, um mehr Kaffee zu holen, setzte sie sich mit dem Rücken zu ihm. Aber plötzlich erschien ihr das unhöflich, und sie nahm ihren alten Platz wieder ein. Doch als sie zu seinem Tisch hinübersah, war der Alte verschwunden. Marisa bezahlte rasch und verließ das Lokal. Ein seltsames Gefühl machte sich in ihrer Magengrube breit.

Als sie zu ihrem Jeep trat, entdeckte Marisa einen Zweig, der auf die Windschutzscheibe gefallen war. An dem Zweig hing eine schwarze, glänzende Feder. Sie hielt inne. Einen Moment lang setzte ihr Denken aus. Sie starrte auf die Feder, die sich in dem Zweig verhakt hatte. Einen Augenblick lang verschärfte sich ihre Wahrnehmung, und sie glaubte, jedes Geräusch deutlicher wahrzunehmen. Sie hörte plötzlich das Klappern der Teller in der Küche der

Cafeteria ganz nah an ihrem Ohr. Sie roch den Speck. Sie hörte Stimmen, die vorher nicht da waren. Ihre Haut fühlte sich plötzlich ganz warm an. Dann verklangen die Laute, und sie hörte nur noch den Wind in den Cottonwoodbäumen, die den Parkplatz umringten.

Es war ihr unheimlich, und ein Zittern lief durch ihren ganzen Körper. Sie riß sich zusammen und versuchte, wieder klar zu denken. Zuerst der Indianer, der sie nicht aus den Augen ließ, und dann das? Sicher war alles nur Zufall. Sie schob alle dummen Gedanken beiseite. Es gab keine Zeichen. An so etwas glaubte sie nicht. Der Zweig mit der Feder hatte nichts zu bedeuten. Entschlossen griff sie nach dem Zweig, nahm die Feder ab und steckte sie an ihren Rückspiegel. Warum sollte sie Angst vor einer kleinen Feder haben? Es war ihre Müdigkeit, die ihr einen Streich spielte. Dann ließ sie den Motor an.

Sie hielt kurz an der einzigen Tankstelle in Chinle. Sie brauchte Benzin und Proviant. Das kleine Städtchen war wie ausgestorben. Ein paar wilde Hunde liefen herum, um in den staubigen Gräben nach Abfällen zu suchen. Alte, zerrissene Plastiktüten hingen an den Stacheldrähten längs der Straße. Es war ein öder Anblick. Die Tankstelle sah noch genauso schäbig aus wie damals. Nur der Mörtel am Rahmen der kaputten Holztür mit dem Fliegengitter, die ins Innere führte, war noch stärker abgebröckelt. Es war niemand zu sehen. Sie rief ein paarmal, aber erhielt keine Antwort. Marisa trat wieder ins Freie und sah sich um.

Hier an dieser Tankstelle hatte sie auch oft mit ihrem Großvater haltgemacht. Sie spielte dann mit den kleinen schmutzigen Hunden, die hier überall herumliefen. Manche lahmten schon und waren sehr verwahrlost. Sie gehörten niemandem. Der Großvater hatte ihr damals erlaubt, einen davon nach Hause mitzunehmen. Sie hatte ihn Bingo getauft, weil er so lustige Purzelbäume schlug. Doch ein paar Monate später wurde er nachts von Coyoten geholt.

Wochenlang hatte sie nach ihm gesucht, doch nicht einmal sein Halsband gefunden ...

Marisa ging auf die andere Seite der Straße. Gegenüber der Tankstelle gab es jetzt ein kleines McDonald's-Restaurant. Sie sah einige recht füllige Teenager, die mit prall gefüllten Tüten herauskamen. Sie lachten und schoben sich große Kartoffelchips in den Mund, während sie die Kreuzung zur Hauptstraße überquerten. An dieser Kreuzung war ihr Großvater ums Leben gekommen. Er mußte wohl zu Fuß über die Straße gegangen sein, um nach dem Tanken noch etwas einzukaufen. Es war ein betrunkener junger Navajo. John war auf der Stelle tot gewesen. Erst von Elsie hatte sie in einem Brief nach Wochen erfahren, was damals geschehen war. Marisa und ihre Mutter vermißten ihn. Seine liebe Karte zu Weihnachten, seine vertraute, brummende Stimme ab und zu am Telefon. Aber irgendwann wurde er zu einem Schatten in der Erinnerung. Sie dachte nur noch an ihn, wenn sie im Fernsehen etwas über die USA sah, oder an den Feiertagen, an denen er sonst immer angerufen hatte. Aber vielleicht würde es mit ihrer Mutter auch so werden, und der Schmerz würde irgendwie nachlassen, jedes Jahr ein wenig ...

Marisa ging nachdenklich zur Tankstelle zurück. Endlich erschien ein älterer Indianer mit zerzaustem Haar, tankte den Jeep auf, nahm etwas schläfrig ihr Geld für das Benzin entgegen und verschwand wieder so lautlos, wie er gekommen war.

Sie nahm jetzt den Highway nach Norden. Auch hier derselbe Anblick. Abfälle in den Gräben links und rechts der Straße. Sie standen im scharfen Kontrast zu dem reinen, kobaltblauen Himmel. Wie konnten Menschen, die so viel auf ihre Natur hielten, so leben? Dann sah Marisa die Müllhalde, die nicht weit von der Straße, in Richtung der roten Hügel lag. In diesem Augenblick trieb eine Brise Wolken von weißen Plastiktüten in die Luft. Die Tüten schwirrten umher und blieben dann irgendwo wahllos

23

hängen. Selbst die spärlichen Kakteen, die die Straße säumten, wurden von ihnen gnadenlos geschmückt.

Was erhoffte sie sich eigentlich hier? Dies war nicht ihr Zuhause. Obwohl sie hier einmal gelebt hatte, spürte sie plötzlich die Fremdheit von allem, was sie hier umgab. Sie war nicht von hier. Sie würde immer eine Fremde bleiben. Was erhoffte sie sich also? Es war keine Heimkehr.

Sie blieb eine Fremde, und obwohl sie hier Freunde gehabt hatte, gehörte sie nicht wirklich zu diesen Menschen. Sie dachte und fühlte nicht wie sie. Sie konnte nicht verstehen, wie sie sich in ein Schicksal fügten, das sie nur immer weiter ins Elend trieb. Sie rebellierten nicht wirklich gegen das Unrecht, das ihnen geschah. Sie nahmen es stumm hin. Die wenigen, die aufbegehrten, waren indianische Rechtsanwälte, die in den Städten lebten und ein schlechtes Gewissen gegenüber ihren Stammesbrüdern hatten. Die Menschen auf der Reservation lebten schlecht und recht von dem Wenigen, was sie von der US-Regierung zugesprochen bekamen.

Die Meilen zogen sich jetzt ins Endlose. Felsplateau auf Felsplateau, alle in einem gelblichen Rot, reihten sich hier wie an einer langen Schnur aneinander. Dazwischen kleine Siedlungen. Schäbige, alte Häuschen, die sich nur noch mit Mühe zusammenhielten. Alte, verbeulte Autos, die sicher schon seit Jahrzehnten die Landschaft verunzierten. Es war kein Schild oder ein Zeichen irgendeiner Art in Sicht. Was sie hier wirklich suchte, war Marisa nicht mehr klar. Alles Konkrete schien sich hier in dieser endlosen Weite aufzulösen.

# 2

An der nächsten Kreuzung, die mitten im Nichts lag, bewegte sich plötzlich eine Gestalt. Marisa war gerade vollkommen in Gedanken versunken und kniff die Augen zusammen. Von kleinen Windböen getriebener Sand und über den Highway rollende Tumbleweeds, stachlige, rundliche Bündel von losen Wüstenpflanzen, nahmen ihr die Sicht. Sie konnte nicht sehen, ob es ein Mann oder eine Frau war.

Als sie näher kam, erkannte sie den alten Indianer aus der Cafeteria wieder. Obwohl sie gar nicht daran gedacht hatte anzuhalten, trat ihr Fuß ganz automatisch auf die Bremse. Sie hörte sich »Guten Morgen« sagen und sah sich die Tür öffnen.

Der Alte hatte ein strenges Gesicht. Tiefe Falten zogen sich wie Rinnen durch seine Wangen. Doch seine dunklen Augen waren wach und klar. Er trug abgewetzte Jeans und ein durchlöchertes Flanellhemd, in einem dunklen Indigoblau. Über seiner Schulter hingen ein brauner Rucksack und eine schwarze Decke. Sein Haar war im Nacken zu einem Knoten gebunden. Er trug ein rotes Stirnband. Trotz seines Alters schwang er sich leicht in den Jeep.

»Hallo!«

Er nahm ganz selbstverständlich neben Marisa Platz und machte es sich bequem. Er schob seinen Rucksack und seine Decke, die er jetzt zusammengerollt hatte, unter seine Knie.

»Wo möchten Sie hin?«

25

Auch diese Frage kam ihr fast automatisch über die Lippen. Marisa konnte sich noch immer nicht erklären, warum sie angehalten hatte.

Anstatt zu antworten, nahm er ein Bündel aus seinem Rucksack und zog ein Stück Brot heraus. Marisa warf einen schrägen Blick auf den Alten. Seine plötzliche Gegenwart im Jeep hatte etwas Alarmierendes für ihre Sinne. Er roch streng, vielleicht nach Pferd, sicher aber nach Schweiß. Sie sah auf den Kanten Weißbrot, der aussah, als hätte er bereits Tage in seinem Bündel gelegen.

»Möchtest du?«

Marisa lehnte dankend ab.

»Ich heiße Jonathan.«

Ein seltsamer Name für einen Indianer, schoß es Marisa durch den Kopf.

»Marisa.« Ihre Stimme klang ihr selbst fremd. Sie war plötzlich tief und rauh.

»Ich will nach Norden.«

Der Indianer sah sie von der Seite an.

»Du auch?«

Es war doch offensichtlich, daß sie nach Norden fuhren.

Jonathan zeigte auf die Sonne. »Du fährst nach Westen«, bemerkte er trocken.

Marisa sah verwirrt auf ihre Karte. Sie wußte, daß sie nirgends abgebogen war, und dieser Highway führte direkt nach Norden.

»Du kannst da vorn abbiegen.« Er zeigte auf einige Mesquitebüsche, die eine kaum zu erkennende Fahrspur verbargen. »Es ist eine Abkürzung.«

»Wohin führt dieser Weg?«

»Dahin, wo du auch hinwillst«, antwortete der Indianer, ohne sie anzusehen.

Woher wußte er, wo sie hinwollte? Vielleicht hatte er mit der Frau am Buffet geredet. Es mußte eine Erklärung geben. Marisa hielt unentschlossen den Jeep an.

»Wie weit ist es?«

Der Indianer lächelte und deutete wieder auf die kleine Sandpiste, die nach links in die Wüste verlief. »Nimm diesen Weg, er ist kürzer.«

Marisa fühlte sich hilflos und verwirrt. Aber dann löste sie doch die Handbremse und bog auf den kleinen Sandweg ab, der mehr wie ein ausgetrocknetes kleines Flußbett wirkte. Mochte der Himmel ihr beistehen!

Sie fuhren schweigend ein paar Meilen. Der Weg schlängelte sich durch kleine Kaktusfelder und knorrige Mesquitebüsche immer weiter dem Horizont zu. Alles hier war dürr und trocken. Alles schien trostlos und menschenleer. Marisa rieb sich die Augen. Worauf hatte sie sich bloß eingelassen. Sie wußte nicht, ob sie sich vor dem Alten fürchten sollte oder nicht. Er erinnerte sie zwar an die älteren Menschen, denen sie hier in ihrer Kindheit begegnet war. Sie erschienen ihr als Kind freundlich und liebevoll. Doch das war jetzt Jahre her. Marisa versuchte sich zu entspannen, indem sie ein paarmal langsam tiefer ein- und ausatmete. Sie wollte nicht, daß der Alte auf die Idee kam, daß sie Angst vor ihm hatte. Sie mußte ganz locker wirken.

Nach einer guten Stunde tauchte eine kleine Bergkette auf. Der Weg lief gerade auf sie zu.

»Halt mal hier.«

Der Indianer zeigte auf eine Spalte im Canyon, den sie gerade durchquerten. Steile Wände ragten zu beiden Seiten auf. Marisa konnte sich nicht erklären, was er hier suchte.

»Das ist Coyote Springs. Ich hole Wasser.«

Er zog aus seinem Rucksack eine Plastikflasche hervor und stieg aus.

Marisa atmete auf. Jetzt hatte sie ein paar Minuten für sich. Niemals wäre sie darauf gekommen, daß es gerade hier in dieser trostlosen Wüstenlandschaft eine Quelle gab. Doch wo nahmen die Navajos sonst ihr Wasser her? Sie wußte noch von früher, daß sie oft meilenweit fahren mußten, um es zu holen. Bevor sie weiterdenken konnte, erschien der Alte bereits wieder mit einer gefüllten Flasche am Wagen.

»Wir können weiterfahren.«

Marisa startete den Jeep. Doch er sprang nicht an. Sie versuchte es einige Male und gab nach wenigen Minuten ärgerlich auf. Der Indianer lächelte.

»Laß mich mal ...«

Auf keinen Fall würde sie den Alten fahren lassen!

Doch er stieg aus und ging einige Male murmelnd um den Jeep herum. Dann nahm er seine Wasserflasche und träufelte etwas auf die Kühlerhaube. Marisa sah ihm fassungslos zu.

»Versuch's noch mal.«

Seine Stimme hatte plötzlich einen befehlenden Ton. Marisa drehte den Schlüssel, und der Jeep sprang ohne jede Schwierigkeit an.

»Er war nur durstig ...«

Der Alte machte ein sehr ernstes Gesicht, und dann lachte er plötzlich schallend. Marisa erschrak. Er war ihr unheimlich. Wie betäubt setzte sie den Wagen in Bewegung.

»Möchtest du auch Wasser?«

Marisa zögerte und hielt ihm dann ihren leeren Kaffeebecher hin. Er füllte ihn sorgfältig bis zum Rand.

»Trink, es tut dir gut!«

Damit nahm er einen tiefen Schluck aus der Flasche und lehnte sich in seinem Sitz zurück. Wenige Minuten später war er eingeschlafen.

Wie sollte sie jetzt allein den Weg finden! Woher wußte sie, wo sie abbiegen mußte, in dieser menschenleeren Gegend? Marisa spürte, wie sich bei diesem Gedanken ihre Kehle zuschnürte. Als Kind bei ihrem Großvater hatte sie sich hier immer sehr sicher gefühlt. Doch jetzt war sie erwachsen und hatte viele Jahre in einer vollkommen anderen Welt gelebt. Wieder erfaßte sie das beklemmende

Gefühl des Verlorenseins. Sie sah auf die schwarze Feder, die über ihrem Rückspiegel wippte, und wollte sie wegwerfen. Da stöhnte der Alte neben ihr und murmelte etwas Unverständliches.

Die Temperatur stieg plötzlich schlagartig an. Die Sonne stand hoch. Marisa hielt jetzt an einer Kreuzung. Jonathan hob kurz den Kopf und deutete auf einen hohen Tafelberg hin, der noch weit entfernt am Horizont lag.

»Dorthin!«

Dann schloß er wieder die Augen.

Marisa drehte das Steuerrad in die angegebene Richtung. Die Fahrspur schien sich in nicht allzu weiter Ferne in der Wüste zu verlieren. Sie fuhren buchstäblich ins Nichts. Innerlich begann sie sich über ihre Entscheidung zu ärgern. Ihr war heiß, und sie war müde. Sie hatte keine Lust mehr, den Alten durch eine gottverlassene Gegend zu kutschieren. Doch an eine Umkehr war jetzt nicht mehr zu denken. Sie würde niemals allein aus diesem Labyrinth von ausgetrockneten Rinnsalen und Flußbetten herausfinden.

Gnadenlos führte der unscheinbare Weg in eine immer karger werdende Landschaft, die kaum noch Grün oder einen Busch zeigte. Dazu wurde es noch heißer.

Die Sonne brannte gleißend, und alles schien in der Hitze zu verglühen. Selbst das rote Stirnband des schlafenden Indianers war naß von Schweiß. Marisas Körper schmerzte. Sie mußte endlich Schatten finden.

Der Weg verschwamm ganz plötzlich vor ihren Augen, und sie sah sich selbst, von einiger Entfernung aus, durch ein großes Flußbett fahren. Es war zu beiden Seiten mit großen, weißgelben Felsen umsäumt, zwischen denen grüne Büsche wuchsen. Auf einem der Felsen stand ein Mann. Marisa blinkte einige Male, denn sie konnte nicht glauben, was sie sah.

Der Alte war plötzlich hellwach und beobachtete sie eindringlich, wie im Coffee-Shop am Morgen.

»Was suchst du …?«

»Ich suche Elsie …«

Marisa standen Tränen in den Augen. Ihre aufgesprungenen Lippen schmerzten, und sie fühlte sich elend.

»Du brauchst keine Angst zu haben. Was du gesehen hast, ist nicht wirklich … Es ist nur ein Traum.«

Die Stimme des Alten wirkte beruhigend. Doch woher wußte er, was sie gesehen hatte? Wieder schossen ihr Zweifel über ihren Begleiter durch den Kopf. Was geschah, wenn sie mit einem Verrückten unterwegs war? Ihre Gedanken begannen sich im Kreis zu drehen. Ihr kamen Bilder hoch von verschleppten Touristen, die man ausgeraubt hatte. Irgendwo hatte sie doch einmal eine solche Horrorgeschichte gelesen. Plötzlich fühlte sie sich schwindlig und umklammerte fest das Steuerrad. Der Indianer zog etwas aus seiner Hosentasche.

»Nimm das.«

Er reichte ihr ein in rotes Papier gewickeltes Bonbon. Dann nickte er wieder ein. Marisa nahm es zögernd in den Mund. Es schmeckte etwas säuerlich, aber schon in wenigen Minuten fühlte sie sich besser. Doch ihr Kopf schien keinen klaren Gedanken mehr fassen zu können. Sie fragte sich immer wieder, wie sie in diese Lage gekommen war. Wieso hatte sie überhaupt angehalten? Normalerweise nahm sie doch nie jemanden mit.

Die Landschaft begann sich jetzt langsam zu verändern. Hier und da erschienen kleine Oasen von Grün. In der Ferne stiegen Rauchwolken auf. Marisa fühlte sich erleichtert. Dort mußten auch Menschen sein. Der Weg führte jetzt durch ein weiteres Flußbett und dann einen Sandhang hinauf. Hinter einer Biegung erblickte sie endlich einige mit Zweigen bedeckte Hütten und ein Tipi.

Marisa sah zu dem Alten hinüber. Der Indianer war wach und blinzelte ihr zu. »Wir sind da.«

Wo, wollte sie fragen, doch sie verkniff es sich. Sie parkte den Wagen am Rande des Kreises, um den die Hütten standen, und stieg aus. Ihre Glieder waren steif, und ihre Knie gaben nach. Der Alte sprang wie ein Jüngling von seinem Sitz und ging auf eine Gruppe der Navajos zu, die an großen, bunt bemalten und mit farbigen Bändern verzierten Trommeln hantierten und die Leder lachend straff zogen. Marisa erinnerte sich plötzlich, daß sie solche Trommeln früher im Laden ihres Großvaters gesehen hatte, wo sie an Touristen verkauft wurden.

»Alahani! Jonathan!«

»Alahani! Es ist gut, euch wiederzusehen. Mögen alle guten Kräfte mit euch sein!«

Er wurde herzlich umarmt und setze sich in ihre Mitte. Einer der Indianer zog seinen Tabakbeutel hervor und begann sich eine dicke Zigarette anstatt mit Zigarettenpapier mit einem Stück getrockneter Maishülse zu drehen. Dann reichte er den Tabak herum. Die Männer rauchten schweigend und stießen den Rauch in alle vier Himmelsrichtungen aus.

Marisa stand am Jeep und fühlte sich unsicher. Sie sah einige Frauen in einer der Hütten. Sie standen alle um große Töpfe herum, in denen etwas brodelte. Sie trat neugierig näher. Ein junger Hund sprang an ihrem Bein hoch und jaulte. Eine der Navajofrauen rollte gerade das Frybread aus. Es bestand aus weißem Mehl, vermischt mit Wasser. Eine andere briet es in heißem Öl. Eine dritte schichtete es auf altem Zeitungspapier auf und ließ das Öl abtropfen. In einem riesigen Kessel am Boden kochten Maiskolben. Die Frauen sahen Marisa verstohlen an, aber reagierten nicht.

»Marisa!«

Elsie war unbemerkt hinter sie getreten und ergriff ihren Arm. Sie konnte es nicht fassen, daß Elsie wirklich vor ihr stand, und fiel ihr in die Arme.

»Ich bin so froh, daß du hier bist!«

Sie faßte sich und versuchte ihre Emotionen zu zügeln.

»Ich hatte schon Angst, dich nicht zu finden!«

»Vergiß es, jetzt bist du da. Leg dich eine Weile in das Tipi dort drüben und ruhe dich aus. Später, wenn der Tanz beginnt, kommen die Kinder und schlafen da.«

Marisa atmete erleichtert auf. Elsie hatte sich nicht viel verändert in all den Jahren. Ihr braunes Gesicht zeigte keine großen Spuren von Alter. Sie lachte wie damals. Ihre Augen blitzten schelmisch. An ihren Ohren hingen noch immer dieselben Türkise, so groß wie Walnußschalen. Sie trug einen Samtrock mit Rüschen, in einem satten Violett, dazu eine hellere Bluse aus Polyester in derselben Farbe. Ein ebenfalls mit Türkisen besetzter Gürtel hielt alles zusammen. Es war ihr, als hätte sie Elsie erst gestern zum letzten Mal gesehen. Doch es war jetzt über fünfzehn Jahre her, seitdem sie als Teenager Elsie in der Schule in Chinle bei einem Fest zuletzt gesehen hatte.

Dankbar ließ sie sich von ihr zu dem Tipi führen, dem traditionellen Zelt der Navajos. Das kräftige Leinenmaterial, das sicher schon jahrelang Wind und Wetter standgehalten hatte, bekam bereits Risse. Die Sonne, die hier fast Tag für Tag brannte, machte es brüchig. Innen wurde das Zelt von über einem Dutzend armdicker Holzstangen gehalten, die an der Spitze mit einem Seil zusammengebunden waren. Es war klein, aber gemütlich, und der Boden war mit blau-roten Baumwolldecken ausgelegt.

Marisa streckte sich aus und legte ihre Ledertasche als Kopfkissen unter ihren Arm. Elsie setzte sich zu ihr, und Marisa erzählte ihr von ihrer Vergangenheit und ihrem Leben in Deutschland, als habe sie seit Jahren darauf gewartet, endlich alles erzählen zu können.

Erst gegen Ende kam sie vorsichtig auf Dancing Grass zu sprechen, aber sie traute sich nicht, von ihrem Interview-Auftrag zu berichten, sondern meinte nur vage, daß sie die alte Medizinfrau gerne noch einmal sehen würde. Elsie hörte schweigend zu und antwortete nicht. Nach einer Weile wurde es still im Tipi. Marisas Gedankenstrom hatte sich beruhigt.

Elsie ergriff ihre Hand und lächelte warm.

»Ich hole dich, wenn es soweit ist. OK?« Dann war sie verschwunden.

Marisa vertraute Elsie. Nicht nur, weil sie sich seit ihrer Kindheit kannten, sondern weil Elsie immer wieder ihr großes Herz gezeigt hatte. Sie erinnerte sich, wie Elsie einen kleinen Jungen vor einer weißen Religionslehrerin in Schutz genommen hatte, die ihn hart bestrafen wollte, weil er vom Unterricht fortgelaufen war. Er wollte den weißen Gott nicht verstehenlernen, und so rannte er einfach weg. Elsie fand ihn hungrig und verzweifelt zwischen den Felsen eines Canyons in einer Höhle versteckt. Sie überredete ihn, mit ihr heimzukommen und wieder zum Unterricht zu gehen, aber seine eigene Wahrheit in seinem Herzen zu bewahren. Elsie hatte eine ganz besondere liebevolle Art, mit Menschen umzugehen. Schon damals in der kleinen Indian School war Elsie ihre Lieblingslehrerin. Sie war geduldig und gab ihr immer das Gefühl, geborgen zu sein.

Die Sonne war unter den Horizont gesunken. Doch das goldene Licht hing noch lange in den Felsen und in den Pinien, die das kleine Camp umgaben. Marisa erinnerte sich ganz plötzlich an Stunden wie diese. An Stunden in ihren Kinder- und Teenagerjahren, in denen jede Minute zu einer Ewigkeit wurde. Stunden, in denen sie wie heute das Licht auf den Felsen der Canyonwände aufglühen und wieder verblassen sah. Ihre Augen schlossen sich bei diesen Bildern wie von selbst, und eine tiefe, wohlige Müdigkeit umfing sie. Sie spürte noch eine kleine Weile den Windhauch, der ab und zu in das Tipi drang und den Geruch des duftenden Frybreads mit sich trug, dann sank sie in einen tiefen, wohltuenden Schlaf.

Als Marisa wieder erwachte, war es bereits Nacht. Draußen vor dem Tipi prasselte ein mannshohes, helles Feuer. Die Männer sangen und schlugen auf ihre Trommeln. Die

Frauen waren noch immer in der Laubhütte und schienen noch emsiger beschäftigt zu sein als zuvor.

Marisa richtete sich auf. Elsie war nirgendwo in Sicht. Sollte sie warten, bis man sie rief? Doch dann erhob sie sich und verließ das Tipi. Als sie aufstand, bemerkte sie etwas zu ihren Füßen, das sie erst für kleine Kleiderbündel hielt. Es waren die schlafenden Kinder.

Sie trat ins Freie, ging in weitem Bogen um das Feuer herum und näherte sich der Laubhütte, in der immer noch emsig gekocht wurde. Die Frauen lachten und scherzten miteinander. Marisa verstand kein Wort. Untereinander sprachen viele Navajos kaum Englisch. Sie stand etwas verloren da, als eine Frau zu ihr trat und ihr einen gedünsteten Maiskolben anbot. Er troff von etwas, das wie Butter aussah, aber sicher keine war. Marisa nahm dankend an. Sie hatte plötzlich großen Hunger. Eine Frau gestikulierte, sie solle eintreten und sich mit an das Feuer setzen.

Marisa trat in die Hütte, die nur vom Schein der Feuer, auf denen die Kessel standen, erhellt wurde. Sie sah in ein Dutzend rotbraune Gesichter.

»Elsie …?« Die Frage kam zögernd.

»Elsie mußte leider fort, krankes Kind …«

Die Frau, die ihr den Maiskolben gereicht hatte, drehte sich zu Marisa um.

»Sie kommt wieder.«

Fort? Jetzt!

Marisa saß mitten in einem Kreis von Fremden, an einem Ort, den sie nicht kannte, und der einzige Mensch, der ihr vertraut war, war fort. Plötzlich überfiel sie ein rasender Kopfschmerz, der sie in die Hütte zurückgehen ließ. Alles schien plötzlich umsonst, alles war nur Einbildung! Was tat sie hier? Elsie war fort, und Marisa fühlte sich wieder vollkommen im Stich gelassen. Aber es blieb ihr nichts anderes übrig, als abzuwarten. Elsie mußte ja irgendwann wiederkommen. Sie konnte sie hier doch nicht allein lassen. Jetzt lag sie erneut im Zelt der Indianerkinder. Sie schliefen inzwischen ganz friedlich in ihre schäbigen Decken gewickelt. Warum konnte sie nicht auch diese Unschuld in sich selbst wiederfinden? Warum konnte sie nicht auch diesen Frieden in sich fühlen, den die Indianerfrauen an ihrem armseligen Feuer in der Laubhütte verströmten.

Nach einer Weile, als der Kopfschmerz abgeklungen war, rollte sie sich vorsichtig, um die Kinder nicht zu wekken, zum ovalen Ausgang des Tipis und richtete sich auf ihren Ellbogen auf.

Die Männer begannen gerade, um das Feuer zu tanzen. Ihre Stimmen erhoben sich laut, und ihre gutturalen Lieder erfüllten die Nacht. Ihre schwarzen Schatten warfen sich an die hell erleuchteten Felsen und gaben dem Ganzen etwas Unheimliches. Immer wieder legte einer neue Scheite nach. Es waren meist ganze Stämme, die steil aufgerichtet in den hell lodernden Flammenschein ragten.

Marisa beobachtete müde die Tänzer. Ein schlanker, sehr hoch gewachsener Indianer fiel ihr besonders auf. Sein langes Haar floß wie schwarze Rabenfedern seinen ganzen Rücken hinab. Es glänzte im Feuerschein. Manchmal, wenn er sich auf eine bestimmte Weise drehte, konnte sie sein Profil erkennen. Er war noch jung. Wahrscheinlich etwas jünger als sie. Wenn er ihr sein Gesicht zuwandte, glaubte sie trotz der Dunkelheit, die das Tipi umhüllte, seine Blicke zu fangen. Seine Bewegungen waren kraftvoll. Kraftvoller als die der anderen Tänzer. Seine Füße stampften den Boden mit solcher Kraft, daß der Staub aufflog.

Marisa konnte ihren Blick nicht von ihm abwenden und spürte dabei das plötzliche Erwachen einer wilden Sehnsucht in sich, einer Sehnsucht, die ihr angst machte.

Die Tänzer wechselten sich jetzt mit den Trommlern ab. Als der junge Indianer die Trommel zu schlagen begann, stieg ihr das Blut in den Kopf. Ihr Herz wollte zerspringen, und ihr ganzer Körper erbebte. Ihre Kehle wurde eng. Sie konnte ihm nicht weiter zusehen. Sie rollte leise sich zurück auf ihren Platz. Atemlos lag sie auf dem Rücken und starrte nach oben, durch die Öffnung des Tipis, in den klaren Sternenhimmel.

Eine Erinnerung stieg auf. Eine Sehnsucht, die sie seit langem vergessen hatte. Sie kam aus einer anderen Zeit, aus einem anderen Leben ... Sie sah sich in den Armen eines jungen Navajoindianers. Sie fühlte seine Lippen und spürte seinen Atem auf ihrem Gesicht. Sie schloß die Augen. Seine Hände suchten ihren Körper. Eine tiefe Welle der Sehnsucht und des Verlangens nahm ihr den Atem und trug sie fort ... in den Schlaf und ihre Träume.

Mit der Morgendämmerung kam die Kälte. Marisa erwachte zitternd. Die Kinder schliefen noch. Sie stand schnell auf und verließ das Tipi. Der Morgen enthüllte eine karge, trostlose Landschaft. Mochte die Nacht ihren Charme gehabt haben im flackernden Feuerschein, jetzt am frühen Morgen war die Wirklichkeit zu sehen. Marisa ging um das Lager herum und sah vorsichtig in eine der Hütten. Dort lagen die Männer und schliefen. Marisa versuchte den jungen Indianer zu entdecken, doch sie sah ihn nicht.

In der Hütte, in der gekocht wurde, rumorte es schon wieder. Die Indianerin, die ihr am Abend vorher den Maiskolben angeboten hatte, machte sich an einem kleinen Feuer zu schaffen. Sie lächelte, als sie Marisa kommen sah, und streckte ihr die warme Hand entgegen.

»Konntest du schlafen? Es war kalt!«

Marisa nickte und setzte sich ans Feuer.

Die Frau hantierte mit einigen Stücken Frybread, die sie aufwärmte, indem sie sie über die Flammen hielt.

»Wann kommt Elsie wieder?«

Marisa sah die Indianerin fragend an.

In diesem Augenblick trat der Alte, den sie mitgenommen hatte und der sich Jonathan nannte, in die Hütte. Er nahm sich wortlos ein Stück von dem aufgewärmten Brot, das die Indianerin ihm hinhielt, und belegte es mit einem zufriedenen Ausdruck in den Augen mit einem Stück kaltem Fleisch, das intensiv nach Hammel roch.

Er sah Marisa kurz an.

»Sie kommt wieder. Ruh dich aus. Du denkst zuviel nach.«

Damit wandte er sich ab und ging aus der Hütte.

Marisa starrte ihm fassungslos nach. Wie konnte dieser Mensch so mit ihr reden! Er kannte sie nicht. Er wußte nicht, was sie von Elsie wirklich wollte. Sie fühlte sich behandelt wie ein dummes Kind. Sie stand auf und trat mit einem Stück Brot in der Hand vor die Hütte. Sie fühlte sich auf einmal wieder elend, und ihre Knie wurden weich. Die Indianerin trat lautlos heran und legte eine Decke über ihre Schultern. Es lag etwas sehr Behutsames in dieser Geste, und Marisa hätte fast laut losgeheult.

»Hier, leg dich wieder ins Tipi. Die Kinder sind fort.«

# 3

Raven White Thunder stand bewegungslos auf der Red Rock Mesa und sah gen Osten. Die Sonne lag bereits gleißend über dem Horizont und versprach einen heißen Tag. Ihre leuchtenden Farben mischten sich mit dem Indigo der umliegenden Tafelberge und verschmolzen an ihren Rändern zu flüssigem Gold. Raven liebte diesen Platz. Hier fühlte er sich frei. Hier war seine Heimat. Hier spürte er den Geist seiner Ahnen, den Geist seines Volkes. Manchmal zog er tagelang durch die endlose Weite dieser menschenleeren Wildnis und sang die alten Lieder zu Ehren des Großen Geistes. Er liebte dieses rote Land. Hier war er geboren, und hier würde er sterben.

Wie oft hatte er hier gestanden. Er kannte jeden Stein und jeden Felsen. Er kannte jede kleine Pflanze, die sich vergeblich in die schmalen Schatten der Felsvorsprünge duckte, nur um der mörderischen Mittagssonne zu entgehen. Er kannte jeden dürren Grashalm und jede Klapperschlange. Schon als kleiner Junge hatte er hier oben auf der roten Mesa, die am Rande der Navajo Reservation lag, gespielt und mit den Geistern des Windes gesprochen. Magische Rabenfedern hatte er gefunden und ehrfurchtsvoll in seinem Bündel mit den Medizinkräutern gesammelt. Seine Großmutter, Dancing Grass, hatte ihm hier die heiligen Pflanzen der Hochwüste gezeigt.

Raven tätschelte liebevoll den Hals seines Pferdes und schwang sich auf den ungesattelten Rücken. Der schwarzweiß gefleckte Pinto tänzelte sicher den Hang hinunter, und Raven fühlte sich voller Kraft und Energie. Er hatte Zeit. Der nächste Heiltanz begann erst um Mitternacht.

Es wunderte ihn, daß beim letzten Tanz eine Fremde zugegen war. Eine weiße Frau, die er nur kurz im Feuerschein am Eingang des Tipis erblickt hatte. Raven fühlte sich unwohl, wenn Weiße bei den Zeremonien dabei waren. Die Leute erzählten, die Weiße sei mit Jonathan gekommen und wäre eine alte Freundin von Elsie, seiner Tante.

Als Raven in das Camp zurückkehrte, war alles noch still und niemand in Sicht. Doch er roch das frische Frybread, das in der Laubhütte für das Frühstück gebacken wurde. Sein Magen meldete sich. Er hatte Hunger. Er hatte bis fünf Uhr morgens getanzt. Raven fand das Brot und steckte sich ein Stück in den Mund. In diesem Augenblick wieherte sein Pferd. Es rollte die Augen nach oben und stampfte mit dem Vorderhuf. Raven verlor keine Sekunde. Er sprang und galoppierte den Hang hinter dem Camp hinauf. Auf dem Kamm des Hügels erkannte er den Grund für die plötzliche Nervosität seines Freundes.

Eine feine Rauchwolke kräuselte sich in den Himmel. Sie mochte zwei Meilen entfernt sein und kam aus der Richtung des Highway. Raven ritt sofort ins Camp zurück. Einige Männer waren bereits auf den Beinen. Die Nachricht, daß ein Feuer genau auf sie zukam, hatte sich schnell verbreitet. Die Frauen packten ihre Kinder in die Pickup Trucks und rafften ihre Küchenutensilien und Nahrungsmittel zusammen.

Marisa erwachte und sah, wie die Navajos eilig ihre Sachen auf ihre Wagen luden. Die Frau mit dem Frybread stand mit einem Bündel Decken unter dem Arm am Tipi.

»Schnell, es brennt, nicht weit von hier!«

Marisa griff sich benommen ihre Tasche und stolperte zu ihrem Jeep. Der Alte, der sich Jonathan nannte, tauchte plötzlich mit seinem Rucksack und seiner Decke neben ihr auf. Es war klar, daß sie wieder einen Begleiter hatte. In aller Eile bauten die Frauen das Tipi ab. Die Stangen wurden zusammengebunden und auf die Wagen geladen.

Die Autoschlange bewegte sich langsam durch den kleinen Arroyo, der freien Ebene zu. Es waren ungefähr fünfzehn Fahrzeuge, und Marisa steckte mitten unter ihnen. Wieder gab es keine Wahl. Wo hätte sie auch hinfahren sollen? Elsie war fort.

Raven ritt auf seinem Pinto neben den Trucks her. Er sah die blonde Frau mit Jonathan. Ein Gefühl der Ohnmacht und des Schmerzes stieg in ihm auf. Was tat diese weiße Frau hier? Was hatte sie hier zu suchen?

Als die Wagenschlange die Sandstraße erreichte, wurde das Feuer sichtbar. Es strich ganz sanft über die trockenen Mesquitebüsche und setzte sie sofort in Brand und arbeitete sich langsam zur verlassenen Campsite vor. Die Luft roch jetzt immer mehr nach Rauch, und der Himmel wurde dunstig.

Raven beobachtete den Wind. Das Feuer würde von allein ausbrennen und nicht viel Schaden anrichten. Die Trucks fuhren jetzt im gleichen langsamen Tempo auf einer fast unsichtbaren Fahrspur Richtung Süden.

Jonathan kaute an irgend etwas und drehte sich einige Male prüfend um. Marisa erkannte in ihrem Rückspiegel den jungen Indianer vom Vorabend. Er ritt in einem gleichmäßigen Galopp neben den Pickup Trucks her. Es war derselbe junge Mann, den sie gestern abend beim Tanz beobachtet hatte. Sein Anblick im hellen Tageslicht verwirrte sie noch mehr.

Jetzt erschien er noch größer und kräftiger. Sein Haar hing offen seinen Rücken hinab und berührte fast seine Taille. Er hatte etwas sehr Wildes und Unberechenbares an sich. Fast bekam sie ein wenig Angst vor ihm. Sie bemühte sich, ihn nicht mehr zu beachten. Doch sie spürte seinen schnellen Blick, als er plötzlich an ihr vorbeikam, um an die Spitze der Trucks zu reiten. Auf seinem Gesicht lag ein stolzer abweisender Ausdruck.

Die Kolonne fuhr eine Weile auf einer mit Schlaglöchern übersäten Straße weiter und bog dann wieder in eine der vielen, fast unscheinbaren Fahrrinnen ab, welche das Land durchzogen. Als »Straße« konnte man einen solchen Weg weiß Gott nicht bezeichnen. In der Ferne tauchten nach einer Weile zwei kleine Schafställe und einige traditionelle Hogans auf, runde, bienenkorbähnliche Wohnstätten der Navajos. Sie lagen an einem kleinen, mit Büschen umsäumten Arroyo, der ein wenig Wasser mit sich führte. Als die Kolonne näher kam, lief ihnen eine Frau entgegen und winkte. Marisa atmete erleichtert auf, als sie Elsie erkannte.

Raven trabte auf sie zu und sprach als erster mit ihr. Jonathan stieg aus und verschwand sofort in einem der Hogans. Elsie kam zu Marisas Jeep. Ihre Augen waren gerötet, und Marisa sah, daß sie geweint hatte.

»Hier seid ihr sicher. Gut, daß du da bist.«

Marisa lachte dankbar und stieg aus. Doch innerlich fühlte sie sich aufgewühlt und unsicher, da sie nicht wußte, wie sie dieser neuen Situation begegnen sollte.

»Steig aus, dort findest du Wasser.«

Elsie deutete auf einen Trog, der, mit frischem Regenwasser gefüllt, an der Außenwand des einen Hogans stand.

»Gestern nacht, als ich erwachte, hat es hier stark geregnet. Ich habe nachgedacht und etwas gesehen ...«

Elsie sah Marisa mit einem ernsten Gesichtsausdruck an.

»Eine Vision brachte einen Namen zu mir ... Deinen geheimen Namen.«

Elsie schwieg einen Augenblick und sah einigen kleinen Wolken nach, welche die Formen von Pilzen angenommen hatten und sich langsam über den weiten Himmel bewegten.

»Ye nahatlen yethi ni yah … Die mit dem Regen kam …«

Marisa stand fassungslos und starrte Elsie stumm an. Sie hatte keinen Regen bemerkt. Doch sie erinnerte sich, daß es hier im Südwesten der USA an einer Stelle regnen konnte und einige Meilen weiter die Sonne schien. Oft regnete es auch nur unter einer bestimmten Wolke. Wie eine graue, durchsichtige Wand, oder wie ein Schleier, kam dann das Wasser nur an einer bestimmten Stelle herab. In der Wüste konnte man nur wenige Meilen auseinander unterschiedliches Wetter erleben.

Marisa war gerührt. War es nicht eine Ehre, einen Namen zu bekommen? War dies ein Zeichen, daß sie doch hierher gehörte? Sie fühlte sich stolz darauf, für Elsie mehr als nur »Marisa« zu sein.

Elsie führte Marisa in einen der Hogans. Er war mittelgroß und nur spärlich eingerichtet. Die Lehmwände bröckelten an mehreren Stellen ab und gaben ein Geflecht von Ästen frei. In der einen Ecke stand ein Lager, auf dem Elsies Sohn Dennis lag. Er hatte hohes Fieber. Sein Gesicht war schmal und blaß. Er mochte vielleicht zwölf Jahre sein. Das schweißnasse Haar hing ihm über die Stirn. Seine Augen blickten trüb und ohne jedes Erstaunen auf Marisa. Elsie erklärte ihr, daß ein Heiltanz für ihn stattfinden sollte. Das Ritual würde bis zu drei Tagen dauern.

Auch ein Mann war zugegen. Er stand mit dem Rücken zu Marisa und hantierte am kleinen, mit durchlöchertem Fliegendraht versehenen Fenster herum. Als er sich umdrehte, erkannte Marisa den Alten wieder, den sie mitgenommen hatte. Als Marisa fragte, wer er sei, antwortete Elsie mit einem kleinen Lächeln: »Unser Medizinmann, Jonathan, wer sonst.«

Marisa kam sich plötzlich dumm vor. Wie sehr hatte sie den Alten doch unterschätzt. Etwas beschämt trat sie zu ihm und begrüßte ihn.

Nach einigen Minuten ging sie vor die Hütte und wusch sich an dem Trog, den ihr Elsie gezeigt hatte. Das Wasser war noch kühl von der Nacht. Es war angenehm auf ihrer Haut. Auch hier gab es nur einen Verschlag als Toilette. Die Kleidung klebte an ihrem Körper. Sie ging zu ihrem Jeep zurück und holte sich eine frische Hose und ein neues Hemd und zog beides schnell hinter einem Busch an.

Raven stand mit seinem Pinto etwas abseits am kleinen Arroyo hinter dem Hogan und beobachtete die Frau am Trog. Obwohl er es nicht wollte, wanderten seine Augen immer wieder zu ihr. Auf eine seltsame Art war ihm diese Frau nicht fremd. Sie erinnerte ihn an ein kleines Mädchen, das vor langer Zeit zu ihm auf die Mesa kam und, ohne ein Wort zu sprechen, einen verwundeten Vogel in seine Hand legte. Sie hatte ihn mit ihren grünen Augen furchtlos angesehen. Diese Augen hatte er nie vergessen. Zum Abschied schenkte er ihr eine seiner wertvollen Rabenfedern.

Am Rande der Black Mesa stand damals die alte Trading Post. Dort hatten die Frauen seines Volkes und auch seine Großmutter ihre handgewebten Teppiche verkauft. Doch das war viele Jahre her … Ein graubärtiger Mann kümmerte sich um die Trading Post, und ein kleines Mädchen mit goldenen Haaren wohnte einige Monde bei ihm … Diese weiße Frau erinnerte ihn an das kleine Mädchen von damals. Auch ihr Haar hatte die Farbe von Korn in der Abendsonne, deren Licht dem Gelb seinen leicht rotgoldenen Schimmer verlieh.

Er würde erfahren, wer sie war. Trotzdem hielt er es für besser, sich jetzt von ihr fernzuhalten. Er war allen Weißen gegenüber mißtrauisch, ganz gleich, ob es Männer oder Frauen waren.

Die Geschichte seines Volkes, das Unrecht, das ihnen geschehen war, lastete noch immer schwer auf seinem Herzen. Er konnte sich nicht von diesem Gedanken frei machen. Seine Freunde, die Arbeit in den Städten suchten, hatten es in seinen Augen einfacher. Die meisten ihrer Eltern waren nicht durch Vergiftung mit Uranuimschlacken ums Leben gekommen. Doch er blieb hier auf der Reservation. Er verspürte keinen Drang, nach »draußen« zu gehen und dort zu leben. Er war zu stolz. Deshalb behandelten sie ihn oft wie einen Außenseiter. Auch seine Freunde verstanden ihn meist nicht. Manchmal fühlte er auch Neid in sich, wenn Verwandte aus Los Angeles kamen, in ihren neuen Autos. Dann fragte er sich, was er hier eigentlich tat, außer seine Wut über die Weißen zu schüren. Doch die Geschichte seines Volkes rann noch immer als ohnmächtige Wut in seinen Adern. Und er versuchte nie, sie einzudämmen. Auch die Demütigungen der alten Zeit hatten in seiner jungen Seele Spuren hinterlassen. Vor langer Zeit – Fort Sumner, in New Mexico, wo man Tausende von ihnen zusammengetrieben hatte wie Vieh und sie zurücklaufen ließ über Hunderte von Meilen, zur heutigen Reservation in Arizona. Tausende starben auf dem »Marsch der Tränen«. Alte und Junge. Er fühlte noch immer Scham und Haß.

Raven atmete tief durch.

Auch daß sein Freund Lionel sterben mußte, nur weil er die Wahrheit sagte, hatte er noch nicht überwunden. Lionel hatte die Verantwortlichen in Window Rock, der Hauptstadt seines Volkes, darauf aufmerksam gemacht, daß wieder Holzfäller in den Chuskabergen, westlich vom Canyon de Chelly, am Werk waren. Viele der uralten Ponderosa-Pinien lagen bereits gefällt am Boden. Kurz darauf fand man ihn tot in seinem Pickup in einem verborgenen Arroyo, einem ausgetrockneten Flußbett, östlich der Chuskaberge. Man erzählte, es sei von eine Überdosis Rauschgift gewesen … Doch Raven wußte, und viele andere Freunde wußten ebenso, daß Lionel nie irgendeine Form von Rauschgift genommen hatte.

Raven spürte in seinem Inneren, daß ihm diese Gedanken nicht weiterhalfen, daß sie ihm nicht guttaten. Vielleicht hielt er seinen Haß auch nur deshalb lebendig, weil er sonst nichts hatte. Doch es mußte auch für ihn Hoffnung geben. Er hatte einige Verbündete, wie seine Großmutter Dancing Grass und Elsie. Unter den Männern fühlte er sich am wohlsten mit Jonathan. Der Medizinmann hatte versprochen, ihn bei sich in die Lehre zu nehmen und ihm das alte Wissen zu übergeben …

Das war sein innerster Wunsch. Er wollte hier auf der Reservation bleiben, um denen zu helfen, die sich nicht mehr selbst helfen konnten.

Unterdessen waren die Laubhütten und auch das Tipi wieder aufgerichtet worden. Die meisten dieser Arbeiten verrichteten die Frauen. Die Männer stellten hohe Holzpfähle für ein neues Feuer zusammen, die sie von weither mitgebracht hatten. Es gab hier keine Bäume, es gab hier nichts, was diesen Stämmen ähnlich sah. Elsie kam mit ein paar Decken aus dem Hogan und bereitete für Marisa wieder ein Lager im Tipi. Es würde eine lange Nacht werden.

Marisa war es nicht gestattet, den zeremoniellen Tänzen beizuwohnen. Zumindest nicht den wichtigsten Tänzen. Selbst Elsie konnte nicht die Verantwortung auf sich nehmen, eine Weiße an den heiligen Ritualen teilnehmen zu lassen. Es war schon Belastung genug, daß sie überhaupt da war. Die Navajos hießen sie nur ihretwegen willkommen.

Marisa lag für eine lange Zeit im Tipi und dachte nach. Sie brauchte eine passende Situation, um mit Elsie zu sprechen. Sie durfte auf keinen Fall aufdringlich wirken. Elsie war mit ihrem kranken Sohn beschäftigt, und es wäre selbstsüchtig, sie mit andren Dingen zu belästigen. Aber Marisas Ungeduld wuchs. Sie hatte diese weite Reise nicht unternommen, nur um hier in einem Tipi herumzuliegen. Sie hatte schließlich ein Ziel und eine Aufgabe. Sie mußte die Medizinfrau finden. Und dazu brauchte sie Elsies Rat und Hilfe. Als sie Elsie einen Moment später allein am

Wassertrog stehen sah, trat sie trotz besseren Wissens zu ihr.

»Ich muß mit dir über etwas Wichtiges sprechen ...«

Elsie drehte sich um, und Marisa sah neue Spuren von Tränen.

»Ist schon gut, es hat Zeit ...«

Marisa stockte verlegen. Sie wollte jetzt nichts falsch machen. Elsie trocknete ihr Gesicht mit ihrer Schürze ab, nickte Marisa zu und ging wortlos in ihren Hogan zurück. Marisa blieb am Wassertrog stehen. Sie konnte nichts erzwingen, obwohl sie es gern getan hätte. Es hatte keinen Sinn, sie mußte abwarten, ob sie wollte oder nicht. Allein hatte sie keine Chance, Dancing Grass zu finden. Elsie erschien wieder in der Tür und winkte ihr zu. Gemeinsam gingen sie in die Laubhütten, die als Küche benutzt wurde.

Marisa bekam einen Platz am Feuer angeboten und ein Messer in die Hand. Die Kartoffeln, die zu schälen waren, standen in Säcken um einen Blechtonnenherd. Die Frauen sangen bei ihrer Arbeit und lachten. Sie sprachen ihren Dialekt und blickten ab und zu verstohlen auf Marisa und kicherten. Besonders die jüngeren waren ausgelassen und machten keinen Hehl aus ihrem Interesse an der weißen Frau.

Elsie drehte sich zu Marisa um. Ihr Gesicht war wieder glatt, und ihre Augen leuchteten mit neuer Kraft.

»Sie wollen wissen, ob du einen Mann hast.«

Marisa errötete und fühlte, wie sich ihr Körper versteifte. Dann schüttelte sie verneinend den Kopf.

Die Frauen lachten, und Elsie legte den Arm um sie.

»Macht nichts. Ich auch nicht, und es geht mir gut.«

»Elsie hat auch Kinder und keinen Mann.«

Eine der älteren Frauen verzog ihr Gesicht zu einer Grimasse und zeigte stolz die wenigen Zähne, die sie noch besaß.

»Sie braucht keinen Mann!« warf eine der jüngeren Indianerinnen ein, die zu Marisas Linken saß. Sie hatte ein frisches Gesicht mit blitzenden Augen. Ihre Haut war samtweich und leuchtete in einem wundervollen, weichen Braun.

»Sie jagt alle aus dem Haus!«

»Ja, aber nur wenn sie zuviel trinken!«

Elsie lachte. Jede Spur von Traurigkeit war jetzt aus ihrem Gesicht gewichen. Sie lachte und scherzte mit den Frauen und fragte sie in ihrem schlechtem Englisch, ob man nicht für Marisa einen Mann auftreiben könnte.

Marisa begann sich wieder ein wenig unwohl zu fühlen. Sie erinnerte sich daran, daß die Navajos in einem Matriarchat lebten und die Männer, wenn sie heirateten, zu den Frauen zogen, und nicht umgekehrt. Diese Frauen besaßen einen Stolz, der selbst vielen weißen Frauen abhanden gekommen war. Plötzlich fühlte sich Marisa diesen einfachen Frauen unterlegen. Es war ein seltsames Gefühl. Ein Gefühl, das ihr gar nicht behagte. Was hatten diese Frauen, das sie nicht selbst auch besaß? War nicht ihr Leben viel reicher als das ihre? Hatte sie nicht viel mehr Chancen im Leben als diese Frauen, die nichts besaßen, außer ein paar Schafen? Sie griff sich entschlossen eine besonders große Kartoffel. Als sie das Messer ansetzte, zitterte sie. Es glitt ihr aus der Hand und fiel zu Boden. Sie rannte mit Tränen in den Augen aus der Hütte.

Im Tipi warf sie sich auf das für sie zubereitete Lager. Alles schien wieder über ihr zusammenzubrechen. Sie fühlte plötzlich keinen Mut und auch keine Hoffnung mehr. Sie war in einer Sackgasse gelandet. Zusammengerollt am Boden liegend, fühlte sie sich auf einmal wie ein kleines Kind, schutzlos dem Leben und seinen unberechenbaren Gefahren ausgeliefert.

Elsie trat nach einigen Minuten zu ihr in das Tipi und setzte sich neben sie auf den Boden. Marisa stieß die Decke mit den Beinen von sich und klammerte sich an Elsie. Sie drückte ihren Kopf in Elsies Schoß und weinte.

Elsies Stimme klang milde, und Marisa hörte für einen Moment auf zu schluchzen.

»Du suchst deinen eigenen Weg … Du findest deinen Weg … Du findest ihn …«

Sie schaukelte Marisa in ihren Armen wie ein kleines Baby.

»Es ist gut … Es ist schon gut …«

Der warme Wind strich sanft durch das Zelt und trocknete die Tränen auf Marisas Gesicht. Elsie streichelte sanft ihren Kopf.

»Du wirst finden, was du suchst. Hab nur etwas Geduld …«

Marisa blickte dankbar zu Elsie auf. In diesem Augenblick faßte sie wirklich wieder Mut. Sie setzte sich auf und wischte sich ihr Gesicht ab. Sie stand mit Elsies Hilfe auf und trat an den Eingang des Tipis.

Drüben an der Hütte, in der noch immer gekocht wurde, standen die Frauen im Kreis um den Herd und sangen. Es war ein so friedliches Bild. Marisa konnte sich auf einmal nicht mehr beherrschen.

»Wann kann ich Dancing Grass treffen?«

Hastig stieß sie die Frage hervor und bereute es im selben Moment.

Elsies Gesicht verschloß sich. Sie stand auf und trat aus dem Zelt. Ihr Blick schweifte in die Ferne. Dann wandte sie sich wieder Marisa zu.

»Dancing Grass ist in den Bergen. Sie ist bei einer wichtigen Zeremonie auf der Black Mesa. Keiner weiß, wann sie wiederkommt. Du mußt abwarten.«

Der letzte Satz kam fast hart von ihren Lippen. Marisa zuckte zusammen. So hatte sie Elsie noch nie sprechen hören.

»Du mußt warten, bis sie dich sehen will.«

Mit diesen Worten wandte sich Elsie endgültig ab und ging zu den Frauen in der Küche zurück. Sie wußte, wie sehr es Marisa drängte, Dancing Grass zu finden. Sie wußte auch, daß man diese Begegnungen nicht erzwingen konnte und daß es Wochen dauern konnte, bis sich Dancing Grass wieder im Tal zeigte.

Die Zeremonien in den Bergen waren zu wichtig für ihr Volk. Durch die Nachlässigkeit der Manager einer Uranmine waren wieder tödliche Abwässer in die spärlichen Flüsse ihres Volkes gelangt. Das Trinkwasser war verseucht. Doch sie hatten keine andere Wahl, als ihre Schafe und Ziegen weiterhin von diesen Flüssen trinken zu lassen. Dancing Grass war gebeten worden, den Großen Geist um Hilfe zu bitten. Sie war gerufen worden, um die heiligste aller Zeremonien zu leiten und um mit den Ahnen zu sprechen. Elsie war plötzlich nicht wohl bei dem Gedanken, daß Marisa diese Zeremonien mit ihrer Ungeduld stören könnte. Sie mußte sie irgendwie beschäftigt halten, bis Dancing Grass wiederkam. Sie wußte, daß die Weißen keine große Geduld zeigten und daß sie immer alles sofort haben wollten.

Elsie ging zu ihrem Hogan zurück und sah zu den Männern hinüber. Raven ritt gerade auf seinem Pinto heran. Er hatte einige Decken und noch mehr Wasser aus einer der verborgenen Quellen geholt. Sein Blick traf sich mit ihrem, und er schien Einverständnis zu singnalisieren. Er sah, daß sie besorgt war, und nickte ihr freundlich zu. Dann stieg er ab und scherzte mit Jonathan und den anderen Männern, die immer wieder neugierige Blicke zum Tipi warfen.

»Gefällt sie dir?«

Raven warf Jonathan einen erstaunten und fast beleidigten Blick zu.

»Sie ist weiß, und ich traue ihr nicht!«

Raven zog eine Grimasse und kniff Jonathan in die Seite. Er wollte seine Abwehr gegen die Weiße nicht allzu deutlich zeigen.

»Vielleicht ist sie hier für dich? «

»Nein, sie ist hier, um Dancing Grass zu sehen.«

Jonathan runzelte seine Stirn und sah Raven ernst an.

»Woher weißt du das?«

Raven hatte plötzlich das Gefühl, ein Messer in seinem Herzen zu spüren. Er vermied Jonathans Blick.

»Sie will etwas von Dancing Grass, das ist alles.«

Jonathan richtete sich auf und strich den Staub von seinen alten, fleckigen Jeans.

»Sie will etwas von uns, wie alle Weißen.«

»Was will sie von Dancing Grass?«

Ravens Stimme klang rauh und ungeduldig. Er wollte nicht, daß seine Großmutter von Weißen bei ihrer Arbeit belästigt wurde.

Jonathan lächelte und nahm sein Stirnband ab. Er sah Raven belustigt an.

»Sie will etwas von uns, was sie nicht hat. Wenn sie hierher kommen, wollen sie alle etwas … doch sie wissen selbst nicht, was es ist.«

Damit war das Gespräch beendet. Raven wußte, daß Jonathan in die unsichtbare Welt sah und mit unsichtbaren Wesen in Verbindung treten konnte. Er wußte, daß er bestimmte Kräfte hatte. Kräfte, die er nicht jedem zeigte. Er hatte viele Monde mit seiner Großmutter, Dancing Grass, gearbeitet und war ein großer Medizinmann. Raven vertraute ihm vollkommen.

Raven drehte sich um und ging zu Elsie, die immer noch an ihrem Hogan stand.

»Es ist gut, dich zu sehen! Wie geht es deinem Sohn?«

Elsie dankte ihm mit einem kleinen Lächeln und führte ihn in ihren Hogan. Dennis Little Elk lag auf seinem armseligen Lager und schlief.

»Jonathan hat ihm einen Tee gemacht. Jetzt schläft er.«

Raven setzte sich an das Bett und sah in das Gesicht des Jungen. Er hatte noch immer sehr hohes Fieber. Seine Wangen waren rot und seine Stirn wieder schweißnaß.

Elsie nahm das Tuch ab, goß aus einer Plastikflasche etwas Wasser darauf und legte es ihm von neuem auf die Stirn.

»Er wird leben.«

Ravens Stimme hallte im Hogan wieder, so als käme sie aus einer anderen Dimension. Elsie traten Tränen der Dankbarkeit in die Augen, als sie Raven die Wasserflasche reichte.

»Hier, trink, du mußt durstig sein.« Raven nahm einen tiefen Schluck.

»Es ist aus dem Trog vom letzten Regen.«

Raven spuckte das Wasser aus. Es schmeckte schlammig.

»Du willst wissen, wer sie ist?«

»Was sie hier will, ist genauer.«

Raven sah Elsie fordernd an.

»Ihr Name ist Marisa. Sie ist von weither zu uns gekommen, um ein anderes Leben zu finden und um mit Dancing Grass zu sprechen. Sie lebte früher schon einmal hier bei ihrem Großvater, der den alten Trading Post führte. Du warst noch ein kleiner Junge, aber ich glaube, du hast sie manchmal gesehen.«

Raven starrte Elsie an wie einen Geist. Also kannte er sie doch! Seine Erinnerung hatte ihn nicht getäuscht. Sie war das Mädchen von damals. Raven sah aus dem kleinen, mit Maschendraht vergitterten Fenster hinüber zum Tipi. In seinem Blick lag plötzlich Traurigkeit. Alte Erinnerungen aus seiner Jugendzeit stiegen schmerzhaft in sein Bewußtsein.

»Sie darf nicht zu Dancing Grass! Ich will zuerst wissen, was sie hier wirklich sucht!«

Raven versuchte sich zu beherrschen. Elsie machte sich an der Feuerstelle zu schaffen und schichtete Holz für die Nacht auf.

»Sie weiß nicht, was sie sucht. Aber sie erinnert sich an Dancing Grass, deine Großmutter. Sie muß sie im Trading Post getroffen haben. Sie will mit ihr reden, sagt sie. Das ist alles …«

Raven verzog das Gesicht.

»Was gibt es da zu reden? Sie kommt aus einer anderen Welt!«

Sein Blick wurde noch abweisender.

»Ich will nicht, daß du ihr hilfst.«

Elsie sah ihn still an.

»Ich habe es versprochen … Ich habe mein Wort gegeben …«

Raven schien unschlüssig. Doch dann erschien wieder ein harter Zug um seinen Mund, und seine Augen bekamen einen dunklen Glanz.

»Du mußt tun, was für dich richtig ist.«

Damit lief er aus dem Hogan und wäre fast über den Hund gefallen, der vor dem Eingang lag. Er stieß einen Fluch aus und ging zu seinem Pferd.

Elsie setzte sich zu ihrem schlafenden Sohn und strich ihm zärtlich über die fiebrigen Wangen. Sie sah auch Raven mit den Augen einer Mutter. Sie kannte ihn seit seiner Kindheit. Sie wußte um sein Schicksal. Er hatte seine Eltern jung verloren. Bald nachdem die kleine Marisa zurückgereist war in ihre Heimat, geschah das Unglück. Nach der Arbeit in der Todesmine waren beide Eltern in die Welt der Geister eingetreten. Die Medizin, die ihnen von den Ärzten in Gallup versprochen wurde, kam nie.

Und dann war es zu spät. Es gab keine Fragen, aber es gab viele Gerüchte. Man sprach von Vergiftung, und man sprach auch von Mord. Dancing Grass nahm Raven zu sich, und sie kümmerten sich gemeinsam um ihn. Doch sie konnten ihm die Eltern nicht ersetzen. Später ritt er oft wochenlang allein durch die Wildnis. Er ging nur selten in die kleine Charterschule, in der Weiße unterrichteten. Elsie spürte, daß er seit dieser Zeit seinem Schmerz nicht mehr entrinnen konnte. Sie wußte, daß er eines Tages eine Antwort finden und Frieden machen mußte, mit all dem, was geschehen war. Sie fühlte seinen Schmerz in ihrem Inneren, so als wäre es ihr eigener.

Raven fand Jonathan unter einem Cottonwoodbaum sitzend, der am Rande des Arroyos, hinter den Schafställen stand. Er war gerade dabei, seine Kräuter für das nächtliche Ritual vorzubereiten. Jonathan war der einzige, der ihm jetzt helfen konnte.

»Mein Sohn, setz dich zu mir.«

Jonathans Stimme klang weich. Raven trat zu ihm und setzte sich im Schneidersitz auf die Erde und schwieg.

»Dein Herz ist schwer …«

Jonathans Augen strahlten eine Milde aus, die Raven seit langem nicht mehr gesehen hatte.

»Du hast mit Elsie gesprochen. Du weißt jetzt, wer sie ist. Sie war nur ein kleines Mädchen …«

Sein Blick schweifte hinüber zum Tipi.

»Doch sie trägt keine Schuld … wir alle müssen eines Tages vergessen und Frieden schließen, wenn wir weiterleben wollen …«

Ravens Gesicht verdunkelte sich. Er fühlte keinen Frieden in sich. Er beneidete die Frauen seines Volkes. Sie kamen mit all dem Elend und der Schwere ihres Schicksals besser zurecht als seine Brüder. Jonathan schien fast wie eine Frau zu denken und zu fühlen. Alles in ihm bäumte sich in diesem Augenblick auf.

Er, Raven White Thunder, war ein Krieger, er war ein Rebell! In seinem Herzen war er vielleicht der letzte Krieger, und er würde den Kampf gewinnen! Er war zum Krieger geboren, und er würde als Krieger Rache üben. Rache für die Vergiftung der Flüsse und die Verwüstung seines Landes. Rache für die Toten! Rache für die Lebenden!

Raven atmete hastiger. Schweiß trat auf seine Stirn, und sein Blut rann jetzt heiß durch seinen Körper. Er konnte und wollte sich nicht mehr beherrschen und von den Gedanken und Taten der Weißen beherrschen lassen! Sie selbst spielten Krieg, wo immer sie wollten! Sie waren immer die Starken. Immer die Mächtigen. Immer die, welche alle unterdrückten, die nicht so dachten wie sie.

Jonathan sah Ravens düstere Gedanken.

»Das ist nicht der Weg«, bemerkte er sanft, »auf diesem Weg verlierst du nur all deine Kraft.«

Raven senkte beschämt den Kopf. Er atmete heftig aus. Jonathan hatte recht. Er durfte seine Kraft nicht durch Haß schmälern. Doch es war schwer für ihn, auf dem guten Weg zu bleiben. Wenn seine Großmutter nicht in der Nähe war, fiel es ihm noch schwerer. Dann kämpfte er mit der ohnmächtigen Wut, über die er oft keine Gewalt hatte. Sein Vater und seine Mutter hätten nicht durch den unsichtbaren Todesstaub sterben müssen.

Raven sprang auf und lief zu seinem Pinto. Mit einem Satz schwang er sich auf den Rücken des Pferdes. Er konnte nicht klar denken. Seine Gefühle und Gedanken tobten wild durcheinander, als er das kleine Bachbett hinter Elsies Hogan in einem wilden Galopp durchquerte. Schreckliche Visionen und Bilder der Vergangenheit tauchten in ihm auf. Sie waren wie hungrige, schwarze Vögel, die in ein Maisfeld einfielen. Sie raubten ihm seine Klarheit und Ruhe. Aus irgendeinem Grund erinnerte ihn der Anblick der weißen Frau an das Elend in seiner Vergangenheit. Sie schien damit verknüpft, obwohl sie keine Schuld trug. Ihr Anblick hatte sich wie ein Dorn in sein Herz gegraben. Er wollte diesen Dorn herausreißen, so schnell wie möglich.

# 4

Es war bereits später Nachmittag. Der Himmel hatte sich rasch verdunkelt, und Donner rollte in der Ferne. Gleißende Blitze zuckten über das weite Land und verliehen ihm für den Bruchteil einer Sekunde einen hellsilbernen, unwirklichen Schein, wie ein überbelichtetes Foto.

Das kleine Camp lag da wie ausgestorben. Die Männer hatten sich in einer der Hütten versammelt, und die Frauen scharten sich wie immer um den Herd in der Laubhütte, die ihnen als Küche diente.

Marisa war im Tipi eingeschlafen. Als sie erwachte, trommelten Regentropfen auf das Zelt und fielen vereinzelt durch den Spalt an der Decke. Es roch nach Staub, nach nassen Kräutern und Kartoffelfladen. Sie war wieder allein. Man hatte die Kinder in einer anderen Hütte untergebracht. Das war ihr recht. Sie brauchte den Platz und mußte Raum haben, um nachzudenken. In unkontrollierbaren Wellen kam der Jetlag. Sie spürte eine tiefe Müdigkeit in sich, die sie immer wieder von neuem in einen fast ohnmächtigen Schlaf zog.

Deshalb bemerkte sie auch die emsigen Vorbereitungen für die abendlichen Zeremonien nicht. Aber immer wenn sie zwischendurch erwachte, hatte sie großen Hunger. Dann zog es sie in die Küche zu den Frauen. Obwohl sie nicht viel miteinander sprachen, hatte sich eine Art Freundschaft entwickelt, und sie reichten ihr »Leckerbissen«. Alles schmeckte, wenn man genug Hunger hatte.

Sie wußte nicht, wieviel Zeit vergangen war. Irgendwie

war sie sich nicht mehr sicher, ob sie eine oder bereits zwei Nächte hier geschlafen hatte. Die Zeit, die sie gewohnt war, schien hier nicht zu existieren. Dancing Grass war irgendwo in den Bergen. Das wußte sie von Elsie. Dancing Grass war der Schlüssel. Sie mußte sie bald finden. Obwohl sie nicht wußte, ob sich Dancing Grass überhaupt noch an sie erinnerte. Aber es gab sicher nicht viele weiße Mädchen, die hier einmal gelebt hatten. Vielleicht hatte sie Glück, und Dancing Grass wußte noch, wer sie war. Sie hatte den Großvater gekannt, und er war auch manchmal zu ihren Tänzen eingeladen worden. Obwohl sie noch eine vage Erinnerung hatte, wo die Black Mesa lag, war sie sich über die Entfernung nicht mehr im klaren.

Sie erinnerte sich vage an den Weg vom alten Haus ihres Großvaters aus. Als Kind hatte sie den Weg gekannt, weil sie damals manchmal in einem zerfallenen Hogan, hoch über dem Trading Post, verbotenerweise gespielt hatte. Der Großvater hatte immer mit ihr geschimpft, wenn sie so weit weg spielte. Er erzählte ihr deshalb auch manchmal Geschichten, die ihr angst machten. Er erzählte ihr von »Skinwalkern«, Geistern, vor denen die Navajos Angst hatten. Es waren Tote, die sich wieder in Lebende verwandelten, die sich mit der Haut der Lebenden überzogen, um die Menschen zu erschrecken. Es waren oft grausige Bilder gewesen, die solche Geschichten in Marisas Phantasie beschworen hatten. Schließlich hatte sie so viel Angst gehabt, daß sie sich nicht mehr hinauf traute auf die steile Mesa, weil sie keinem dieser schrecklichen »Skinwalker« begegnen wollte.

Plötzlich kam ihr der verrückte Gedanke, die Medizinfrau auf eigene Faust wiederzufinden. Keiner hier schien daran interessiert zu sein, sie möglichst bald zu ihr zu führen. Sie begriff, daß ihre Suche nicht dieselbe Wichtigkeit für Elsie besaß wie für sie selbst. Elsie war viel zu sehr um ihren Sohn besorgt. Marisa wollte sie nicht weiter drängen oder mit ihren Wünschen belästigen. Es konnten

Tage oder gar Wochen vergehen, bis sich endlich eine Gelegenheit ergab. Es ging ihr alles nicht schnell genug. Sie hatte nie warten gelernt, sie haßte es, abzuwarten und auf den ungewissen Ausgang einer Angelegenheit wie dieser zu hoffen.

Nein, sie mußte die Sache selbst anpacken. Aber wie? Sie konnte nicht einfach fortfahren. Es wäre sehr unhöflich gewesen. Außerdem würden die Navajos sicher mißtrauisch werden. Marisa nahm sich vor, noch einen Tag zu warten. Die Müdigkeit mußte erst abklingen, bevor sie selbst etwas unternehmen konnte. Auch sah es jetzt so aus, als würde die Heilzeremonie für Dennis noch in dieser Nacht stattfinden.

In der Mitte des neuen Camps vor Elsies Hogan war in der Zwischenzeit ein riesiger Holzstoß für das nächtliche Feuer aufgeschichtet worden. Marisa konnte ihn von ihrem Platz aus gut sehen. Die Frauen schienen noch beschäftigter als zuvor, und jetzt kamen auch die Männer aus einer der Hütten. Jonathan ging voran. Er trug ein Bündel mit Kräutern auf seinen Schultern, das er an der Feuerstelle niederlegte. Elsie war nirgendwo in Sicht. Wahrscheinlich kümmerte sie sich um ihr Kind.

Marisa gähnte und legte sich wieder hin. Es gab im Augenblick nichts zu tun. Der Himmel hatte sich in der Zwischenzeit wieder geklärt, und das Gewitter war weitergezogen. Durch die Luke des Tipis sah sie einige weiße Federwolken über sich vorüberziehen. Dahinter leuchtete ein klares Kobaltblau. Sie erinnerte sich an dieses intensive Blau. In Deutschland hatte sie oft daran gedacht und davon geträumt. Dann hatte sie es langsam vergessen. Die trüben Tage zogen sich oft ins Unendliche, und es gab keinen Weg, ihnen zu entrinnen. Die Erinnerung an den weiten, tiefblauen Himmel verblaßte und machte einer anderen Realität Platz.

Jetzt war sie wieder hier, und es schien, als wäre gar nicht soviel Zeit vergangen. Die Zeit war geschrumpft, und ihr vergangenes Leben in Europa erschien ihr jetzt wie ein Traum, aus dem sie gerade erwachte.

Marisa spürte, wie sich ihr Körper entspannte. Sie fühlte eine leichte Welle der Freude in sich aufsteigen, die sie emporzuheben schien. Etwas in ihrer Brust weitete sich aus … Der Gedanke, neu zu beginnen, schien plötzlich nicht so abwegig wie zuvor. Sie spürte ganz plötzlich neuen Mut in sich. Eine Abenteuerlust, die sie seit Jahren nicht mehr in sich wahrgenommen hatte, erwachte. Damals, als sie beim Großvater lebte, war sie sehr mutig gewesen. Sie traute sich fast überall hin und hatte vor nichts Angst außer den »Skinwalkern«. Sie war immer neugierig. Immer mit dem Großvater unterwegs. Bei ihren Wanderungen zwischen den Mesas zeigte er ihr zerfallene Hütten und geheimnisvolle Höhlen, in denen sie später mit Vorliebe allein spielte. Diese Erinnerungen ließen Marisa jetzt neue Kraft schöpfen. Wenn sie als Kind mutig war, so konnte sie es auch heute sein.

Marisa wartete. Sie wußte nicht, ob sie bei der Zeremonie willkommen sein würde, also blieb sie weiter am Eingang des Tipis sitzen und beobachtete die Vorbereitungen. Jonathan saß unter einem der spärlichen Wacholderbüsche und murmelte etwas vor sich hin. Er schien Steine zu zählen, die vor ihm auf dem Boden lagen. Sie konnte nicht wirklich erkennen, was es war. Auf der anderen Seite saßen die verschiedenen Indianerfamilien zusammen im Kreis. Die Frauen trugen wieder ihre bunte, festliche Kleidung mit vielen Türkisen und die Männer Jeans und farbige Hemden, die am Hals ein rotes oder schwarzes Tuch schmückte.

Der junge Navajoindianer vom Vorabend lehnte mit seinem Rücken an Elsies Hogan. Er hielt seine Augen geschlossen. Marisa wagte heimlich einen längeren Blick auf ihn zu werfen. Seine Haut hatte ein wunderbares sattes Rotbraun. Sein Haar, das jetzt im Nacken mit einem roten

Band zu einem Knoten gebunden war, schimmerte wie Seide in den Strahlen der sinkenden Sonne. Es war rabenschwarz, die Haarfarbe, die sich Marisa immer als Kind gewünscht hatte. Sein Mund war voll, aber nicht zu voll und sehr sensibel und gut geschnitten. Seine Nase gerade und seine Stirn hoch. Die hochgeschwungenen Brauen schienen seine Augen zu überschatten. Sie glänzten schwarz, wie sein Haar. Seine Beine steckten in Jeans. Am Oberkörper trug er ein schwarzes Hemd mit einem weißen Adler darauf. Marisa konnte den Blick nicht von ihm wenden. Er machte sie unruhig. Sie spürte Angst vor ihm, und gleichzeitig fühlte sie eine Anziehungskraft, die sie verwirrte. Ihr Herz begann wieder laut zu pochen. Sie zog sich erschreckt in die dunkelste Ecke des Tipis zurück. Wieder schienen ihre Gedanken und Gefühle durcheinanderzuwirbeln. Sie konnte doch unmöglich hierbleiben! Ein klammes Gefühl der Angst stieg wieder aus ihrem Bauch, und sie ließ sich auf die Decke zu ihren Füßen sinken. Als sie wieder aus der Öffnung des Zeltes sah, war er fort.

Die Dämmerung kam schnell. Alle Familien saßen neben oder auf ihren Pickups und aßen. Einige hatten es sich bereits auf ihren Decken bequem gemacht. Der große Holzstoß in der Mitte des Platzes, vor den Hogans, wurde entfacht, und eine riesige Flamme stach grell in den nächtlichen Himmel und gab dem Ganzen einen surrealen Anblick.

Elsie trat mit einem Teller mit Hammelfleisch und Kartoffeln zu Marisa in das Tipi.

»Hier, iß etwas, wenn der erste Tanz beginnt, kannst du mit dabeisein.«

Elsie hielt ihr den gut gefüllten Teller hin.

»Aber ich habe mir den Fuß verknackst …«

Marisa vermied den Augenkontakt. Elsie lächelte, so als wüßte sie Bescheid.

»Du kannst auch beim Feuer sitzen, bei den Alten, wenn du willst.«

Marisa bedankte sich erleichtert für die Einladung und drückte Elsie an sich. Im Dunklen, weg vom hellen Schein der Flammen, war sie sicher. Der junge Navajo durfte sie nicht sehen. Er durfte nicht wissen, wie sie für ihn fühlte. Sie mußte ihre Gefühle vor ihm verbergen. Marisa holte sich ihre Decke, nahm ihren Teller und suchte sich einen Platz, der weit weg vom Feuer, in der Finsternis lag. So konnte sie das Feuer und auch die Tänzer gut sehen und war selbst unsichtbar. Sie aß gierig und fühlte sich sofort besser. Gestärkt, machte sie es sich auf ihrer Decke bequem.

Der Himmel über ihr war klar und mit Milliarden von hellen Sternen übersät. Marisa sah hinauf in das Firmament und zog die Decke dichter um sich. So lag sie zusammengerollt und hing ihren Gedanken nach. Sie dachte wieder an Dancing Grass. Sie brauchte sie. Sie brauchte sie, um neu zu beginnen. Ganz plötzlich kam Marisa dieser Gedanke ein wenig egoistisch vor. Vielleicht hatte diese Begegnung, die sie sich wegen des Interviews herbeiwünschte, noch einen tieferen Sinn ... Einen Sinn, der ihr jetzt noch nicht ganz klar war. Vielleicht konnte Dancing Grass auch ihr helfen. Vielleicht konnte sie sogar einen Kontakt herstellen mit ihrer verstorbenen Mutter ... Vielleicht war das Angebot, einen Artikel über eine Medizinfrau zu schreiben, in Wirklichkeit ein Zeichen für sie selbst gewesen?

Laute Trommeln und aufschreiende Stimmen zerrissen plötzlich die Stille. Marisa sah, wie sich die Männer um das Feuer reihten und zu tanzen begannen. Nach einiger Zeit gesellten sich auch die Frauen in den Kreis und tanzten Arm in Arm, in einem Gleichschritt, um das hell lodernde Feuer. Marisa fühlte sich innerlich ruhiger, obwohl sie wieder eine gewisse Ungeduld in sich spürte, die ständig zu wachsen schien.

Elsie tanzte jetzt mit dem jungen Indianer, der wie aus

dem Nichts im Kreis aufgetaucht war. Er umfaßte Elsies Taille und führte sie mit kräftigen Schritten um das Feuer. Marisa fühlte einen Stich in ihrer Brust, und ihr Hals wurde eng. Ein Gefühl des Verlassenwerdens erfüllte sie und trieb ihr Tränen in die Augen. Sie fühlte sich ausgeschlossen und war eifersüchtig auf Elsie. Sie drehte ihr Gesicht auf die andere Seite und versuchte ihre Augen zu schließen. Doch es gelang ihr nicht. Sie mußte sich wieder umdrehen und den Tänzern zusehen. Dann veränderte sich der Trommelrhythmus, und die Frauen traten aus dem Kreis.

Elsie kam vom Feuer her auf sie zu, um ihr mitzuteilen, daß sie bei der kommenden Heilzeremonie nicht anwesend sein konnte. Marisa richtete sich auf und nahm ihre Decke. Fast war es ihr recht so, sie wollte nicht unhöflich erscheinen und den Kreis allein verlassen. Elsie führte sie durch die Dunkelheit am Arm zum Tipi zurück. Als sie allein war, richtete sie sich ihr Lager so ein, daß sie durch den Türspalt nach draußen sehen konnte. Fast automatisch tat sie es, ohne nachzudenken. Sie war neugierig, was dort am Feuer geschah. Jonathan hatte sich bei den vergangenen Tänzen nicht blicken lassen.

Zwei Frauen trugen Elsies Sohn herbei und legten ihn auf einige zusammengefaltete Decken, nahe beim Feuer. Jonathan ging jetzt hinter ihnen mit einer weiteren Decke und einem Bündel über dem Arm. Die anderen Männer stellten sich im Kreis um das Feuer auf. Jonathan setzte sich im Schneidersitz neben das Kind und legte etwas auf die Brust des Jungen. Marisa konnte nicht erkennen, was es war. Aber wahrscheinlich handelte es sich um verschiedene Kräuterbündel. Die Frauen stellten sich im Kreis um die Trommler. Ihre hellen Stimmen durchdrangen die Nacht und mischten sich mit den dunkleren Stimmen der Männer, die jetzt ebenfalls in den Gesang einstimmten.

Elsie stand direkt an einer der großen Trommeln, die ein älterer Navajoindianer schlug. Ihr Gesicht erstrahlte hell im Feuerschein. Sie sang mit geschlossenen Augen. Marisa konnte ihren Blick nicht von ihr wenden, so schön sah sie in diesem Augenblick aus.

Der junge Navajo stand ebenfalls an einer der riesigen Trommeln, die mit bunten Bändern in Rot und Blau umwickelt war. Sein Schlag war hart und laut. Seine Stimme, wie ein Sturmwind, der hemmungslos durch die Wüste jagte. Marisa bekam bei diesen gewaltigen Lauten Gänsehaut. Es waren keine gewöhnlichen Worte, die er aus seiner Brust stieß, es war reine Lebenskraft.

»Heya Ho, Heya Ho … Ha … Heyo … Ha … Heya … Ho … Heya Ho …!«

Immer schneller und wilder peitschte sein Stakkato-Rhythmus durch die Nacht. Immer lauter wurden seine Schreie. So laut, daß sich Marisa fast die Ohren zuhalten mußte. Er schleuderte seinen machtvollen Lebensatem hinaus, dem Himmel und den Sternen entgegen. Das Feuer loderte heiß, es verband sich mit der Gewalt seiner Stimme. Wieder stieg ein Gefühl der inneren Beklemmung und gleichzeitig der tiefen Sehnsucht in Marisa hoch. Die Trommeln hatten mehr als nur eine hypnotische Wirkung auf sie. Sie spürte die Trommeln in ihrem ganzen Bauch. Ihr Solarplexus vibrierte, und ihr Herz begann lauter zu schlagen. Sie spürte, daß sie ganz von selbst in eine Art Trance glitt. Sie verlor für einen kurzen Moment das Gefühl von Raum und Zeit. Sie wußte nicht mehr, wo sie sich befand. Sie wußte nicht mehr, wer sie war. Alles hatte sich im Bruchteil einer Sekunde aufgelöst.

Die Gesänge veränderten jetzt die Tonlage, und die Frauen tanzten im Gleichschritt im Kreis um das hell lodernde Feuer, während die Männer weiter auf ihre Trommeln schlugen und sangen.

Marisa sah Elsie im Feuerschein neben ihrem Sohn stehen. Ihre Haltung war gebückt. Sie lehnte sich über ihn. Jonathan stand neben ihr und strich mit einem Kräuterbündel immer wieder über den Körper des Jungen.

Die Rituale wiederholten sich, bis die Nacht vorüber war. Der Morgen graute bereits, als Marisa in einen tiefen Schlaf sank, aus dem sie erst um die Mittagszeit erwachte.

Wieder war alles wie ausgestorben. Erst als Marisa aus dem Tipi trat, sah sie, daß die Indianer unter den niedrigen Bäumen lagerten und ruhten. Die Hitze war fast unerträglich. Im Tipi war es zwar auch heiß, aber es spendete den notwendigen Schatten. Es war schwer, sich an diesen starken Klimawechsel zu gewöhnen. Marisa ging zum Wassertrog und tauchte ihre Hände hinein. Sie benetzte ihr Gesicht und ließ das Wasser über ihren Hals, in ihre offene Bluse laufen. Hinter ihrer Stirn meldete sich durch dumpfes Klopfen eine nahende Kopfschmerzattacke an. Sie fühlte sich leer und ausgepumpt. Sie hatte weder die Kraft, neue Pläne zu schmieden, noch über etwas nachzudenken.

Dieser Zustand fühlte sich zwar irgendwie erholsam an, aber er war ungewohnt für sie. Sie hatte gelernt, immer an etwas zu denken, immer etwas zu planen, immer etwas zu tun.

Nachdem sie sich gewaschen hatte, ging sie hinüber zum Hogan, um zu sehen, ob Elsie dort war. Elsie saß am Fußende des kleinen Lagers und hielt ihren Kopf in die Hände gestützt. Ihr Sohn lag mit bleichem Gesichtsausdruck neben ihr. Für den Bruchteil einer Sekunde hatte Marisa das Gefühl, er sei tot. Doch dann bewegte er die Lippen, und Elsie gab ihm etwas Wasser aus einer Plastikflasche zu trinken. Marisa konnte sich nicht eines bedrückenden Gefühls erwehren. Was war, wenn der Junge starb? In diesem Augenblick sah Elsie auf. Ihre Augen waren feucht. Sie nahm Marisas Hand.

»Dennis muß jetzt doch ins Indian Hospital nach Chinle ...«

Ihre leise Stimme hatte einen hoffnungslosen Klang.

»Wir wissen nicht, was er hat, auch Jonathan findet im

Augenblick keine Antwort. Wir wollen kein Risiko eingehen.«

Elsies Gesicht wirkte erstarrt, als sie diese Worte aussprach.

»Wann bringst du ihn hin? Soll ich mitfahren? Wir können meinen Jeep nehmen.«

Marisa war für alles bereit. In diesem Augenblick hatte sie ihre eigenen Sorgen völlig vergessen.

»Jonathan will auch mit.« Elsie sah Marisa erwartungsvoll an.

»Natürlich, wir passen schon rein. Wann wollen wir losfahren?«

Hier war die Antwort. Das Abwarten hatte ein Ende gefunden. Sie war plötzlich sehr froh, dem Camp zu entrinnen. Es gab wieder etwas für sie zu tun.

Jonathan stand bereits mit seinem Rucksack am Jeep. Er kam auf Elsie zu und nahm ihr den Jungen ab. Er hielt ihn in seinen Armen, bis es sich Elsie auf dem Rücksitz bequem gemacht hatte, dann reichte er ihr das schlafende Kind. Marisa ging unterdessen rasch zum Tipi zurück und packte ihre Sachen. Wer wußte schon, wie lange sie fortblieben. Bei den Navajos war nie etwas gewiß. Sie kannten keinen Zeitbegriff. Alles kam und ging in seiner eigenen Zeit, in seinem eigenen Rhythmus. Wenn man mit ihnen lebte, mußte man sich ihrer Zeit, der »Indiantime«, anpassen.

Nur eine kleine Staubwolke blieb zurück, als sie die bereits wieder ausgetrocknete Fahrrinne zum Highway entlangfuhren. Es mußte gut eine Stunde bis Chinle sein, kalkulierte Marisa, während sie immer wieder besorgt auf Elsie und ihren Jungen sah. Dennis hatte die Augen geschlossen und schien noch immer zu schlafen.

Marisa konzentrierte sich ganz auf die Straße, obwohl ihnen lange Zeit kein Auto begegnete. Sie fuhr vorsichtiger und langsamer als gewöhnlich, um den Jungen nicht zu wecken. Die Landschaft zog vorüber in einem eintönigen Gelb und Graubraun. Dann verwandelten sich plötzlich die Farben, und ein tiefes Rot kam hinzu.

Als sie Chinle erreichten, tauchte zu ihrer Linken eine kleine Klinik auf, und sie bog in die Zufahrt ab. Ein älterer Navajoindianer kam auf sie zu, als sie den Wagen parkte. Er rief Elsies Namen und winkte.

»Francis!«

Der Indianer nahm Elsie das Kind ab und ging zum Seiteneingang der Klinik. Jonathan packte seinen Rucksack und folgte ihnen. Im Vorraum des Krankenhauses, der nur spärlich mit einigen grauen Plastiksesseln eingerichtet war, kam ein weißer Arzt auf sie zu. Er sprach kurz mit Elsie und geleitete sie dann in einen anderen Raum. Dennis wachte auf, als sie ihn auf eine Trage legten und in ein Untersuchungszimmer schoben. Ein Bluttest stand an erster Stelle. Im Wartezimmer sprach Elsie lange mit Jonathan. Immer wieder zeigte er auf seinen Rucksack mit den Kräutern. Doch Elsie schüttelte den Kopf, während der Indianer, der sich Francis nannte, angeregt auf beide einredete.

Marisa spürte plötzlich, daß sie hier fehl am Platz war. Elsie hatte ganz andere Sorgen. Sie mußte jetzt vollkommen für ihr Kind dasein. Sie ging vorsichtig zu den drei Navajos und wartete, bis sich Elsie endlich zu ihr umdrehte.

»Wenn du mich im Moment hier nicht mehr brauchst, fahre ich ins Monument Valley und komme in einigen Tagen wieder …«

Die Worte kamen ganz spontan und ohne nachzudenken von Marisas Lippen.

»Gut, das ist gut …«

Elsie schien einen Moment zu überlegen.

»Mein Schwager Francis bringt uns später nach Hause. Du kannst also losfahren.«

Marisa atmete auf und versuchte zu lächeln. Bald wußte Elsie sicher Bescheid, was Dennis fehlte, und dann konnte sie immer noch weitersehen.

»Ich bete für deinen Sohn …«

Marisa hatte das Wort »beten« lange nicht mehr benutzt. Jetzt schien es am Platz zu sein.

Elsie drückte dankbar ihre Hand.

»Danke, und komm bald wieder. Wir warten auf dich!«

# 5

Marisa verabschiedete sich von allen und verließ die Klinik. Sie konnte hier wirklich nichts mehr tun. In der Mitte des Ortes hielt sie an, um in einem kleinen heruntergekommen aussehenden Supermarkt Wasser und etwas Proviant zu kaufen.

Wieder kehrten ihre Gedanken in ihre Kindheit zurück. Manchmal hatte sie hier allein im Pickup Truck auf ihren Großvater gewartet. Dann scharten sich oft neugierig kleine Indianerkinder um den Truck. Der Großvater hatte immer Bonbons für alle in der Hosentasche gehabt, wenn er aus dem Laden zurückkam. Sie selbst liebte den weichen, rosa Lutscher, den es nur hier gab.

Mein Gott, es schien alles erst wie gestern …

Marisa betrat den winzigen Supermarkt. Es gab auch heute nicht viel. Reihen von Dosenfutter, wie damals. Corned Beef, Baked Beans, Mais, Bohnen, Kürbis. Wasser in staubigen Plastikflaschen und künstlichen Orangensaft. Bonbons in allen Farben. Die Zeit schien hier stillzustehen. vergangen. Den rosa Lutscher gab es nicht mehr. Sie kaufte einige verrunzelte Äpfel und eine Flasche H-Milch, dazu einen Beutel Cornflakes und gelbe Kekse. Im Monument Valley gab es Gott sei Dank ein Restaurant.

Nach einer guten halben Stunde Fahrt bog Marisa hinter Many Farms, einer kleinen Siedlung von armseligen Plastiktrailern und Papphäuschen, in Richtung Monument Valley ab. Sie nahm einen der Kekse aus der Folie und biß hinein. Er war trocken und viel zu süß für ihren Geschmack.

Die Landschaft verwandelte sich jetzt, und niedrige, tiefrote Felsen begannen den Highway zu säumen. Sie standen im scharfen Kontrast zum Blau des Himmels und zum fast grell wirkenden Grün des niedrigen Buschwerks, welches die Straße säumte. Die Gegend wurde noch karger, doch die vielfältigen Schattierungen der Farben wogen diese Eintönigkeit mehr als auf. Es schien, als zöge sie ihr Schicksal an einen unbekannten Ort. An einen Ort, an dem es eine Antwort für sie geben mußte. Sie hatte keine Zeit mehr zu verlieren. Sie konnte einfach nicht länger in diesem Tipi bleiben oder gar der verrückten Sehnsucht nachhängen, den jungen Navajo wiederzusehen.

Als die gleißende Sonne den Horizont berührte, fuhr Marisa den Driveway zur Goldings Lodge hinauf. Die gigantische Landschaft war vollkommen in ein rotgoldenes Licht gebadet. Nur die Lodge selbst, die aus zwei einstöckigen, einfachen Gebäuden bestand, lag bereits im Schatten der riesigen, tiefroten Felsblöcke, die sie zum Süden her abschirmten.

Marisa hatte Glück. Es war zwar alles ausgebucht, doch es gab eine Absage. Ein Zimmer wurde frei. Nummer 113, die Fenster gingen nach Westen. Von ihrem kleinen Balkon aus sah sie die monumentalen Felsen, die diese Gegend berühmt gemacht hatten. Sie atmete tief durch, als sie sich das warme Wasser in der Dusche über ihren Körper laufen ließ. Sie hatte sich seit Tagen nicht richtig gewaschen. Jeder Tropfen war jetzt ein Geschenk. Müde und zufrieden wickelte sie sich in eines der großen, weißen Handtücher, die im Bad bereithingen, und trat auf den Balkon.

Das Licht hatte seine Farben gewechselt. Es war jetzt noch intensiver. Der Himmel erstrahlte in einem dunklen Orangeviolett, das sich an den Rändern zu einem golddurchwirkten Türkis verwandelte und am Horizont zu flüssigem Gold wurde. Die Sonne stand bereits unter dem Horizont und schickte ihre wundervollsten Farben. Wie eine Zugabe bei einem Konzert, dachte Marisa.

Sie saß eine Weile still auf einem der weißen Plastiksessel, die auf dem Balkon neben einem winzigen Tischchen standen, und starrte auf das herrliche Farbenspiel. Erst als das Licht langsam verblaßte, zog sie rasch ihre Jeans und einen leichten, blauen Baumwollpulli an und ging in das nahe gelegene Restaurant. Auf einmal hatte sie einen riesigen Hunger. Ihre Bedienung war eine junge Navajofrau, die sie freundlich begrüßte. Das Restaurant war fast leer und wurde in wenigen Minuten geschlossen. Sie bestellte schnell ein Stew mit Lammfleisch und Kartoffeln und einen Salat.

Vom Souveniershop her erklang indianische Flötenmusik, in langgezogenen melancholischen Tönen. Das Restaurant hatte eine große Glasfront, von der man auch den nordwestlichen Teil des Monument Valleys sehen konnte. Marisas Blick hing lange an den gigantischen Felskolossen, die sich draußen in der Wüste erhoben. Es waren Überbleibsel eines Meeres, das hier vor Millionen von Jahren existiert hatte. Im erlöschenden Abendlicht verwandelten sich die gewaltigen Steinformationen in geheimnisvolle Wächter, die das Tal vor weltlichen Eindringlingen schützten.

In dieser Nacht träumte Marisa das erstemal seit Monaten wieder von ihrer Mutter. Sie stand zu Füßen einer Bahre, auf der ihre Mutter lag. Der Körper ihrer Mutter war mit einem Leinentuch bedeckt. Marisa hob das Tuch. Die gefalteten Hände hielten noch immer die Blumen, die sie an ihrem Todestag hineingelegt hatte. Weiße Margeriten.

Die Augen ihrer Mutter waren geschlossen wie im Schlaf. Der Mund war nur noch ein schmaler Strich. Sie trat an die Seite des Bettes und berührte liebevoll ihren Oberkörper. Dann beugte sie sich über sie und legte ihren

Kopf auf ihre Brust. Stille herrschte, wo vorher das Herz schlug. Wieder stand sie fassungslos vor dem Wunder des Todes. Sie konnte noch immer nicht glauben, daß ihre Mutter wirklich fort war. Daß es sie in der alten Form nicht mehr gab ... Ja, ihre Hülle lag da. Aber das Wichtigste fehlte, das Leben. Der Lebensstrom, der noch vor kurzem in ihren Adern pulsierte. Doch Marisa spürte auch, daß das Wichtigste nicht tot war.

Marisa saß im Traum lange an der Bahre. Eines wußte sie jetzt sicher. Es lohnte sich nicht, um etwas zu kämpfen. Die Vergänglichkeit aller Formen und Dinge machte dies nur deutlicher ...

Als sie im frühen Morgengrauen erwachte, fühlte sie sich wie benommen. Wieder verspürte sie eine abgrundtiefe Traurigkeit, und die Endgültigkeit des körperlichen Todes flößte ihr neue Angst ein. Die Trauer, die sie damals wie einen inneren Brand erlitten hatte, war nicht vorüber. Sie spürte die Wunde genau wie damals. Sie spürte, wie ihr ganzes Leben seither ein Versuch gewesen war, das Vergangene zurückzuholen und gleichzeitig zu vergessen. Ihre Mutter war erlöst, sie war heimgekehrt. Eines Tages mußte auch sie das Endgültige annehmen. In diesem Augenblick erfüllte sie eine unendliche Traurigkeit. Etwas in ihrem Leben hatte immer gefehlt. Bis auf die kurzen Jahre mit ihrer Mutter bei ihrem Großvater hatte sie keine Familie gekannt, keinen Platz, an dem sie sich wirklich sicher fühlte. Und danach hatte sie sich immer gesehnt ...

In diesem Moment wurde Marisa schmerhaft klar, daß sie sich in ihrem Leben noch nie vollständig, ganz, vollkommen gefühlt hatte. Auch ihr Vater, den sie nur von Bildern kannte, war für sie wie ein Phantom. Nur ein leicht kantiges Gesicht, in Schwarzweiß. Dunkles Haar, in Uniform. Einmal mit ihr auf seinen Schultern, lachend, mit der einen Hand den Kinderwagen schiebend. Keine Erinnerung an seine Stimme, keine Erinnerung an seine Berührung, oder an sein Lachen. Dann der Tod des Großvaters. In einem kurzen Brief von Elsie, der in wenigen Worten erklärte, daß es ihn nicht mehr gab. Ihn, an den sie so oft gedacht hatte, zu dem sie so gern noch einmal zurückgekehrt wäre.

Es ging immer alles viel zu schnell … Dann war auch ihre Mutter gestorben.

Etwas später saß Marisa wieder an ihrem kleinen, runden Tisch auf dem Balkon und starrte geistesabwesend auf ihre Landkarte. Neben ihr stand eine Tasse Kaffee, selbstgebraut in der Maschine. Der Traum hing noch immer wie ein Vorhang vor ihrer gegenwärtigen Realität. Der einzige Mensch, der sie in dieser Welt ohne Konditionen geliebt hatte, war fort. Diese plötzliche Erkenntnis traf sie wie ein Schock und schmerzte am allermeisten. Ihr Blick blieb plötzlich an einem Wort auf der Landkarte hängen. »Dinnebito Wash« Dieser Name kam ihr bekannt vor. Vielleicht führte dieser Weg zum alten Trading Post und auch zur Black Mesa, wo irgendwo Dancing Grass sein mußte?

Ohne weiter nachzudenken, packte sie ihre Sachen. Sie verließ die Lodge, noch bevor die Sonne ganz über den Horizont gestiegen war. Die Luft wirkte kühl und frisch. Marisa zog sie dankbar in ihre Lungen. Bald würde es heiß werden. Deshalb wollte sie ihr Ziel so schnell wie möglich erreichen. Sie hatte einige Tage Zeit, bis sie zu Elsie zurückfuhr. Diese Zeit wollte sie gut nutzen.

Marisa verließ das Monument Valley gen Süden und bog in Kayenta auf den Highway ab. Der »Dinnebito Wash« mußte links, zu Füßen eines riesigen Plateaus, auf dem auch die Black Mesa lag, zu finden sein. Sie hatte Glück. Nach einigen kleinen Irrfahrten, die in Sackgassen endeten, bog sie tatsächlich in den richtigen Sandweg ein und fand nach ein paar Meilen den seit Jahren aufgegebenen Trading Post ihres Großvaters wieder.

Auch hier erschien ihr alles unwirklich. Alles sah so aus wie damals. Selbst auf der Wäscheleine hing noch ein graues T-Shirt. Aber als sie näher hinsah, war es nur ein zerfetzter Lumpen, der im Wind schaukelte. Um die Holztür des kleinen Lehmbaus aufzustoßen, brauchte sie nicht viel Kraft. Die Tür war unverschlossen. Sie stand einige Sekunden still an der Schwelle, bevor sie eintrat. Der Wohnraum war noch genau wie damals, nur vollkommen in Spinnweben gehüllt, die in langen Schleiern von der niedrigen Decke mit den Holzbalken hingen. Der Boden war mit einer dichten Staubschicht bedeckt und die Luft stickig. Marisa versuchte die winzigen Fenster zu öffnen, um frische Luft hereinzulassen. Doch die gaben nur unwillig nach. Viel Glas war zerbrochen. Kleine braune Echsen huschten an ihren Füßen vorüber und verschwanden flink hinter den Blechkanistern, die zum Wasserholen gedient hatten. Marisa ging durch den Wohnraum und betrat das Zimmer, in dem sie mit ihrer Mutter damals gewohnt hatte. Hinter den Spinnweben, an einem schmalen Fenster, fand sie einige vergilbte Fotografien.

Sie nahm die Bilder an sich und setzte sich auf die Türschwelle. Vorsichtig blies sie den Staub ab. Das eine zeigte sie mit dem Großvater am großen roten Kliff hinter dem Haus. Das andere ihre Mutter und ihren Vater. Ihre Mutter im geblümten Kleid. Die hellen Haare hochgebunden mit einer Schleife. Ihren Vater so, wie sie ihn noch nie auf einem Foto gesehen hatte. Er trug keine Uniform, sondern ein weißes Hemd und eine dunkle Hose. Sein Arm lag zärtlich um die Schultern ihrer Mutter. Sie sahen sich lachend an. Sie drehte das Foto um und entzifferte: Frankfurt 1965.

Das letzte Bild, das mehr vergilbt war als die anderen, schien älter zu sein. Es zeigte einen kleinen Jungen mit langen schwarzen Haaren und eine Frau mit einer altmodischen, getupften Küchenschürze. Sie besaß ebenfalls dunkles Haar, eine eher rundliche Figur, mit einem herzförmigen Gesicht. Sie drehte das Bild um und las: Mexican Hat, 1945. Der winzige, gottverlassene Ort Mexican Hat lag im Norden, nicht allzu weit vom Monument Valley entfernt. Das mußte ihr Vater als kleiner Junge mit seiner Mutter, ihrer Großmutter sein. War das etwa die Heimat ihrer Familie väterlicherseits gewesen?

Marisa strich sanft über die vergilbten Bilder und küßte sie zart. Wieder verspürte sie eine abgrundtiefe Sehnsucht nach einem Zuhause in sich, nach einem wahren Heim. Nach einem Ort, wo sie hingehörte. Für eine lange Zeit saß sie unbeweglich auf der Schwelle. Ihr Kopf war leer, sie konnte an nichts mehr denken. Dann blickte sie auf die Uhr und erschrak. Es war fast Mittag. Sie mußte sich auf den Weg machen. Wie ein Kleinod hielt sie die Fotos in der Hand. Rasch ging sie zu ihrem Jeep, nahm ihre Ledertasche heraus und legte die Fotos vorsichtig hinein. Sie packte eine Flasche mit Wasser ein und verschloß den Wagen. Sie konnte später immer noch zurückkehren und länger bleiben. Sie wollte alles noch einmal genau ansehen. Doch jetzt blieb dazu keine Zeit.

Sie blickte auf die weite Mesa, die sich von Norden nach Süden vor ihr erstreckte. Irgendwo dort oben lag der verfallene Hogan, in dem sie früher verbotenerweise gespielt hatte. Nur einige runde Mauern standen damals noch, und ein Teil des Holzdaches, von dem der Mörtel abgefallen war, hing schief. Auf dem sandigen Boden des Hogans hatte sie oft mit ihrer einzigen Puppe gespielt. Einer Puppe aus Gummi, der ein Finger fehlte. Sie hatte ein handgemaltes Gesicht und trug Indianerkleider, die Elsie für sie genäht hatte. Die Puppe kam aus den USA mit der Post, noch vor Marisas erstem Geburtstag. Wahrscheinlich war sie von ihrer Großmutter und ihrem Großvater.

Von diesem Hogan aus führte damals ein versteckter Pfad auf die Black Mesa. Vor vielen Jahren hatte ein Indianerjunge ihr diesen Ort gezeigt. Von weitem deutete er mit seinem Finger auf die Mesa und lachte. Manchmal trafen sie sich zufällig am alten Hogan. Der Junge versteckte sich im spärlichen Gebüsch, wenn er sie den Hang heraufkommen sah. Dann verständigten sie sich mit selbsterdachten Handzeichen und spielten Versteck. Sie lachten viel. Sie mochten sich.

Auch an die schöne schwarze Rabenfeder, die er ihr zum Abschied geschenkt hatte, erinnerte sie sich plötzlich und an den verwundeten Vogel, den sie gefunden und ihm gegeben hatte. Sie war immer allein den steilen Abhang in den Canyon hinuntergestiegen und hatte diese Begegnungen vor ihrem Großvater verschwiegen. Wahrscheinlich wußte er trotzdem davon.

Marisa fand die steile Stelle am Hang des Canyons mit dem schmalen Pfad wieder. Plötzlich verspürte sie frischen Mut. Sie war so weit gekommen, jetzt würde sie auch die Black Mesa und Dancing Grass finden. Nach einer Weile wurde der Weg immer beschwerlicher, und sie kam nur langsam voran. Immer wieder rutschte Marisa auf dem trockenen Gestein aus. Völlig erschöpft stand sie nach einer guten halben Stunde endlich auf dem Plateau der riesigen Mesa.

Sie sah sich um. Im Westen erblickte sie einige seltsam geformte Mesquitebüsche, die einen kaum sichtbaren Pfad verbargen. Sie versuchte sich zu erinnern. Doch es stiegen keine klaren Bilder in ihrem Bewußtsein auf. Nach einigem Zaudern entschloß sie sich doch, den linken Pfad zu nehmen, der hinter den Büschen verschwand. Es war Klapperschlangenland, und sie zog ihre Socken höher. Kleine, sehr stachlige Kakteen verhakten sich immer wieder in ihnen, und Marisa mußte oft anhalten, um die Stacheln zu entfernen, bevor sie ins Fleisch drangen. Der Weg erschien ihr schmaler, als sie ihn in Erinnerung hatte.

Marisa mußte wieder an die Geschichten des Großvaters denken und wie er mit ihr schimpfte, wenn er erfuhr, daß sie wieder das »verbotene« Land betreten hatte. Einmal hatte er ihr sogar erzählt, daß es hier oben »Wolfsmänner« gab, die kleine Mädchen fingen. Er erzählte von

Navajo-Hexern, die nachts unterwegs waren und das ganze Land verzauberten, so daß man sich verlief und nicht mehr den Heimweg fand. Ihr schauderte damals jedesmal, wenn er das erzählte … und sie war doch immer neugierig auf solche schrecklichen Geschichten gewesen. Sie versprach ihm dann gleich, brav zu sein und nicht mehr nach »oben«, wie sie es nannte, zu gehen. Natürlich hielt sie sich immer nur ein paar Tage daran.

Keine Geschichte konnte so gruselig sein, um sie davon abzuhalten, mit ihrem Freund zu spielen. Wenn sie den Indianerjungen oben am Kamm des Berges stehen sah, schlich sie sich heimlich davon …

Die Sonne stand jetzt schon hoch. Nach einer kurzen Zeit erreichte sie den runden Platz, mit einem großen Pfahl in der Mitte. Gleich daneben stand eine kleine, primitive Schwitzhütte, die nur aus kahlen Stecken gebaut und von einem vermoderten Stück Leinwand bedeckt war. Zur Linken sah Marisa nun auch den zerfallenen Hogan, versteckt hinter hohem stacheligem Gestrüpp. Alles erschien noch wilder und verlassener. Sie näherte sich vorsichtig und lauschte. Etwas knarrte, und sie blieb abrupt stehen. Marisa hielt den Atem an. Alle ihre Sinne waren plötzlich wach und scharf. Die Tür des Hogans stand offen. Sie hing wie damals schief zur Seite und bewegte sich knarrend in der leichten Brise.

Marisas Schritt stockte. Neben ihrem Fuß bewegte sich etwas. Sie erschrak zutiefst und hörte zur selben Zeit die Rassel. Eine große Klapperschlange lag zusammengerollt direkt vor ihr, so als wäre sie der Wächter des Hogans. Marisa hielt den Atem an. Was hatte der Großvater ihr immer über diese Schlange gesagt?

Nicht bewegen!

Stillhalten!

Stillhalten!

Die dunklen Augen der Klapperschlange lagen unbeweglich auf Marisas Gesicht. Ihr Blick war starr. Die lange, dünne Zunge zuckte immer wieder nach vorn ins Leere. Marisa konnte den Blick nicht von ihr wenden. Nach einer Zeit, die Marisa wie eine Ewigkeit erschien, glitt die Schlange langsam seitlich ins dornige Gebüsch und verschwand in einem schmalen Spalt in einer brüchigen Steinwand.

Marisa bewegte sich zitternd und mit weichen Knien rückwärts vom Hogan weg. Sie hatte keinen Mut mehr hineinzugehen. Vielleicht hatte die Schlange dort sogar ihr Nest.

Ein Flirren erfüllte plötzlich die Luft, und ein Windstoß, der wie aus dem Nichts kam, trieb ihr feinen roten Sand in die Augen. Sie wischte sich über das Gesicht und sah sich um. Doch nichts rührte sich. Sie sah keine Bewegung in den trockenen Sträuchern. Wo kam dieser Wind so plötzlich her? War dies vielleicht eine Warnung? Durfte sie dieses Land nicht mehr betreten? War ihr der Weg zur Black Mesa verboten? Vielleicht war sie hier unerwünscht und wurde nun fortgejagt.

Panik stieg in ihr auf, und sie rannte die ersten Meter, ohne zu sehen, wo sie hintrat. Ihr Fuß knickte um. Sie spürte einen scharfen Schmerz. Tränen der Anspannung und des Entsetzens rannen über ihre Wangen, als sie den Weg zurückstolperte. Sie erreichte nur unter Mühen den Hang, an dem der steile Abstieg begann. Ihr ganzer Körper schmerzte. Ihr Kopf raste und schien zu explodieren. Die Sonne brannte jetzt glühend auf ihrer Haut. Marisa betete laut um Hilfe. Sie humpelte atemlos vorwärts. Immer wieder zerfloß der Abhang, zum Fuße des Canyons, mit dem gleißenden Himmel. Das Rot der Erde brannte in ihren Augen wie Feuer. Alles fing vor ihren Augen an zu flimmern, so daß sie nicht mehr sah, wo sie hintrat. Sie rutschte wieder ab und versuchte sich an den knorrigen Wurzeln festzuhalten, die wie schwarze Finger aus dem festgebackenen Boden ragten.

Immer wieder verloren ihre Füße den Halt. Sie rutschte

tiefer, ihre Hände fanden nichts mehr, um sich abzustützen. Ihr Fuß gehorchte ihr nicht mehr. Er schmerzte so stark, daß sie nicht mehr auftreten konnte. Die Wurzeln und Pflanzen, nach denen sie in ihrer Verzweiflung immer wieder griff, gaben nach. Sie schrie auf und verlor den Halt. Sie stürzte, überschlug sich und rollte den steilen Hang hinab. Ihr Körper schlug gegen einen großen Felsblock, und alles verschwand um sie herum, und sie fiel in eine tiefe Dunkelheit.

Der Wind kam jetzt aus dem Westen und blies Marisa gnadenlos den feinkörnigen Sand ins Gesicht. Sie konnte ihre Augen nicht öffnen, doch sie spürte, wie er in all ihre Poren drang. Ihr Körper war steif. Sie konnte ihn nicht bewegen. Um sie herum war es totenstill, sie vernahm keinen Laut. Nur ein seltsames Summen in ihren Ohren wurde immer lauter und lauter.

Sie wußte nicht, wo sie war. Sie wußte nicht, wie lange sie hier bereits lag. Sie konnte sich an nichts mehr erinnern …

Als wieder Gefühl in ihre Glieder kam, schmerzten sie stark. Besonders ihr Fuß. Er war irgendwie verdreht. Sie versuchte ihre Augen zu öffnen, doch sie erkannte nur unklare Umrisse einer Felswand, die steil über ihr in den Himmel aufragte. Darüber stand die Sonne wie ein glühender Ball.

Marisa drehte sich mühsam zur Seite. Da sah sie das Blut. Der Boden um sie herum war rot. Tiefrot, von Blut durchtränkt. An ihren Beinen und Händen, kleine Rinnsale von Blut, die sich ganz selbstverständlich mit dem roten Sand mischten. Es trocknete schnell, wurde braun und grub kleine Muster in den Boden. Es gab keine Erklärung, aber auf eine seltsame Art verspürte sie auch keine Angst.

Der Schmerz raste jetzt immer heftiger durch ihren Körper. Sie spürte ihn, aber es war, als gehöre der Schmerz nicht zu ihr. So, als stünde sie außerhalb ihres Körpers …

so, als sei alles nur ein Traum. Der kreischende Schrei eines schwarzen, großen Vogels riß sie hoch, und sie sah sich auf einmal von oben herab im Sand liegen. In diesem Augenblick versank wieder alles um sie herum in Dunkelheit.

# 6

Raven stand bei seinem Pferd und zurrte Decken auf dem Rücken des Pinto fest. Er war unterwegs zu seiner Großmutter, um ihr frischen Proviant zu bringen. Die Satteltaschen hingen bereits prall gefüllt an den Seiten des Pferdes. Es würde ein guter Tagesritt sein, bis er die Black Mesa erreichte. Im Camp war noch alles still. Elsie war fort, und ebenso der Jeep der weißen Frau. Raven fühlte sich erleichtert. Jetzt konnte er sich seiner Aufgabe widmen. Er sehnte sich nach Dancing Grass. Er hatte seine Großmutter seit Wochen nicht mehr gesehen. Die Zeremonien und Gebete für die Verhinderung der Vergiftung des Trinkwassers hatten all ihre Zeit und Heilkraft gefordert.

Er ritt quer durch den schmalen Canyon, der sich links vom Highway öffnete und direkt in das weite Land führte. Hier fühlte er sich immer am wohlsten, unter dem weiten, offenen Himmel, der kein Ende hatte. Nur der Highway zog sich wie eine häßliche, schwarzgraue Schlange durch die Wildnis. Oft träumte er davon, wie die Straße im Staub versank, von einem Sandsturm einfach zugeweht. Er haßte die Begrenzungen, die die Weißen überall gezogen hatten. Auch die Stacheldrahtzäune haßte er. Nicht nur der Abfall blieb darin hängen, auch die Tiere verletzten sich an den metallenen Dornen.

Der Pinto erklomm eine kleine Höhe und wandte sich nach Westen. Raven kannte den Weg, selbst mit geschlossenen Augen. Immer wieder verfiel er in einen besonderen

Zustand, wenn er durch diese Landschaft ritt. Die äußere Leere schien ihn innerlich zu erfüllen. In seinem Geist sah er seine Ahnen durch die weiten Ebenen reiten und hörte sie ihre heiligen Lieder singen. Dann kehrte tiefe Stille in sein Inneres ein, und auch er begann zu singen. Harmonisch mischten sich die tiefen Töne seiner Stimme mit dem Rauschen des Windes und dem Hufschlag seines Pferdes.

Die Landschaft erhob sich wie ein steinernes Meer vor ihm. Wie Wellen lagen die verschiedenen Steinschichten übereinander. Sie leuchteten in allen Farben. Gelb mischte sich ganz spielerisch mit Orange, Rot und Violett. Raven liebte diesen Teil des Weges ganz besonders. Er schlängelte sich wie in einem Labyrinth zwischen kleinen Tälern und Höhen hindurch und machte später einem weiten Plateau Platz. Er war dankbar für die Wildnis, die auf der Reservation erhalten geblieben war. Nur wegen der Unwegsamkeit des Geländes wurden hier keine Straßen gezogen. Sein Volk lebte nicht zusammen in großen Haufen, wie die Weißen. Jede Familie hatte ihren Platz. Viele Meilen lagen zwischen den einzelnen Hogans. Der Grund, weshalb es kaum ein Telefon oder gar Elektrizität gab.

Nur in den winzigen Reihenhäusern in Chinle sah es anders aus. Hier vegetierten viele seines Klans dahin. Sie lebten in winzigen Fertighäusern, die ihnen die amerikanische Regierung gespendet hatte. Hier lebten sie, hier träumten sie von einer Zeit, die es nicht mehr gab. Hier empfingen sie monatlich ein paar Dollar, von denen sie existieren sollten ... Ihr Geist schien gebrochen, ihr Glaube war in den Schmutz gezogen und ihr Respekt vor der eigenen Tradition zerstört. Viele von ihnen gehörten weder in die alte noch in die neue Welt.

Ravens Blick schweifte wieder über das weite Land. Er liebte die rote Erde, er liebte den sandigen Boden, der seinen Körper sanft aufnahm und ihm Ruhe gab. Er liebte es, sich mit dem Bauch auf Erde zu legen und mit den Wesen der unteren Welten zu sprechen. Die Tiere waren seine

Freunde. Er begrüßte die Raben, wenn sie über sein Lager strichen und er den leisen, singenden Laut ihrer Flügel vernahm. Er dankte dem Nachtfalken, wenn er einen Schrei ausstieß, um zu verkünden, daß die Dunkelheit nahte. Er hörte den Grillen und Zikaden zu, wenn sie ihre alten Lieder sangen und ihn in den Schlaf wiegten. Hier in der Wildnis war er in seinem Element. Was machte es aus, daß er oft keine Arbeit hatte. Das Leben sorgte für ihn, so oder so.

Raven erinnerte sich an die Zeit, die er einmal bei Freunden in San Francisco verbracht hatte. Sie wollten ihm helfen, dort Arbeit zu finden. Doch er kam in der Stadt nicht zurecht. Er wußte mit sich dort nichts anzufangen. Er konnte sich nicht vorstellen, in den Steinburgen zu leben. Der Lärm machte ihn wahnsinnig. Nach einigen Wochen kehrte er auf die Reservation zurück. Trotz der Arbeitslosigkeit hatte er sich immer durchgeschlagen und auch seine Großmutter nie vergessen. Wenn er später an viele seiner Freunde dort dachte, wurde ihm immer schwer ums Herz. Er vermißte sie. Doch er selbst hatte sich vorgenommen, nicht so zu leben, trotz des Geldes, das sie verdienten.

Er wollte vor allem den Kindern auf der Reservation helfen. Er sah sich selbst in jedem Kind. Er kannte ihr Lachen und ihre Tränen. Sie waren sein eigen. Sie hatten den weißen Glauben zwar äußerlich angenommen, aber tief im Inneren waren sie hungrig nach ihrer eigenen Wahrheit. Oft sprach er mit ihnen über diese Wahrheit. Dann nahm er sie mit in die Wildnis, und sie saßen unter freiem Himmel. Er haßte die Enge der Klassenzimmer. Sie brachten nichts Gutes hervor. Sie beengten den Geist der Kinder und machten sie unglücklich. Im Winter würde er zurückkehren und wieder bei ihnen sein. Doch bis dahin würden noch einige Monde vergehen …

Am liebsten erzählte er ihnen Geschichten. Obwohl dies eigentlich die Aufgabe der Alten war. Doch er war gut im

Sprechen, und er erinnerte sich an alles, was ihm Dancing Grass erzählt hatte.

Annie Little Flower, ein junges Navajomädchen, war einige Male mit ihm geritten, als sie ihre Familie in Chinle besuchte. Er hatte sie in San Francisco kennengelernt. Das war jetzt viele Monde her. Manchmal dachte er noch an sie. Sie hatte große Pläne. Eine Familie genügte ihr nicht. Sie studierte die Gesetze der Weißen, weil sie glaubte, daß sie nur so ihrem Volk wirklich helfen konnte. Vielleicht hatte sie recht. Vielleicht war sie auf einem guten Weg. Doch er war nicht am »Weißen Weg« interessiert. Die Armut auf der Reservation machte ihm nichts aus. Er war stark. Stärker als viele seiner Brüder, die aufgegeben hatten und keinen Weg aus ihrem Elend des Alkohols fanden. Zum Glück hatte er Dancing Grass und Jonathan. Jonathan war so etwas wie ein Vater für ihn. Von beiden lernte er viel über die Anwendung der heiligen Medizinpflanzen. Doch er hatte noch viel zu lernen und zu verstehen, bevor er diesen Weg nehmen durfte.

Raven war tief in Gedanken versunken, als er das große Plateau westlich von Chinle erreichte. Es erlaubte ihm einen weiten Blick über die Ebene, die sich nach Nordwesten hin, bis zum Monument Valley, dem Tal der leuchtenden Steine, erstreckte. Sein Volk nannte es »das lebende Herz der Erde«.

Es war jetzt an der Zeit, einen Platz zum Übernachten zu finden. An einer Klippe, mit guter Sicht nach allen Seiten, machte Raven halt. Er nahm seine Wolldecke vom Sattel und breitete sie auf dem sandigen Boden aus. Er hatte keinen großen Hunger. Das letzte Beef Jerky, Trokkenfleisch, das er noch schnell im Camp bei Elsie gegessen hatte, lag noch schwer in seinem Magen. Raven nahm einen Schluck Wasser und legte sich nieder. Die Farben des Himmels verblaßten allmählich und enthüllten ein glitzerndes Firmament. Er sah auf und beobachtete die Sterne, bis seine Augen ganz von selbst zufielen.

Raven erwachte, als es noch finster war. Nur ein fast unmerklicher rosa Schimmer am Horizont verriet den kommenden Morgen. Er rollte seine Decke zusammen und trat zu seinem Pinto, der an einem nahen Wacholderbusch knabberte. Er lehnte sich an seinen Hals. Das weiche Tierfell erzitterte unter der Berührung und tat ihm wohl. Es waren noch gute sechs Stunden bis zur Black Mesa. Heute würde er die Abkürzung über den alten Trading Post nehmen. Von dort war der Weg zwar etwas steiler, aber er würde den Hogan seiner Großmutter gegen Mittag erreichen.

Nach einigen Stunden Ritt sah Raven den Trading Post zu seinen Füßen liegen. Er spähte hinunter in den Canyon. Alles lag ruhig unter ihm, und auch am Trading Post rührte sich nichts. Er stieg von seinem Pferd und ging die letzten Meter zum Rand des Kliffs zu Fuß.

Erst jetzt sah er das Fahrzeug, das hinter einigen dichten Wacholderbüschen versteckt stand. Es war der Jeep der weißen Frau. Raven hielt inne. Er irrte sich nicht, es war der Jeep, den er im Camp gesehen hatte. Was tat die Frau hier? Er zögerte. Dann drehte er sich um und ging zu seinem Pferd zurück. Obwohl er es nicht wollte, drehten sich jetzt plötzlich wieder all seine Gedanken um die weiße Frau. Er konnte sich nicht vorstellen, was sie hier draußen in dieser verlassenen Gegend suchte. Erinerungen an ihre Kindheit? Raven sah in den Himmel und erblickte einige Raben, die in der Ferne über einer Schlucht kreisten. Daß war nichts Ungewöhnliches, doch er war es gewohnt, auf jedes Zeichen zu achten. Er ritt in Gedanken versunken weiter. Was ging ihn diese Weiße an? Aber die Tatsache, daß sie irgendwo hier in der Nähe sein mußte, machte ihn unruhig.

Plötzlich blieb der Pinto stehen und schnaubte. Am steilen Geröllhang, einige Meter zu seiner Linken, lag hinter einem dichten Pinienbusch an einem riesigen Felsbrocken etwas Helles. Raven sprang vom Pferd.

Es war die weiße Frau. Sie lag bewegungslos auf der Seite. Ihr goldenes Haar war von Blut verkrustet und das Gesicht blaß. Er träufelte etwas Wasser auf ihre leicht geöffneten Lippen und umwickelte vorsichtig ihren Kopf mit seinem Stirnband. Sie stöhnte leise und öffnete die Augen.

Raven sah, daß ihr Blick leer war und sie sich an nichts erinnerte. Er blieb still neben ihr sitzen und hielt ihren Kopf auf seinen Knien. Nach einer Weile hob er sie vorsichtig auf und trug sie zu seinem Pferd. Obwohl sich alles in ihm wehrte, blieb ihm keine andere Wahl. Er mußte die verwundete Frau in die verlassene Hütte seiner Großmutter bringen, die nicht weit von dem Steilhang auf der rechten Seite des Plateaus lag. Er konnte sie nicht in der Wildnis sterben lassen. Niemand kam hier vorüber, und niemand würde sie finden. Weshalb mußte er gerade diesen Weg nehmen! Und welche Kräfte hatten ihn zu dieser Weißen geführt? Zu der Frau, die er niemals wiedersehen wollte. Raven hielt sie eng umschlungen, als der Pinto den Kamm der Mesa umrundete, und spürte ihren leisen, pochenden Herzschlag an seiner Brust.

# 7

Als Marisa erwachte, lag sie, in eine Decke gewickelt, auf einem schmalen Lager. Sie befand sich in einem niedrigen Raum, der eine Decke aus Holzpfählen hatte und ein vergittertes Fenster. Sie wußte nicht, wo sie war. Durch die halbzerfallene Tür konnte sie ein Stück Himmel erkennen. Er war kobaltblau und erschien ihr in diesem Augenblick vollkommen unwirklich. Schüttelfrost rann wie ein Eisstrom durch ihren ganzen Leib. Sie versuchte ihren Körper zu drehen. Doch sie konnte sich nicht bewegen. Auf ihrer Brust lagen einige dunkelgrüne Kräuter, die einen sehr starken und ungewohnten Duft aussandten. Der Duft war angenehm, und sie atmete ihn tief ein. Ihre Augenlider schlossen sich wieder, und sie fiel in einen tiefen Schlaf.

Als sie das nächstemal erwachte, sah sie ein kleines Feuer neben sich, das wie Tausende Diamanten Sonnenlicht sprühte und den kleinen Raum auf magische Weise erhellte. Das Licht schoß in weiten Kreisen an die Decke, die sich in regenbogenfarbigen Facetten auf ihr widerspiegelten. Sie lag inmitten dieser Kreise, wie ein Kind, geborgen in einem warmen Mutterleib. Innerlich war alles ganz still. Wie ein Phantom erschien ihr plötzlich der eigene Körper. Ein Phantom, gespeist von unsichtbaren Händen, am Leben gehalten von Wesen, die sich nicht zeigten. Manchmal nur Schatten, Umrisse, im Dunkeln, Hände, die das Feuer schürten oder ihr die Schale mit Suppe an den Mund brachten. Ihre Laute, guttural, erdig, wie der Boden des Raumes. Voller Kraft und doch so tiefer Traurigkeit, die in ihr wie ein Echo widerhallten.

Die Schmerzen in ihrem Kopf hatten nachgelassen. Sie lag noch immer fest in die Decke gewickelt, doch ihre Arme waren frei. Eine flache, rote Lehmschale stand auf ihrer Brust. Einige dunkelrote Beeren mit schwarzen Stengeln lagen darin. Vorsichtig nahm sie einige in den Mund. Sie schmeckten sehr bitter, und sie schluckte sie schnell hinunter.

Die Stimme erscholl zuerst sehr leise ... Sie konnte zuerst weder die Worte noch die Sprache verstehen. Sie klang mehr wie ein Singsang, wie unverständliche Laute, die sich wahllos aneinanderreihten, ohne einen bestimmten Sinn zu ergeben. Aber dann hörte sie Laute, die zusammenzupassen schienen und etwas Bestimmtes riefen. Sie versuchte ihren Kopf zu bewegen, doch ihr Nacken war steif und lag wie festgenagelt auf dem Lager.

»Bewege dich nicht!« flüsterte eine Stimme dicht an ihrem Ohr.

»Bewege dich nicht!« wiederholte die Stimme nun leiser werdend ...

Sie erschrak und hielt den Atem an. Wieder vernahm sie die Stimme. Nur etwas weiter entfernt, dieselben tiefen und gutturalen Laute wiederholend. Diese weichen Laute ließen Tränen über ihre Wangen laufen, und lang vergessene Bilder stiegen in ihrem Bewußtsein hoch.

Sie sah sich allein, in einer wüstenartigen Landschaft stehen, die von tiefeingeschnittenen Canyons durchzogen war. Große Kakteen säumten die sanft geschwungenen Hügel und strömten endlos in die weiten Ebenen. Ein ausgetrocknetes Flußbett lockte sie tiefer hinabzusteigen. Sie fand einen abgeflachten Felsvorsprung und legte sich auf den warmen Stein. Die Sonne über ihr brannte so stark, daß sie für einen Moment keine Luft bekam. Sie wußte nicht mehr, was mit ihr geschah. Doch es machte keinen

Unterschied. Sie blickte in eine Welt, deren Sinn sie nicht mehr verstand.

»Wenn du leben willst, mußt du dich erinnern! Der Pfad ist schmal. Niemand kann mit dir gehen. Nur du allein kannst den Weg zurück finden!«

Wieder drang dieselbe Stimme in ihr Bewußtsein. Ihr Kopf stand still. Es gab keine Erinnerung. Sie hatte weder einen Körper noch einen Namen. Sie kannte keine Vergangenheit und keine Gegenwart. Sie hatte nichts, woran sie sich festhalten konnte.

»Licht und Dunkel, auf ewig ... Auf ewig eins ...«

»Auf ewig eins ...«

Die Stimme wurde dünner und verklang. Doch ihr Ton schien noch immer all ihre Zellen zu durchdringen. Sie saugten ihn in sich auf und vereinigten sich mit ihm. Dann wurde das widerhallende Echo des Tones noch leiser und entfernte sich sanft aus ihrem Bewußtsein.

Plötzlich befand sie sich wieder unter der Canyonwand im Sand und war mit der roten Erde unter sich verschmolzen. Sie drang langsam in diese Erde ein, so als gehöre sie ganz ihr. Sie wurde Teil des Bodens, der ihren Körper trug. Sie wurde zum Sand, der diesen Boden ausmachte, und zerteilte sich in Millionen von kleinen roten Sandkörnchen.

Aus dieser Perspektive schienen das Universum und das Sandkorn ein und dasselbe zu sein. Wie im Licht eines Regenbogens, sah sie sich in Tausende von strahlenden Facetten zerfallen, die sich rhythmisch ausdehnten und wieder zusammenzogen. Wie ein großes Ein- und Ausatmen kam es ihr vor. Dieser Atem hatte die Kraft, ihr eine menschliche Gestalt zu verleihen und diese Gestalt auch wieder aufzulösen ...

Ein ewiges Ein- und Ausatmen, in dem sie einmal einen Körper hatte und im nächsten Augenblick wieder gestaltlos zerfloß ... Eine tiefe Traurigkeit ergriff sie. Sie spürte den vibrierenden, lebendigen Leib der Erde unter sich und wußte ohne jeden Zweifel, daß ihr eigener Schmerz auch der Schmerz der Erde war, auf der sie lag.

Der Schrei eines Vogels brach sich an der nahen Felswand. Ihr war, als höre sie den Schrei aus ihrem eigenen Innersten, so als hätten sich ihre Ohren einer anderen Dimension geöffnet. Im Hintergrund vernahm sie plötzlich ein Zirpen und Summen und Brechen von Ästen ... Schritte, die näher kamen und wieder verklangen. Das Zirpen drang jetzt immer lauter an ihr Ohr, und sie hatte die Empfindung, von einem Ozean von Lauten überschwemmt zu werden. Doch die Töne schienen alle aus ihr selbst zu kommen. Ihre innere und ihre äußere Welt waren wie zu einem Ganzen verschmolzen. Sie wußte nicht mehr, wo ihr eigener Körper begann und wo er aufhörte. Sie selbst wurde zum Zirpen der harten Flügel gegen die Hinterbeine der Grille. Jetzt erschien das Auge einer Grille in monumentaler Größe vor ihr. Sie blickte direkt in seine Pupille. Es war ihr, als sähe sie einen unbekannten Teil von sich selbst, einen Teil, nach dem sie sich für lange Zeit gesehnt hatte.

Dann wurde das Zirpen wieder leiser ...

Es klang ab, schwoll wieder an und verwandelte sich in das Geräusch einer Rassel. Es war jetzt, als schlüge jemand hinter ihrem Kopf mit einer lauten Rassel. Sie versuchte ihren Körper umzudrehen. Die Rassel verstummte und entfernte sich mit einem klickenden Laut, der sie an eine Schlange erinnerte, die sich durch Sand davonwand.

Als ihr Bewußtsein wieder zu arbeiten begann, stieg die Sonne über die gezackten Ränder des Canyons. Alle Farben gewannen damit an intensiver Klarheit. Ihr Körper lag noch immer wie verwurzelt mit dem sandigen Boden. Sie schien zu beben, obwohl kein Windhauch die Luft bewegte.

Sie lauschte ihrem Atem ...

Nur Stille und das Gefühl einer endlosen Leere. Ihre Gedanken flossen zäh und ohne Zusammenhang. Es schien, als würden sie sich selbst rekonstruieren wollen. Doch ihr Gedächtnis war leer.

Die Fremdheit, die sie zu ihrem eigenen Körper empfunden hatte, war von ihr gewichen. Jetzt spürte sie ihren Körper stärker als zuvor und auch den Schmerz, der von ihrem Kopf auszugehen schien.

Neben ihr auf dem Boden lagen plötzlich zwei Federn. Eine weiße und eine schwarze. Sie berührte beide Federn mit ihren Fingerspitzen. In diesem Augenblick verwandelten sich die beiden Federn in zwei Flügel, die sie in den Himmel hoben.

Wieder verlor sie das Gefühl von Zeit …

In Wellen kamen Bilder hoch und stießen durch die feinsten Membranen ihres Bewußtseins. Sie sah sich auf einem Bahnhof stehen. Ihr Bein war verletzt, doch sie stieg in einen Zug, dessen Ziel sie nicht kannte.

Dann zerfloß das Bild …

Ein Gefühl des abgrundtiefen Sehnens und des Schmerzes kam über sie. Hände, die sie hielten … und wieder losließen …

Dann fiel sie ohne Halt ins Dunkel. Sie hörte, wie etwas zerbrach. Verbunden, nur aus Schlitzen sehend, war sie in eine graue Masse verwandelt. Ein weißer Kittel. Grelles, brennendes Licht in den Augen. Etwas bedeckte ihr Gesicht.

Das Licht erlosch …

Schritte entfernten sich …

Sie blickte auf und sah in das blendende Weiß eines langen Tunnels, an dessen Ende eine überirdisch helle Sonne strahlte. Plötzlich sah sie ihre Mutter aus einiger Entfernung an einem See stehen. Sie ging einen Steg entlang, an dem ein Boot auf sie wartete. Sie trug ein weißes Kleid und weiße Lilien in der Hand. Sie lachte ihr zu und winkte zum Abschied. Sie sah glücklich aus.

Als Marisa ihre Augen wieder öffnete, blendete sie helles Sonnenlicht. Es spiegelte sich auf einem silbernen Armreif, der auf einem kleinen, zu einem Dreieck geschnittenen dunkelbraunen Ledertuch nahe der Tür lag.

Dann verdeckte eine Silhouette das Licht. Eine Indianerin stand vor ihr. Ihr graues Haar reichte bis an die Taille und war in zwei feste Zöpfe gebunden. Sie trug einen dunkelgrünen Samtrock, mit einer passenden Bluse, über die schwere Türkise hingen. Auch an ihren Ohren trug sie schwere, dunkelgrüne Türkise, die einen ganz besonderen Glanz besaßen. Sie lächelte ihr zu. Ihr braunes Gesicht war dabei in Tausende von Falten gelegt. Sie setzte sich zu ihr auf das Lager und legte ihr die Hände auf den Kopf. Sie schloß die Augen und ließ ihren Körper in eine wohltuende Entspannung gleiten. Die Hände der Alten waren warm, und ihre Berührung wirkte wohltuend und beruhigend. Sie strich etwas Kühlendes auf ihre Stirn und legte wieder ihre Hände auf. Die Hände berührten sanft ihren Kopf und nahmen den Verband ab. Warme, wohltuende Hände strichen ihren ganzen Körper entlang. Sie ruhten auf ihren Knien und bewegten sich zu ihrem Kopf hin.

Der Geruch wohlriechender Kräuter, die auf dem Feuer lagen, erfüllten die Luft. Wieder das Gefühl einer tiefen, unbekannten Geborgenheit und wieder das sanfte Einsinken in die Finsternis. Die Frau begann leise zu singen. Gutturale Laute, die sich in einem stetigen Rhythmus zu wiederholen schienen und langsam mit ihrem Herzschlag eins wurden. Dann vernahm sie die dunkle Stimme eines Mannes und den Laut einer Trommel. Die monotonen Schläge der Trommel trugen sie tiefer und tiefer, bis sie einen Punkt erreichte, an dem sie wieder bewußtlos wurde und in einen tiefen Schlaf glitt.

Das nächstemal erwachte Marisa in der Abenddämmerung. Die Tür der Hütte stand offen. Sie sah den Mond direkt vor sich. Er war voll und rund. Er stieg hinter den gezackten Felsen hell auf, die sich in seinem Licht zu verwunschenen Schlössern und Burgen verwandelt hatten. Zusammengeschmolzen im Licht des Mondes, so als seien sie immer in dieser Form erschienen, niemals voneinander getrennt gewesen. Violette Schatten flossen lautlos in alle Falten und Öffnungen des Gesteins. Alles schien im Licht des Mondes zu atmen und zu vibrieren.

Der Widerhall solch überirdischer Schönheit brach sich in ihrem Bewußtsein in Tausenden von unberechenbaren und unbekannten Gefühlsfacetten, die ihr eine Wirklichkeit darboten, die sie nicht erfassen konnte. Die leuchtende Landschaft am Horizont begann langsam näher zu kommen und sie zu umschließen. Der Schutzwall ihrer mentalen Wahrnehmung brach. Die magische Landschaft der verwunschenen Schlösser und Burgen bewegte sich nun ganz selbstverständlich in sie hinein. Flutwellen einer neuen Erkenntnis überschwemmten alles Vergangene und löschten ihr Gedächtnis aus. Sie wurde selbst zu den leuchtenden Farben, zum tiefen Violett des Gesteins.

Mitten in der Nacht erwachte sie wieder. Das Feuer brannte ruhig. Der Rauch stieg gerade hinauf zum Rauchloch in der Decke des Hogans.

Sie fühlte sich geborgen und sicher. Ihr Geist schien jetzt klarer, und ihr Bewußtsein umfaßte den Raum, in dem sie sich befand, und begann einzelne Objekte wahrzunehmen. Getrocknete Kräuter und Zweige an der Wand, über einer schwarz-weiß-rot gezackten Decke zu ihrer Linken. Große, runde, graue Flußsteine, in einem Kreis ausgelegt, mit Sagebündeln in der Mitte, nahe des Feuers, zur Rechten. Eine braune Ledertasche lag zu Füßen der Decke. Sie zog sie mühevoll zu sich. Das Leder lag weich in ihrer Hand. Sie öffnete die Schnalle, die von einem Lederband gehalten wurde, und griff hinein. Ein Geldbeutel, Schlüssel und einige Fotos kamen zum Vorschein. Eines der Fotos zeigte eine lachende, junge Frau mit einem dunkelhaarigen Mann, der sie umarmte. Sie wußte nicht, wer diese Menschen waren.

Das Feuer flackerte jetzt unruhiger. Wie in einem Nebel bewegten sich neue Bilder durch ihr Bewußtsein. Sie ließen keine zusammenhängenden Gedanken mehr zu. Einige der Bilder waren schärfer und einige schwächer. Welche real waren, wußte sie nicht. Es kam ihr vor, als sähe sie Bruchstücke eines anderen Lebens in sich vorüberziehen. Ihre eigene Identität erschien nicht starr, sondern sich stetig verändernd, je nachdem, aus welchem Blickwinkel sie sich selbst betrachtete ...

# 8

Die weiße Frau, die Raven am Fuße der roten Mesa gefunden hatte, lag jetzt bereits seit vielen Tagen in der alten Hütte seiner Großmutter. In ihren Fieberträumen hatte sie gesprochen. Sie hatte Visionen, die sie in andere Zeiten und Welten trugen. Ihr Kopf mußte schwer auf einem Stein aufgeschlagen sein, und auch ihr Fuß schien gebrochen. Er hatte ihn mit den Salben der Großmutter behandelt und ihren Kopf in Kräuter gebunden. Sie hatte nichts bei sich, außer einer Ledertasche und einer leeren Wasserflasche.

Es war den Weißen verboten, die Highways auf der Reservation zu verlassen. Es war niemandem erlaubt, in die Wildnis zu wandern oder zu fahren. Was hatte diese Frau auf der Mesa gesucht? Der alte Trading Post lag an einer kleinen Sandstraße, fernab vom Highway, der in nördliche Richtung durch die Reservation führte. Hatte sie die alten Erinnerungen hergeführt? Sein Instinkt sagte ihm, daß sie nicht in Lebensgefahr war. Sie konnte mit der Hilfe seiner Großmutter heilen. Aber es würde Zeit brauchen, und dieser Umstand machte Raven die meisten Sorgen.

Die Sonne war gesunken. Doch das strahlende Licht der Farben tauchte den Südwesthimmel noch lange in ein tiefes Goldviolett und verlieh dem weiten Land einen überirdischen Schein. Raven spürte, wie so oft, tief in seinem Herzen, daß für ihn die wahre Medizin des Lebens nur in der Wildnis zu finden war. Nur hier fühlte er die wahre Kraft, die Kraft des Großen Geistes, den sein Volk verehrte und liebte. Er sprang lautlos auf seinen Pinto und dirigierte ihn lose, an einem dünnen Seil haltend, den kleinen Canyon hinauf, der auf die Mesa führte. Er würde noch heute nacht zu seiner Großmutter reiten, die am östlichen Rand des Plateaus in einem kleinen Hogan lebte, den er noch mit seinem Vater für sie gebaut hatte. Dort sammelte sie die heilenden Pflanzen, die er jetzt für die weiße Frau brauchte, und trocknete sie sorgfältig in der Sonne. Dancing Grass wußte, welche Kräfte sie besaßen.

Die Schatten der Dämmerung umfingen ihn, als er die letzten Meter heranritt. Er sprang leichtfüßig zu Boden, und sein Pinto fand allein seinen Weg zu Futter und Wasser. Er betrat den Hogan und sah seine Großmutter am Feuer sitzen. Sie schlief. Auf dem wackligen Holztisch standen zwei kleine Plastikschalen. Eine mit Lammfleisch und eine mit flachem Frybread. Sie wußte, daß er kommen würde. Raven setzte sich an den Tisch und aß gierig.

In einer Ecke des Hogans, hatte Dancing Grass ein einfaches Lager. Einige bunte, abgeschabte Decken, die zu einer weichen Unterlage zusammengefaltet waren. Über dem Herd hingen Bündel von getrockneten Kräutern und einige kleine Tierhäute. Die Wände waren dunkel von Rauch. Sein Blick fiel auf ihre Hände, die gefaltet in ihrem Schoß lagen. Er stand auf und breitete eine Decke über sie. Er legte sich neben das offene Feuer und sah in die Glut. Tanzende blaue Flammen bannten seinen Blick, während draußen leise die Nacht über die Mesa fiel.

Als Raven die Augen aufschlug, dämmerte bereits der Morgen. Er lag noch immer vor dem erloschenen Feuer auf dem Rücken. Dancing Grass war fort. Neben ihm lagen einige getrocknete Blätter in einer Schale und etwas grauweiße Rinde in einem Lederbeutel. Es war die frische Medizin für die weiße Frau.

Marisas Kopf schmerzte in den folgenden Tagen immer weniger, und auch ihr Fuß war schon beweglicher. Heute wollte sie endlich versuchen, das erstemal aufzustehen. Ein Stock unter dem Lager half ihr, die ersten Schritte zu tun. Sie bewegte sich unsicher auf die Tür zu, als plötzlich Raven vor ihr stand. Er trug eine dicke, rote Wolldecke über dem Arm.

Sie erschrak, wich vor ihm zurück und stolperte. Schnell fing Raven sie auf.

»Ist gut ...«

Seine Stimme klang tief und weich. Er hob beschwichtigend die Hand. Er sah, daß sie sich fürchtete.

»Es ist gut«, wiederholte er. »Du heilst schnell, du hast gutes Blut.«

Dicht an ihn gelehnt, machte Marisa die ersten Schritte im weichen Sand vor der Hütte.

Der Pinto stand wie immer unter den alten, knorrigen Wacholderbbäumen, die die Hütte umgaben, und nibbelte an einem Zweig. Das Pferd drehte den Kopf und sah in ihre Richtung. Raven führte Marisa behutsam zu einem flachen Felsvorsprung, auf dem er die Decke für sie ausbreitete. Er sah in ihr Gesicht. Es war schmaler geworden, und ihre grünen Augen lagen tief in den Höhlen. Ihr Haar hing wirr herunter, und sie konnte eine gute Wäsche gebrauchen. Er nahm sich vor, dafür zu sorgen.

Marisa betrachtete mit angehaltenem Atem sein dunkles Gesicht. Jetzt sah sie ihn das erstemal von nahem. Seine Backenknochen waren breit, breiter, als sie sie in Erinnerung hatte. Seine Augen schienen endlos tief in ihrer glänzenden Schwärze. Er war wirklich hochgewachsen und viel größer als die meisten der Navajoindianer. Er trug zerrissene Jeans und ein altes verwaschenes, graues T-Shirt mit einem Adler darauf. Sein langes Haar war im Nacken zu einem Zopf geflochten, den ein rotes, dickes Band zusammenhielt. Als Raven ihren forschenden Blick bemerkte, formte sich ein kleines Lächeln um seinen herben, aber vollen Mund.

Sein Arm umfaßte fest ihre Taille, als er sie in die Hütte zurückführte. Für einen kurzen Augenblick konnte sie seine männliche Kraft spüren, als sie, dicht an ihn gelehnt, den Weg zurück zum Lager fand. Er legte sie vorsichtig auf das Bett und breitete die rote Decke über sie. Dann legte er Holz nach.

»Ich komme wieder und bringe Wasser und Essen.«

Er wandte sich zur Tür, drehte sich aber noch einmal um.

»Ich bin Raven … Ich habe dich am Steilhang der Mesa gefunden. Du warst bewußtlos. Dein Kopf und dein Fuß waren verletzt. Seitdem bist du in der Hütte von Dancing Grass, meiner Großmutter.«

Marisa nahm nur halb wahr, was er sagte. Sie beobachtete, wie er seinem Pinto sanft über den Hals strich und sich auf das sattellose Pferd schwang. Dann drehte er sich um und hob seine Hand zum Gruß. Marisa lächelte dankbar und winkte zurück.

Eine schwarze Feder lag neben ihrem Lager, als sie am nächsten Morgen erwachte. Sie glänzte im Morgenlicht. Raven stand vor dem Hogan mit dem Rücken zu ihr. Über seinen braunen Rücken floß das rabenschwarze Haar ungebunden. Er bewegte seine Hände. Sie hörte ein Schaben und ein Brechen und dann wieder ein Schaben. Eine Fliege versuchte durch das kleine vergitterte Fenster, neben ihrem Lager zu entkommen, obwohl die Tür offenstand.

Das Schaben hörte auf. Raven drehte sich um und wandte sich ihr zu. Er trug ein Gefäß in den Händen. Es glich einer kleinen, dunklen Holzschüssel. Wortlos stellte Raven das Gefäß an den Rand des Lagers. Es war mit frischem Wasser gefüllt. Der Blick seiner dunklen Augen lag einen Augenblick ausdruckslos auf ihrem Gesicht.

Marisas Herz begann plötzlich zu rasen. Sie spürte einen seltsamen Schmerz in ihrer Brust, der ihr den Atem nahm. Ein Stöhnen brach aus ihr hervor, wie ein tierischer Laut, tief und reißend. Seine starke Hand stützte ihren Kopf. Sie spürte seinen Atem auf ihrer Haut. Plötzlich erkannte sie seinen Geruch. Er war ihr nicht fremd.

Raven erstarrte. Sie war ihm viel zu nahe gekommen in dieser Zeit, und er wußte nicht mehr, was er tun sollte. Sein Herz trieb ihn näher zu dieser weißen Frau, aber sein Verstand warnte ihn. Er durfte nicht den Kopf verlieren. Sie kam nicht aus seiner Welt und würde nie dort zu Hause sein. Dessen war er sich sicher. Er legte beruhigend seine Hand auf Marisas Kopf. Einen Moment lang hörte sie auf zu schluchzen. Dann warf sie sich an ihn und umklammerte seinen Oberkörper. Sie vergrub ihren Kopf an seiner breiten Schulter unter seinem herabfließenden Haar und brach wieder in ein tiefes Schluchzen aus.

Raven stand still und legte beide Arme um sie. Was konnte er dieser Frau geben? Sein Leben war draußen in der Wildnis. Er sah sich an keinem Herd sitzen. Er war ein Krieger. Doch heute sprach sein Herz eine andere Sprache. Er wollte diese weiße Frau, die er fast verwünscht hatte, umarmen. Er wollte sie lieben. Doch dann ließ er Marisa abrupt los und trat einen Schritt zurück. Es durfte nicht sein. Sein ganzer Klan würde ihn auslachen. Weiße Frauen waren tabu.

Marisa hob verweint den Kopf. Sie wagte nicht, ihn anzusehen. Sie hatte die Gewalt über sich verloren und schämte sich. Sie hatte sich einem fremden Mann an den Hals geworfen. Zitternd stand sie da und versuchte zur Tür zu gehen. Raven fing sie am Arm ab und trug sie auf ihr Lager zurück. Er wusch ihr Gesicht und gab ihr aus der frisch geschnittenen Holzschale zu trinken. Dann deckte er sie sorgsam zu und schloß die Tür hinter sich.

Während Raven zum Hogan von Dancing Grass zurückritt, dachte er darüber nach, was zu tun war. In wenigen Tagen würde es der weißen Frau bessergehen. Sie konnte hier nicht länger bleiben. Sie war jetzt fast stark genug, um allein zu gehen. Es war keinem Fremden erlaubt, so lange auf der Reservation zu sein. Er hatte es erlaubt, weil seine Großmutter ihm die Erlaubnis dazu gab. Aber wenn es jemand erfuhr, gab es Ärger. Vielleicht konnte er sie nach Gallup ins weiße Hospital bringen. Er mußte fort. Er konnte sich nicht länger um sie kümmern. Raven bekam Angst vor seinen Gefühlen und entschloß sich, nach Chinle zurückzureiten. Er mußte mit Dancing Grass sprechen.

Am nächsten Morgen brachte er Marisa noch einmal genügend Proviant und auch frisches Wasser, um sich zu waschen. Seine Großmutter hatte ihm versprochen, morgen wieder nach ihr zu sehen.

Marisa schlief in dieser Nacht kaum. Immer wieder schrak sie hoch, weil sie meinte, ein Geräusch zu hören. Schließlich war sie allein hier draußen. Allein an einem Ort, der ihr fremd war. Als sie schließlich doch eindöste, begann sie abermals Geräusche wahrzunehmen, die keinen Sinn ergaben. Erschreckt setzte sie sich auf und lauschte. Es war still, bis auf das Rauschen des Windes, der um die Hütte strich. Sie versuchte sich zu konzentrieren. Doch es gelang ihr nicht, auch nur einen einzigen Gedanken festzuhalten. Sie legte sich wieder hin und schloß die Augen.

In diesem Augenblick wurde sie von einem Sog erfaßt. Dieser Sog zog sie immer weiter in ihr eigenes Inneres. Wieder hatte sie das deutliche Gefühl, sich durch einen Tunnel zu bewegen. Das Licht, welches plötzlich auftauchte, blendete. Alles war golden, alles war so hell, daß sie ihre Augen schließen mußte. Dann spürte sie, daß sie jemand an die Hand nahm. Es war eine weiche, warme Hand, die ihr Vertrauen einflößte. Sie wagte nicht, die Augen zu öffnen, und ließ sich willig führen. Der Boden unter ihren Füßen schien jetzt von ihr zurückzuweichen, und sie hatte das Gefühl, daß sich ihr Körper ganz von selbst in die Luft erhob.

Als Raven Chinle am nächsten Tag erreichte, wartete eine traurige Nachricht auf ihn. Elsies Sohn fieberte wieder. Selbst in der weißen Klinik in Chinle wußte man nicht, was er hatte.

Raven entschloß sich, sofort zu Elsie zu reiten.

Der Hogan stand im Licht der untergehenden Sonne. Elsie stand draußen am Trog und wusch etwas. Als Raven näher kam, drehte sie sich um und warf vor Freude die Arme in die Luft.

»Raven, der Große Geist schickt dich! Dennis muß nach Gallup zu einer neuen Untersuchung. Er bekommt dort neue Medizin.«

Ihre Augen hingen bittend an seinem Gesicht.

»Ich bringe euch hin.«

Damit war die Sache erledigt. Es paßte genau in seinen Plan. Elsie hatte frisches Frybread mit Bohnen auf dem Herd. Raven aß gierig und schnell. Er hatte jetzt keine Zeit zu verlieren. Dies war seine Chance, die weiße Frau von der Reservation zu bringen. Er würde sie in ihrem Jeep fahren müssen. Es machte nichts, er hatte den Weg zurück zur Mesa auch schon per Anhalter geschafft.

»Ich komme morgen wieder. Mit der weißen Frau.«

Elsie hatte von dem Unfall schon gehört und nickte langsam, so als würde sie über etwas nachsinnen.

»Gut, bring sie mit.«

Er war beruhigt. Sie wußte nichts von seinen Plänen.

»Es wird Zeit, daß sie weiterfährt …«

Elsie lächelte und wandte sich zu ihrem Sohn, der in einer Ecke des Hogans mit einem hölzernen Pferd spielte.

»Dennis braucht jetzt jeden Tag die neue Medizin. Wir haben ihn fast verloren … Doch er wird wieder ganz gesund.«

Sie glaubte fest daran.

Raven verlor keine Zeit. Noch in der Abenddämmerung stand er an der Straße. Er hatte Glück. Einige ferne Verwandte hielten in einem besonders verbeulten Truck an und nahmen ihn mit. Er teilte den hinteren Teil des Pick-ups, angenehm weich auf Stroh gebettet, mit zwei Schafen.

Raven war dankbar für diesen Zufall, obwohl er genau wußte, daß es keine »Zufälle« gab. Alles wurde vom Großen Geist bestimmt. Noch heute nacht würde er den Hogan seiner Großmutter erreichen. Er lag auf den Heuballen und sah in den Abendhimmel. Alles hatte seinen Sinn, alles war gut.

Nach knapp zwei Stunden erreichten sie die Mesa, von wo aus Raven zu Fuß weitergehen mußte. Er kannte jeden Stein, jede Rinne und jeden Felsen. Er erklomm behende das Plateau und lief in Richtung des Hogans. Er würde heute im Freien übernachten. Seine Großmutter schlief sicher bereits fest. Als Raven den Hogan erreichte, stand der Mond hoch im Nachthimmel. Viele der Sterne verblaßten bereits. Die Morgenröte war nicht weit. Er legte sich unter einen Busch, damit der Morgentau ihn nicht erreichte. Hier konnte er einige Stunden ruhen, bevor er sich mit der weißen Frau auf den Weg machte.

Noch bevor die Sonne aufstieg, stand seine Großmutter neben ihm.

»Du verschläfst die beste Zeit! Steh auf! Wir müssen frische Wurzeln graben.«

Raven gähnte, blinzelte sie verschlafen an und rollte sich aus seiner Decke. Dancing Grass ging zu ihrem Hogan zurück und kehrte mit einem vollgepackten Tuch wieder. Sie reichte Raven etwas getrocknetes Fleisch und einen Maisfladen. Dann stiegen sie gemeinsam den schrägen Geröllhang hinab, in dem unzählige Füße einen schmalen, fast unsichtbaren Pfad hinterlassen hatten. Raven ging voran. Nach einer halben Meile kamen sie an einen schattigen Ort. Einige Cottonwood-Bäume standen verloren um eine winzige Quelle, die einem großen Felsen entsprang.

Nahe der Quelle standen einige seltsame Pflanzen mit

Haaren an den Stengeln. Dancing Grass bückte sich und grub eine der Pflanzen samt der Wurzel aus. Sie sah Raven an. Ihr runzeliges Gesicht lachte aus allen Falten, die Wind und Wetter hineingegraben hatten.

»Diese Pflanze heilt den Kopf der weißen Frau. Man muß sie zuerst trocknen und dann ins Wasser legen und in die Sonne stellen.«

Raven betrachtete die Pflanze aufmerksam. Sie hatte kleine Blüten, die violett schimmerten. Das größte an ihr waren die Blätter. Wie bei allen Wüstenpflanzen waren sie hartgebrannt von der Sonne. Obwohl die kleine Oase an der Quelle einigen Schatten spendete, stand die Sonne im Sommer zu hoch, um sie anhaltend zu schützen. Vielleicht kam die Kraft dieser Pflanze gerade aus diesem Umstand. Vielleicht brauchte diese Pflanze eine besondere Kräft, um den relativ feuchten Boden mit der Hitze der Sonne zu vereinbaren.

Dancing Grass grub noch einige aus und steckte sie in ihr Tuch.

»Es wird Zeit zurückzugehen. Willst du nicht die weiße Frau holen?«

Raven war überrascht. Woher wußte sie von seinen Plänen?

»Es ist wahr. Ich will sie holen und nach Gallup bringen, in ein Krankenhaus zur Untersuchung. Elsie muß auch dorthin, mit Dennis. Wir fahren zusammen.«

Dancing Grass wiegte den Kopf und sah Raven mit ihren alten, weisen Augen an.

»Dein Herz spricht, und du willst nicht hören ... ich hoffe, es tut dir nicht leid ... vergiß die Wurzeln nicht.«

Raven erschrak bei diesen Worten, aber zeigte es nicht.

»Sie kann nicht hierbleiben, es ist gegen unsere Gesetze.«

Dancing Grass antwortete nicht. Sie wußte, daß er seinen Weg allein gehen mußte. All ihre Weisheit würde nichts nützen. Sie mußte ihn gewähren lassen.

Raven kletterte etwas mißmutig hinter ihr her, als sie wieder den Abhang erklommen. Er war sich selbst plötzlich nicht mehr sicher. Seine Großmutter vermied es, ihm einen Rat zu geben. Er hatte um keinen gebeten, sonst mußte er ihn befolgen. Doch er mußte etwas unternehmen, die Situation wurde für ihn unerträglich. Und außerdem wartete Elsie auf ihn in Chinle.

Am Rande des Plateaus verabschiedete er sich von Dancing Grass. Sie reichte ihm das Tuch. »Nimm das, du wirst es brauchen.«

Im Tuch waren Lebensmittel und die frisch gegrabenen Wurzeln. Raven umarmte seine Großmutter und hielt sie einen Augenblick fest.

»Ich tue das Richtige, ich verspreche es dir.«

»Ich bete für dich.«

Dancing Grass blinzelte listig und gab ihm einen Klaps auf den Rücken. Raven machte sich auf den Weg. Im Laufschritt überquerte er die Mesa, durchlief einige schmale Arroyos, die sich trotz der Trockenheit hier oben immer wieder bildeten, und erreichte in nicht allzu langer Zeit den alten Hogan, in dem die weiße Frau lag.

Marisa stand bereits an der offenen Tür. Sie fühlte sich heute gut. Sie hoffte, daß Raven bald zurückkehren würde, und scheute gleichzeitig vor einer Begegnung mit ihm zurück. In diesem Augenblick sah sie ihn über einen kleinen Hügel kommen. Er verlangsamte seinen Schritt, als er sie sah, und ging ruhig auf sie zu.

»Wir gehen von hier fort. Ich bringe dich noch heute in ein Krankenhaus nach Gallup. Mit deinem Jeep.«

Marisa erschrak und senkte ihren Blick. Das hatte sie nicht erwartet. Schließlich fühlte sie sich noch immer nicht sehr wohl. Ihre Wunde am Kopf war nicht vollkommen geheilt, ihr Fuß schmerzte noch, und ihr war manchmal schwindlig. Doch zumindest schien er besorgt um sie. So wollte sie es jedenfalls verstehen.

Sie drehte sich um, ging in die Hütte zurück und ergriff

104

ihre Tasche. Vielleicht war es jetzt wirklich das beste, sich in einem Krankenhaus von weißen Ärzten untersuchen zu lassen.

»Ich hole den Jeep. Du wartest hier, ich bin bald zurück.«

Raven versuchte innerlich Abstand zu wahren und ihr nicht zu lange in die Augen zu sehen, als sie ihm wortlos die Autoschlüssel reichte.

Als er fort war, ließ sich Marisa wieder auf ihrem Lager nieder und starrte an die Decke des Hogans. Wie vertraut ihr jetzt alles hier war. Und welch seltsame Visionen sie an diesem Ort erlebt hatte. Trotz des wenigen Komforts fühlte sie sich jetzt in der alten Hütte zu Hause. Wieviel Zeit mochte wohl vergangen sein … Sie war nicht sicher, wie lange sie hier in dieser Hütte gelegen hatte. Es konnten Wochen sein …

Doch sie erinnerte sich an die alte Indianerin und wußte, daß sie Dancing Grass begegnet war. Die Medizinfrau war einige Male zu ihr gekommen, und obwohl sie nichts fragen konnte, hatte sie doch einen tiefen Austausch verspürt. Dancing Grass hatte sie in den letzten Tagen in ihren Armen gehalten und ihr die heilenden Kräuter aufgelegt. Es war Dancing Grass, die den Heilgesang angestimmt hatte, der sie in jene Tiefen trug, die sie noch niemals in ihrem Leben erreicht hatte.

Es dauerte keine zwei Stunden, bis Raven zurückkam. Er wickelte die rote Decke um Marisas Schultern und trug sie den steilen Hang hinunter. Dort stand ihr Jeep in einem ausgetrockneten Flußbett bereit. Marisa bedankte sich, und er setzte sie wortlos auf den Beifahrersitz. Ihre Gedanken rasten plötzlich wild durcheinander. Jetzt hatte sie auf einmal Angst, diesen Ort zu verlassen. Etwas war mit ihr geschehen, in diesen Tagen, in denen sie sich an nichts erinnern konnte. Sie wußte nicht, was es war, doch etwas in ihr hatte begonnen sich zu verändern. Sie konnte jetzt nur darauf vertrauen, daß der Weg nach Gallup der richtige war. Doch Zweifel quälten sie, je weiter sie sich von dem Hogan entfernten.

Raven lenkte den Jeep vorsichtig einen kleinen Abhang hinunter, der keinerlei Fahrspuren zeigte. Sie fuhren eine Weile durch wildes Land, bevor der kleine Highway sichtbar wurde. Marisa wagte es nicht, Raven anzusehen. Er hatte so viel für sie getan, und sie wußte nicht, wie sie ihm und seiner Großmutter danken konnte. Auch daß er sie jetzt in ein Krankenhaus fuhr, war eigentlich eine hilfreiche Geste. Raven erzählte kurz von Elsie und Dennis. Marisa war tief betroffen. Dennis war also immer noch krank. Ihr Herz wurde schwer. Wie ein Stein legte sich ein beklemmender Druck auf ihre Seele, und sie schwieg den Rest der Fahrt.

Elsie stand mit Dennis und einem Bündel über dem einen Arm an ihrem Hogan.

»Es ist gut, dich zu sehen!«

Marisa blieb im Jeep sitzen, sie fühlte sich plötzlich elend und zu schwach, um aufzustehen. Sie berührte dankbar Elsies Arm und sah Dennis an. Er war für seine sonst eher dunkle Hautfarbe wieder sehr blaß. Sein kleines Gesicht war verschmiert und verweint. Er sah traurig zu ihr auf und versteckte sich dann hinter seiner Mutter.

»Er wird gesund werden.«

Elsies Stimme klang fest, so als duldete sie keinerlei Widerrede.

Marisa stimmte zu. Es mußte einfach so sein. Gott mußte es so fügen.

Elsie setzte sich mit Dennis auf die Rücksitze, und Raven übernahm wieder das Lenkrad. Marisa saß still neben ihm, noch immer in die rote Decke gewickelt, mit ihrer Tasche auf dem Schoß. Es war ihr recht, sie fuhr lieber mit Elsie und Dennis in die Klinik als mit Raven allein. Der Gedanke, mit ihm allein zu sein und noch einmal die Kontrolle über ihre Gefühle zu verlieren, versetzte sie in Panik.

Raven war kein guter Fahrer. Scherzend ließ er dazu noch alle wissen, daß er keinen gültigen Führerschein besaß. Hier draußen ging das, aber nicht, wenn sie die Reservation verließen. Dann mußte er vorsichtig sein, um nicht gefaßt zu werden. Raven und Elsie sprachen lange in ihrem Dialekt miteinander. Es störte Marisa nicht. Sie war viel zu müde, um einer Konversation in schlechtem Englisch zu folgen.

Die karge Landschaft um Chinle, in der so gut wie nichts wuchs außer ein paar Cottonwood-Bäumen und Mesquitebüschen, veränderte sich bald und machte hinter dem kleinen Ort Genaro weiten grünen Tälern und hohen Ponderosa-Pinien Platz. Die knapp zwei Stunden nach Gallup vergingen für Marisa wie im Flug. Gallup war ein größerer Ort. Viele Motels reihten sich an einem langen Highway, der parallel zum Freeway durch den alten Ort verlief. Das Indian Hospital und das Krankenhaus für Weiße lagen etwas erhöht auf einem kleinen stark bebauten Hügel.

Raven parkte den Jeep geschickt am einzig schattigen Platz des Indian Hospital, und Elsie verschwand wortlos mit Dennis im Haupteingang des Gebäudes.

Marisa mußte sich auf der anderen Seite des Parkplatzes im Krankenhaus für Weiße anmelden. Man führte sie in ein kleines Behandlungszimmer, in dem sie von einer freundlichen Ärztin erwartet wurde. Sie untersuchte ihren Kopf und ihren Fuß und stellte keine schwerwiegenden Verletzungen mehr fest. Marisa fühlte sich sehr erleichtert. Das leichte Schwindelgefühl und die vage Orientierungslosigkeit, die manchmal noch vorhanden waren, würden mit der Zeit von selbst verschwinden. Es gab also keinen Grund, sie im Krankenhaus zu behalten. Marisa bezahlte an der Kasse einen lächerlichen Betrag und verließ das Gebäude.

Raven lehnte noch immer an ihrem Jeep und sah sie mit einem seltsamen Blick an. Fast glaubte sie ein kleines Lächeln über seine dunklen Züge huschen zu sehen. Aber vielleicht war es auch nur ein Sonnenstrahl, der sein Gesicht traf und ihr diese Illusion vermittelte. Sie wußte es nicht und setzte sich einige Meter von ihm entfernt auf die Treppe des Krankenhauses in den Schatten und begann in ihrer Tasche zu kramen. Sie zog die alten Fotos heraus und betrachtete noch einmal jedes Bild. Das Bild mit der Frau in der getupften Schürze und dem kleinen Jungen betrachtete sie besonders lange. Es fiel ihr jetzt erst auf, daß die Haut der beiden entweder sehr gebräunt oder sogar etwas dunkler war als die ihre.

Es dauerte noch eine gute Weile, bis Elsie wieder mit Dennis erschien. Ihr Gesicht hatte einen ruhigen Ausdruck. Auch Dennis wirkte nicht verstört, sondern wesentlich lebendiger als zuvor. Man hatte ihm eine neue Medizin verschrieben.

Sie entschlossen sich, für die Heimfahrt einige Hamburger zu kaufen und sie im Auto zu essen. Marisa war an diesem Punkt alles recht. Wo sie jetzt bleiben sollte, war ihr ein Rätsel. Sie wußte, daß sie nicht in die Hütte zurückkonnte.

Elsie schien ihre Gedanken bemerkt zu haben.

»Du bist jetzt bei mir zu Hause. Wir können das Tipi bis zum großen Pow Wow in Shiprock für dich einrichten und noch eine Decke dazukaufen, wenn es kälter wird.«

Marisa bedankte sich sehr berührt bei Elsie. Zumindest hatte sie für die nächsten Wochen ein Dach über dem Kopf. Sie brauchte noch Ruhe. Doch wie würde es dann weitergehen? Sie hatte Dancing Grass zwar getroffen, aber war in keinem Zustand gewesen, mit ihr zu sprechen. Aber was war nun mit ihren Plänen? Vielleicht konnte sie sich irgendwie nützlich machen, während sie auf eine weitere Begegnung wartete. Vielleicht konnte sie Elsie in diesen Tagen mit Dennis helfen.

In dieser Nacht kam Jonathan vorbei und saß mit Elsie an einem kleinen Feuer hinter dem Hogan. Eine schmale Rauchsäule stieg gerade gen Himmel. Beide schwiegen für eine lange Zeit.

»Mit deiner und meiner Hilfe kann Dennis wieder gesund werden … Wir müssen die weiße Medizin nicht ablehnen, aber die unsere auch nicht vergessen.«

Jonathan sah Elsie aufmerksam an. Ihr Gesicht war ernst. Sie blickte in das Feuer, als könne sie ihre Zukunft darin erkennen.

»Der Große Geist ist mit ihm. Unsere Medizin hat nicht versagt. Manchmal braucht es mehr Zeit …«

Jonathan wischte sein Gesicht mit seinem Handrücken ab und lächelte Elsie beruhigend zu. Dennis war ein sehr kleines Baby gewesen. Vielleicht war es deshalb anders. Er spielte die Trommel bereits in frühesten Jahren, und er sang und tanzte. Er war ein fröhliches Kind. Elsie dachte an seinen Vater, der sie kurz nach der Geburt verlassen hatte. Er trank, und sie war froh, als er fort war. Vielleicht war der Alkohol der Grund für die innere Schwäche des Kindes.

»Was geschieht mit der weißen Frau?«

Jonathan wechselte das Thema.

»Sie bleibt bei uns, bis wir zum Pow Wow aufbrechen. Sie wird Dancing Grass wiedersehen und mit ihr sein.«

Jonathan stocherte im Feuer herum und zerteilte es geschickt.

»Es ist schlimm, nicht zu wissen, wo man zu Hause ist … ein Wesen, das keine Heimat hat, ist arm …«

Elsie drehte ihren Kopf in seine Richtung. Bisher hatte sie nur zugehört. Doch in ihrem Inneren regte sich dieselbe Frage. Was sollte mit der weißen Frau geschehen?

»Ich schicke sie nicht fort. Sie wird zur rechten Zeit gehen. Sie ist hier, um etwas zu lernen.«

Jonathan lächelte. Er wußte längst, wie es um Raven und Marisa stand, und Elsie wußte es auch. Nur Raven wußte es noch nicht wirklich. Er ahnte es vielleicht, aber er wußte es noch nicht.

Deshalb erkannten beide die Gefahr. Niemand konnte die Welt der Weißen mit ihrer Welt verschmelzen. Die Weißen waren meist gierig. Sie verlangten immer nach etwas. Sie verlangten nach der Mystik und nach den Geheimnissen ihres Volkes. Sie wollten sie kaufen. Sie wollten alles besitzen. Doch dieser Versuch war vergeblich. Sie besaßen nicht die Weisheit ihres Volkes. Sie waren innerlich zersplittert. Sie hatten keinen Boden unter ihren Füßen. Sie bekämpften ihre eigene Mutter. Ihre Mutter Erde. Sie verwüsteten sie, sie töteten sie für Geld, für Macht, und beuteten sie hemmungslos aus.

Es gab nur eine einzige Kraft, eine einzige Brücke zwischen ihren Welten, und das war die Liebe. Eine Liebe, welche alles einschloß ... und nichts ablehnte.

Marisa schlief die nächsten Nächte nicht gut, obwohl ihr Elsie jetzt ein sehr schönes Lager mit vielen, weichen Decken hergerichtet hatte. Es plagten sie Alpträume, in denen sie immer wieder vor einem häßlichen Mann, mit einem Messer in der Hand, fliehen mußte. Endlich gelang es ihr, ihn abzuschütteln, und sie erwachte in Schweiß gebadet.

Wo kamen diese gräßlichen Träume nur her? Und was bedeuteten sie? Wer war der Mann? Plötzlich erinnerte sie sich daran, diesen Traum schon mehrfach geträumt zu haben. Auch in der Kindheit ...

Eines Abends war sie allein im Trading Post gewesen, sie lag bereits im Bett, als jemand an die Tür klopfte. Sie schlich im Dunkeln in den Vorraum und spähte hinaus. Dort stand ein Mann im Dunkeln, etwas glänzte in seiner Hand. Ihr Herz klopfte bis zum Hals. Im selben Moment hörte sie das Auto des Großvaters und sah die Scheinwerfer des Trucks aufleuchten. Sie öffnete die Tür und rannte, so schnell sie konnte, zu ihm hinaus. Der Mann war fort.

Marisa überkam ein seltsames Gefühl. Was im Himmel hatte sie hierhergeführt? Welch wahnsinnigem Impuls war sie gefolgt! Und was glaubte sie bloß hier in dieser Einöde zu finden? Vielleicht sollte sie ihre Sachen packen und sofort zurückfliegen. Doch dann erinnerte sie sich daran, daß sie ja ein Ticket hatte, das drei Monate galt. Sie konnte nicht zurück. Sie hatte nicht das Geld, um ein neues Ticket zu kaufen. Außerdem war ihre Wohnung an Gaby vermietet. Sie konnte nicht einfach so auftauchen. Es gab nicht genug Platz.

Marisa trat zerschlagen und mißmutig vor das Tipi. Plötzlich fühlte sie sich gefangen. Dies war für sie das allerschlimmste, gefangen zu sein und keine Wahl mehr zu haben.

Die Sonne stand schon hoch. Ein paar kleine, dreckige, schlammbedeckte Hunde wälzten sich wohlig auf dem sandigen Boden. Die Schafe standen im Schatten unter den niedrigen Cottonwoodbäumen und dösten vor sich hin. Marisa ging zum Wassertrog und wusch sich.

Dann setzte sie sich zu den Schafen. Wie friedlich sie waren. Ihre Augen vertrauensvoll auf sie gerichtet, so als wüßten sie, daß ihnen keine Gefahr von ihr drohte. Marisa entspannte sich und streichelte ihr weiches Fell. Die meisten von ihnen waren weiß. Nur eines der Kleinen war braun und besonders neugierig. Es zupfte an ihrem Hemd und ließ sich mit einigen dürren Halmen füttern.

Sie fühlte sich mit einemmal besser und verspürte Lust, einen kleinen Ausflug nach Chinle zu machen und im Holiday Inn einen Kaffee zu trinken. Etwas Zivilisation konnte nicht schaden. Und sie sehnte sich nach einem Bad. Das Hotel hatte Duschen und einen Pool, vielleicht konnte sie sich dort hineinschwindeln.

Als Marisa an Elsies Hogan vorüberging, sah sie, daß die Tür offenstand. Sie ging näher und sah hinein. Dennis saß auf dem Boden und spielte mit einigen Steinen und Ästen, die er zu einer Pyramide aufgeschichtet hatte.

Er bemerkte sie und drehte sich um.

»Gehst du fort?«

»Nein, ich fahre nur nach Chinle …«

Marisa lächelte ihn an. Er sah heute viel besser aus.

»Bringst du mir ein Eis mit?«

Seine Augen blickten bittend. Marisa dachte einen Augenblick lang nach. Sie wußte nicht, ob er Eis essen durfte.

»Ich bringe dir eine Überraschung mit. Okay?«

Dennis nickte und wandte sich wieder seiner wilden Konstruktion zu. Der Kleine tat ihr leid. Aber sie bewunderte ihn, wie er mit großem Eifer die Steine und Äste auf kunstvolle Weise zusammenfügte. Er brauchte scheinbar nicht viel, um zufrieden zu sein.

Marisa fuhr den Jeep vorsichtig aus den tiefen Fahrrinnen, die den Hogan umgaben, und wandte sich nach Süden. An dem kleinen Markt in Chinle kaufte sie ein paar farbige Gummibärchen für Dennis und etwas frisches Obst, das heute wieder nur aus winzigen roten Äpfelchen bestand. Dann nahm sie die Abzweigung zum Canyon und erreichte nach einigen Meilen das Hotel. Sie setzte sich in das gemütliche Café und bestellte sich etwas zu essen. Die Airconditioning lief, und kühle Luft streifte ihre Haut.

Am Nebentisch saß eine junge, schlanke Indianerin, in europäischer Kleidung, mit kurzem Haar und großen, wachen Augen, und las.

Marisa war neugierig und sah ihr beim Vorbeigehen schnell über die Schulter. Sie las ein Gesetzbuch.

# 9

Annie Little Flower legte das Buch aus der Hand und sah auf ihre Armbanduhr. Raven war spät. Wie immer lebte er nur in »Indiantime«.

Sie sah zum Ausgang, dann stand sie auf und ging zu den Toiletten.

Als Raven durch die Tür trat, sah er als erstes Marisa an ihrem Tisch sitzen und eine Tasse halten. Er nickte ihr kurz zu, lächelte kurz und richtete seinen Blick wieder auf den fast leeren Eßsaal. Er kam nicht an ihren Tisch. In diesem Augenblick kam die junge Indianerin aus der Toilettentür und rief seinen Namen. Marisas Herz schlug schneller. Die beiden kannten sich. Wer war sie? Raven ging, ohne sie noch weiter zu beachten, zu der Frau.

Marisa fühlte, wie ihr plötzlich das Blut in den Kopf stieg. Sie sprang auf, beglich schnell ihre Rechnung und lief hinaus. Vorbei war die Lust, zu baden oder sich zu waschen. Sie rannte zu ihrem Jeep und sprang hinein. Ohne sich umzublicken, verließ sie Chinle und wandte sich in Richtung Many Farms. Erst nach einigen Meilen machte sie halt.

Was tat sie? Wovor lief sie eigentlich davon? Sie nahm all ihren Mut zusammen, machte kehrt und fuhr den Weg zum Hotel zurück. Dann machte sie einen kleinen Umweg und ging am Restaurant vorbei, um durch das Fenster zu spähen. Die hübsche Indianerin und Raven saßen noch immer in der gleichen Haltung, eng zueinander gebeugt, am Tisch und unterhielten sich angeregt.

Marisa ging etwas benommen weiter zum Pool und besetzte sich einen Liegestuhl mit ihrem Handtuch. Niemand fragte sie, ob sie ein Gast des Hotels war oder nicht. Als sie in den Pool sprang, fühlte sie sich bereits viel besser. Das Wasser tat ihr gut. Sie hatte plötzlich das Gefühl, daß sie von allem Abstand nehmen sollte. Zuerst der Unfall, dann die Enttäuschung über das Verhalten von Raven. Wer war er schon? Was konnte er ihr schon bieten? Nichts! Sie mußte sich innerlich von ihm abnabeln.

Raven wirkte heute, trotz seines Lächelns, zurückgezogener als zuvor. Vielleicht hatte ihn ihr Gefühlsausbruch im Hogan erschreckt. Es schien ihr, als hätte er all die hilfreichen Gesten in der Hütte seiner Großmutter vergessen. Wieso hatte er sie so lange gepflegt, nur um sie dann von sich zu stoßen? Ihre Gedanken waren ein unübersehbarer Wirrwarr, aus dem sie keinen Ausweg fand. Sie konnte sich sein Verhalten nicht erklären.

Als sie das Hotel verließ, waren beide fort. Sie hatte keinen Anspruch auf ihn. Er war frei, frei wie Wild, das sich nicht einfangen ließ. Aber sie wollte irgendwohin gehören. Sie wollte ein Heim finden, wollte mit jemandem verbunden sein. Wenn sie ehrlich zu sich selbst war, waren dies ihre sehnlichsten Wünsche. Aber sie konnte diese Wünsche nicht annehmen. Sie wollte sich nicht hilflos sehen und abhängig von einem anderen Menschen machen. Diese Rolle hatte sie zuvor gespielt. Sie war ihr verhaßt. Sie haßte sich selbst für ihre innere Abhängigkeit. Sich einzugestehen, daß sie nicht immer das Richtige tat, war schwer genug für sie. Obwohl sie am liebsten fortlaufen wollte, überzeugte sie sich selbst noch einmal von der Wichtigkeit ihres Vorhabens.

Sie wollte keine Verliererin sein, nur weil sie wenig Geduld hatte. Sie mußte ihre Aufmerksamkeit wieder ihren eigenen Plänen zuwenden und durfte jetzt nicht versagen. Doch es fiel ihr schwer, ein konkretes Ziel für diese Pläne zu formulieren.

Vielleicht hatte sie doch noch etwas anderes als nur ihr Wille hierhergebracht. Daß sie immer noch hier war, entsprang vielleicht doch noch einer anderen Kraft. Was sie hier suchte, außer einem Gespräch mit der Medizinfrau, konnte sie sich nicht vorstellen. Es waren Gefühle und Erinnerungen an eine Form der inneren Geborgenheit, nach denen sie sich am meisten sehnte. Erinnerungen, in denen sie sich wirklich lebendig fühlte und in denen sie eine Vision besaß, in der sie sich auflösen konnte.

Sie mußte jetzt auch endlich versuchen, Gaby in Frankfurt zu erreichen. Sie sollte die Redaktion des Magazins für sie kontaktieren, um ihnen mitzuteilen, daß sie an der Sache arbeitete ... und daß sie alles tat, um Erfolg zu haben. Sie wollte nicht selbst mit den Leuten dort sprechen. Sie fürchtete gedrängt zu werden, mit zu vielen Fragen, die sie im Augenblick noch nicht beantworten konnte.

Marisa versuchte in einer ramponierten Telefonzelle in Chinle ihr Glück. Aber sie kam nicht durch. Es gab keine Verbindung nach Deutschland. Etwas enttäuscht legte sie den Hörer auf.

Als Marisa zu Elsies Hogan zurückkam, stand ein großer Truck vor dem Haus. Einige Männer und Frauen saßen im Kreis auf dem Boden und sprachen miteinander. Jeder hatte einen Rucksack oder ein Bündel neben sich. Raven kam gerade mit der Indianerin, die sie zuvor im Restaurant gesehen hatte, aus einem der Hogans.

Marisas Augen fanden Elsie, die am Trog stand und Plastikflaschen mit Wasser füllte.

»Elsie, was ist los?« Marisa atmete flach.

»Alle fahren zur großen Demonstration ... gegen die Uranmine im Norden. Fühlst du dich stark genug?«

Marisa hielt inne. Vielleicht war das die Antwort. Vielleicht verging so die Zeit schneller. Sie mußte endlich zu schreiben beginnen.

»Raven geht auch?«

»Raven führt mit Jonathan den Medizinkreis.«

Marisa biß sich auf die Lippen. Und wer war diese Frau, mit der Raven so intim gesprochen hatte?

Elsie wies in diesem Augenblick auf Raven und die Unbekannte.

»Das ist Annie Little Flower. Sie kommt aus San Francisco. Sie ist Rechtsanwältin und hilft uns hier.«

Sie kam also auch mit. Marisa war sich unschlüssig. Elsie blieb hier, das schien klar, denn sie mußte sich um Dennis kümmern. Aber ohne Elsie fühlte sie sich schutzlos.

»Ich fahre nicht mit.«

Marisa sah zur Seite. Sie fand keine bessere Antwort.

»Ich dachte, du wolltest etwas über unser Land schreiben ...«

Elsie füllte die letzte Flasche mit Wasser. Ein geschickter Zug, dachte Marisa im stillen. Es stimmte, sie wollte etwas erleben, etwas lernen, etwas mit nach Europa bringen und vor allem Dancing Grass wiederbegegnen. Aber allein der Gedanke, so nahe bei Raven zu sein und so tun zu müssen, als sähe sie ihn nicht, war für sie unerträglich. Sie mußte darüber nachdenken. Viel Zeit gab es nicht.

Marisa ging in ihr Tipi und legte sich auf den Boden. Sie schloß die Augen. Ihr war auf einmal elend zumute. Wie immer sie sich entschied, sie würde es wahrscheinlich bereuen. Sie hatte Angst mitzufahren, aber sie hatte auch Angst vor der Langweile im Camp. Sie hatte keine Ahnung, wann Elsie mit Dancing Grass Kontakt aufnehmen würde. Wenn sie mitfuhr, konnte sie vielleicht daran arbeiten, die Verbindung zu Raven zu lockern. Wenn sie ihm aus dem Weg ging, hatte sie keine Chance zu sehen, wo sie innerlich stand. Es war in jedem Fall ein Wagnis.

In diesem Augenblick fiel ein langer Schatten über den Eingang des Tipis. Marisa setzte sich vor Schreck auf. Raven stand vor ihr.

»Es wäre gut, wenn du mit uns kommst ...«

Seine Stimme klang wie damals im Hogan seiner Großmutter, weich und freundlich. Marisa suchte nach einer Antwort und nickte dann einfach. Sie brachte keinen Ton heraus.

»Wir verlassen das Camp gegen Mittag. Nimm deine Decken mit.«

Sie glaubte wieder ein kleines Lächeln zu sehen, doch sicher irrte sie sich auch diesmal. Die Sonne blendete, und sie konnte sein Gesicht nicht gut erkennen. Raven nickte ihr zu. Dann drehte er sich um und verschwand so lautlos, wie er gekommen war. Marisa starrte auf den Eingang des Tipis. Zu beiden Seiten war die Leinwand nach oben gebunden und schaukelte im Wind. Ihr Kopf war plötzlich leer. Es war entschieden.

In dieser Nacht folgte Raven einer Eule im Traum. Sie flog immer weiter in die Wildnis, in einen dichten Wald, der ihm unbekannt war. Schließlich blieb sie auf einem Ast sitzen und sah ihn mit ihren riesigen Augen an.

Er stand wie erstarrt und konnte seinen Blick nicht von ihr losreißen. In diesem Augenblick versanken für ihn Raum und Zeit. Er war plötzlich ein Gefangener der Weißen und sollte hingerichtet werden. Da tauchte ein blondes Mädchen auf, das ein schnelles Pferd an der Leine mit sich führte. Sie warf ihm die Leine zu. Er erhaschte nur einen kurzen Blick von ihr, doch er glaubte sie zu erkennen. Er riß die Leine an sich und schwang sich auf das Pferd und galoppierte davon. Er rief ihr noch etwas zu, doch sie verstand scheinbar nicht, was er sagte. Sie starrte ihm nach, doch der Wind trug seine Worte davon …

Raven erwachte mitten in der Nacht. Die Sterne leuchteten klar über ihm, und es war totenstill. Er hörte sein eigenes Herz laut schlagen. Das Mädchen im Traum sah aus wie die weiße Frau, die sich Marisa nannte. Sie hatte ihm das Leben gerettet. Raven wußte, daß die Eule nur in besonderen Augenblicken in die Träume kam. Er respektierte sie, wie einen Weisen seines Stammes. Lange lag er

117

wach und konnte keinen Schlaf mehr finden. Er sah immer wieder hinüber zum Tipi, in dem sie schlief.

Er hatte sein Herz nicht mehr unter Kontrolle. Wie konnte er sich ihr nähern, ohne Verdacht zu erregen. Er wußte nicht, wie sein Klan auf seine Gefühle für diese Frau reagieren würde. Normalerweise waren weiße Frauen nicht erwünscht. Doch Dancing Grass hatte eine Ausnahme gemacht. Vielleicht weil sie dem weißen Mädchen in der Kindheit begegnet war. Was wußte sie? Er mußte mit ihr darüber sprechen.

Der Morgen nahte, als Raven aufstand und sich wusch. Alles war noch still. Die Fahrt nach Norden zum Rendezvous mit den anderen würde einige Stunden dauern. Er hoffte, daß viele Freunde kamen. Dieser Augenblick war entscheidend. Sie mußten einen Weg finden, um den Abfall der Minen sicher abzutransportieren und um die Luft in den Schächten zu verbessern. Sie mußten einen Weg finden, ihr Leben auf der Reservation zu bewahren. Selbst wenn der weiße Mann sich wehrte, mußten sie hart bleiben. Sie durften nicht erlauben, das Leben ihres Volkes und ihrer Kinder weiterhin zu gefährden. Er, Raven, würde sich dafür einsetzen.

Ein Laut drang aus dem Tipi. Marisa stand verschlafen und mit wirren Haaren am Eingang. Raven streckte sich und drehte sich um. Es war, als schien in beider Augen ein neues Licht. Sie war gehemmt, doch sie lächelte ihn an. Er erwiderte den Gruß und ging davon. Trotz der freundlichen Aufforderung Ravens hatte Marisa noch immer etwas Angst mitzufahren. Doch dann gab sie sich einen Ruck. Sie hatte nichts zu verlieren, und sie fühlte sich heute besser als am vergangenen Abend. Vielleicht konnte sie auf diesem Weg sogar Dancing Grass wiedersehen. Allein dieser Gedanke festigte ihren Entschluß.

Der kleine Trupp setzte sich kurz nach Mittag in Bewegung. Marisa saß wieder neben Raven. Jonathan und

Annie hatten unaufgefordert auf den Hintersitzen des Jeeps Platz genommen. Alles war ganz selbstverständlich. Marisa fuhr die ersten Meilen und überließ Raven das Steuer, als sie bei Lukachukai die geteerte Straße verließen.

Raven fuhr eine Abkürzung, quer durch das Land, über einen Sandweg. Das Ziel war ein Hochplatau nahe der Uranmine, in den Chuska-Bergen.

Die Meilen auf dem Sandweg zogen sich dahin. Je näher sie der Mine kamen, desto öder wurde die Landschaft. Beinah hatte sie den Geruch des Todes an sich. Marisa fühlte sich nicht wohl bei dem Anblick der Ausbeutung, der sich ihr bot. Die Berge waren abgeschabt und zeigten tiefe Furchen, die wie Wunden aussahen. Sicher waren sie für die Navajos ein besonders gräßliches Bild, sahen sie doch die Erde als ihre Mutter an und waren gegen jede Verwüstung dieser Art.

Plötzlich verwandelte sich die Sandstraße in einen schmalen Highway mit Schlaglöchern. Sie fuhren jetzt direkt auf den kleinen Ort Red Rock im Red Valley zu. Ein winziger Ort mit ein paar Häusern, die verlassen aussahen. Alles eingebettet in rotem Sand. Die Straße machte hier einen scharfen Knick nach links, und Raven bog auf einen noch schmaleren Sandweg ab.

Nach einer guten halben Stunde erreichten sie ein kleines, kahles Plateau, auf dem bereits einige Trucks geparkt waren. Die Indianer hatten provisorische Zelte aufgebaut, um Schatten zu haben. An langen Stecken hingen Tücher und Decken, die geschickt zusammengeknotet waren. Raven fuhr den Jeep in den Kreis, und Marisa war dankbar, daß die Fahrt zu Ende war. Ihre Glieder waren steif, und sie hatte Durst. Dazu meldete sich wieder ein dumpfer Kopfschmerz.

Nacheinander rollten die Fahrzeuge heran und gliederten sich ein. Wie Raven angedeutet hatte, kamen sie aus allen Ecken und Winkeln der Reservation, um hier gemein-

sam zu beraten. Auch die Leiter der Mine waren selbstverständlich eingeladen.

Annie Little Flower stand am Rand des Lagers und sah
sich um. Sie blickte etwas wehmütig auf die kahlen, durch-
furchten Berge, die der Uran-Abbau gezeichnet hatte. Der
gelbe Sand hatte etwas entsetzlich Totes an sich. Die ganze
Gegend erschien leblos.

Nun war sie hier, um zu verhindern, daß ihr Volk noch
einmal betrogen wurde. Zumindest fühlte sie das Recht
auf ihrer Seite. Die Vergiftungen des Wassers waren fort-
geschritten. Südlicher, am Rio Puerco, verendete bereits
das Vieh. Die nötigen Aufräumarbeiten, die man ihnen
schon vor langer Zeit versprochen hatte, hatten nie statt-
gefunden. Dafür würde sie jetzt kämpfen müssen.

Als sie sich umwandte, sah sie die weiße Frau mit Raven
den Jeep entleeren: Stapel von Decken, Lebensmitteln und
Wasser.

Was suchte diese Frau hier? Sie war ihr nicht unsympa-
thisch, und doch traute sie ihr nicht. Sie schien steif und
gehemmt. Ihr Gesichtsausdruck war seltsam. Sie hatte etwas Verwundetes an sich. Annie ging auf sie zu und bot
ihr an, das Lager gemeinsam aufzuschlagen.

»Ich bin Annie. Es wird eine lange Nacht, und wir müssen uns ausruhen … Du siehst sehr müde aus.«

Sie reichte ihr die Hand.

Marisa war überrascht. Aus der Nähe gesehen war das
Gesicht der Indianerin eher schmal, und auch ihre Gestalt
wirkte zierlich. Sie trug ein weißes Hemd und Blue Jeans,
die ihr gut standen. Sie war nicht besonders hübsch, aber
sie hatte Charme und ein warmes Lächeln.

Es war Marisa recht. Sie war müde. Dankbar nahm sie
auf einer der Decken Platz, die Annie für sie zurechtgelegt
hatte. Sie zog ihre Schuhe aus und rieb sich die Füße. Die
Hitze war immer noch unerträglich. Marisas Blick glitt
suchend über die Menschen. Dancing Grass war nirgends

zu sehen. Sie hatte im stillen gehofft, sie hier wiederzu-
treffen. Sie ließ ihren Blick weiter in die Ferne schweifen.
Die Berge waren kahl. Der sandige Boden wirkte grau an
manchen Stellen, wo Haufen von Sand aufeinanderge-
türmt lagen. Keine Landschaft, in der sie gern lange bleiben wollte.

Jonathan, der den ganzen Weg kein Wort geprochen
hatte, sah zu ihr hinüber. Sein Gesicht wirkte ernst. Ern-
ster als gewöhnlich. Sein Blick war eindringlich und hielt
sie gefangen, bis er sich abwandte und hinter einem Truck
verschwand. Jedesmal wenn er sie so intensiv ansah,
fühlte sich Marisa unwohl. Was bedeuteten diese Blicke,
die sie als aufdringlich empfand? Sie wurde aus dem Alten
nicht schlau. Sie legte sich auf den Rücken und sah in den
Himmel. Das Blau wirkte jetzt fast durchsichtig, so tief
schien es und so unendlich. Sie sah den wenigen Wolken
nach und schlief ein.

Die Stunden vergingen, und die Nacht nahte. Ein paar
Jugendliche liefen herum und verteilten Essen auf Papp-
tellern. Es gab Mais, Bohnen und Frybread. Marisa aß gierig und mit großem Appetit. Dann schlossen sich Männer-
und Frauenkreise zusammen. Es wurde ein großes Feuer
entzündet. Die Indianer saßen dicht gedrängt um die Flammen. Marisa konnte nicht verstehen, was sie in ihrer Sprache redeten. Nach einer Weile begannen sie unter Beglei-
tung einer Trommel zu singen.

Marisa legte sich auf ihrer Decke zurück. Es war erstaunlich bequem auf dem warmen Sand. Wie viele Jahre war es
her, seit sie im Freien übernachtet hatte? Ihre Erinnerung
mußte einen Weg zurück in ihre Kindheit finden. Damals
im Trading Post hatte sie mit der Erlaubnis ihres Großvaters viele Nächte auf der Veranda verbringen dürfen.

Diese Nacht erinnerte sie an eine dieser magischen Nächte. Wo alles noch offen war, wo ihr Weg noch ungezeich-
net vor ihr lag. In diesem Augenblick zog eine riesige Stern-
schnuppe mit einer grüngoldenen, runden Spitze über den

Himmel. Marisa dachte sofort an ihre Mutter. Ihr Herz klopfte stärker. So unglaublich war der Anblick. Es mußte ein Zeichen sein.

In dieser Nacht schlief Marisa nicht viel. Sie lag lange wach und betrachtete sehnsüchtig das glitzernde Firmament und suchte den Geist ihrer Mutter zwischen den Sternen.

Als sie erwachte, schimmerte das Morgenrot über der schwarzen Bergkette im Osten. Marisa wußte einen Augenblick lang nicht, wo sie war, alles schien wieder wie ein Traum.

Jonathan stand hinter ihr mit einem Becher Kaffee in der Hand.

»Sie ist auch hier. ...« Sein Ton war ernst. »Deine Mutter ist hier«, wiederholte er, diesmal lächelnd, als er Marisas erschrecktes Gesicht sah.

»Wo?« Ihre Stimme klang heiser.

»Du kannst sie mit Augen, die nur nach außen sehen, nicht wahrnehmen.« Seine Stimme klang flüsternd und doch so eindringlich, daß Marisa das Gefühl hatte, er würde sehr laut sprechen.

»Sieh in die aufgehende Sonne, und blinke mit deinen Augen, während du deinen Kopf langsam von der einen zur anderen Seite drehst.«

»So!«

Er machte Marisa die Bewegung vor und verschwand dann hinter ein paar kleinen Pinien, die am Abhang des Plateaus wuchsen.

Die Sonne stand jetzt knapp über dem Bergrücken. Marisa wandte sich ihr ganz zu und schloß die Augen. Sie saß im Schneidersitz, ihre Hände ruhten auf ihren Knien, und sie begann die Bewegung, die ihr Jonathan gezeigt hatte, nachzuahmen. Die Welt vor ihr schien zunächst in einem tiefen Schwarz zu versinken. Dann öffnete sich langsam ein Zentrum in strahlendem Gold. Es war Marisa, als sähe

122

sie goldene Schleier vor ihren Augen auf und ab tanzen. Plötzlich hatte sie das Gefühl, jemand gösse einen Eimer von goldenen Partikelchen über ihrem Kopf aus. Ein inneres Gefühl der Dankbarkeit umfing ihr Herz. Es breitete sich in ihrem ganzen Körper wie eine warme Welle aus, auf der sie zu schweben begann.

Als sie die Augen wieder öffnete, sah sie Jonathan einige Meter entfernt vor ihr stehend und eine Decke vor das grelle Sonnenlicht haltend.

»Komm zurück. Es ist genug. Du mußt nicht übertreiben.«

Seine Stimme klang wieder deutlich an ihrem Ohr, obwohl er einige Meter vor ihr stand.

Marisa rieb sich die Augen. Sie war noch immer wie geblendet. Alles schien von Gold umflossen und in einem steten Rhythmus zu vibrieren. Doch nach und nach kehrten die dunkleren Schattierungen und unterschiedlichen Konturen der Landschaft zurück. Sie wandte sich zu Jonathan um. Er war fort. Jetzt hatte sie auf einmal das Gefühl, daß sie vielleicht doch auf dem richtigen Weg war. Vielleicht brauchte sie nur etwas mehr Geduld mit sich selbst. Vielleicht mußte sie das erstemal in ihrem Leben die Lektion der Geduld annehmen.


Das große Treffen sollte um die frühe Nachmittagszeit beginnen. Marisa schlenderte auf den Rand der Mesa zu. Im Norden lag die Uranmine, im Westen das Red Rock Valley. Hier vermischte sich das fahle Gelb der öden Sandwüste mit dem rötlichen Schimmer des Gesteins der Tafelberge. Sie hatte die schmale Sandstraße, die zu dem Camp führte, gut im Blick. Nichts regte sich. Keine Staubwolke verriet ein nahendes Fahrzeug. Bis auf das Schwatzen der Frauen war es totenstill.

Marisa ging zu ihrem Platz zurück und nahm ihr Schreibzeug heraus. Leere Seiten starrten ihr entgegen. Seit langem hatte sie nichts mehr in ihr Tagebuch geschrieben.

Obwohl sie soviel erlebt hatte, gab es nichts zu berichten. Aber sie nahm sich vor, Notizen über die Verhandlungen, falls sie überhaupt stattfanden, aufzuzeichnen.

Sie sehnte sich jetzt zurück in den alten Hogan von Dancing Grass. Sie sehnte sich nach den Stunden, in denen sie dalag und nichts wußte. Sie sehnte sich nach der unendlichen Stille und Ruhe in ihrem Kopf. Und sie sehnte sich nach der Zeit mit Raven, in der er sich um sie gekümmert hatte und sie mit ihm allein war. Würde es jemals wieder so sein? Würde sie jemals wieder diese Intimität mit einem Mann fühlen, den sie gar nicht kannte?

# 10

Sheriff Rick Derringer stand vor einem zerbrochenen Spiegel und kämmte seinen Schnurrbart. Sein Gesicht war braungebrannt, und unter einem dicken Busch von hellgrauem Haar leuchtete ein Paar wache, graugrüne Augen. Er stopfte etwas mißmutig sein rot-schwarz kariertes Hemd in seine verwaschene Jeans und zog seine abgeschabten braunen Cowboystiefel an. Nein, er hatte das Leben hier in der Wüste nicht freiwillig gewählt. Er war hineingestoßen worden, durch ein paar dumme Zufälle. Er war ein Trunkenbold und hatte sich eines Tages in eine Navajofrau verliebt. In eine Frau, die es schon seit langer Zeit nicht mehr gab. Eine Frau, die längst gestorben war, lange nachdem sie ihn verlassen hatte …

Norma Bluecreek war eine mutige Frau gewesen. Ihr Medizinname lautete »Morning Song«, Morgenlied, wahrscheinlich weil sie morgens zur Welt kam, als die Vögel sangen … Sie hatte ihn gefunden, am Highway bei Gallup, mitten in einem Blizzard, in einem fürchterlichen Schneesturm. Es war eine der kältesten Nächte seit Jahren. Kurz zuvor hatte er sich noch Blut abnehmen lassen, bei der dortigen Blutbank, um sich noch eine neue Flasche zu kaufen. Er trank sie leer. Dann schleppte er sich an die Straße nach Norden und brach in einem Gebüsch am Straßenrand bewußtlos zusammen.

Norma kam spät nachts vorbei, nach ihrer Arbeit als Kellnerin im El Rancho Motel, und hatte ihn gefunden. Sein Bein ragte aus dem verschneiten Busch. Er wäre in dieser Nacht bei 25 Grad minus erfroren. Norma nahm ihn mit zu ihrer Familie nach Shiprock.

Shiprock war ein windiger Ort mit den armseligsten Häusern, unweit eines gewaltigen Steinbrockens, der den Navajos heilig war. Sie nannten in »Shiprock«, Felsschiff, weil er wie ein versteinertes Schiff aus dem öden, flachen Land ragte. »Four Corners«, Vier Ecken, nannten die Navajos diese gottverlassene Gegend, weil dort die vier Bundesstaaten Arizona, New Mexico, Utah und Colorado zusammenstießen. Die Navajos behaupteten, daß dieser Platz wenigstens vor allen Umweltkatastrophen sicher sei.

Norma half ihm auch mit seinem Alkoholproblem. Er durchlebte eine harte Zeit des Entzugs. Aber es half. Jedenfalls für eine Zeit. Die Alten ihres Klans nahmen ihn mit zum Schafehüten, und er wurde ihr Mann. Sie lebten einige Jahre zusammen in dem alten Trailer am Rande der Wüste, am Rande der Grenze der Reservation. Morning Song konnte keine Kinder bekommen ... Sie erkrankte und verließ ihn. Sie verschwand aus seinem Leben, wie sie gekommen war. Unerwartet und schnell. Eines Nachts stand er allein vor dem leeren Trailer. Vielleicht hatte er ein paar mehr Bier in sich als gewöhnlich, er wußte es nicht mehr.

Das Leben hier draußen war hart. Vielleicht war es ihr zuviel geworden. Das Trinken. Die Angst um ihn, wenn er fortging, um Streitereien, die oftmals in Schießereien endeten, zu beenden. Seitdem war er allein. Navajofrauen konnten ihre Männer jederzeit verlassen. Niemand fragt, warum. Er sah sie nie wieder.

Für lange Zeit wußte er nicht mehr, was er mit sich anfangen sollte. Sein Leben hatte keinen Sinn mehr. Er fing wieder an, mehr zu trinken. Er hatte kein Leben mehr ohne sie in dieser von Gott verlassenen Gegend.

Eines Nachts betrank er sich in Farmington in einer Bar. Farmington war schon damals der größte Ort der Gegend, gehörte zu New Mexico und lag am Rand der Reservation. Farmington war umringt von unzähligen Kohlebergwerken, Ölfeldern und Minen. Sheriff Wilson saß mit an der Bar und hielt an diesem Abend kräftig mit. So lernten sie sich kennen. Wilson nahm ihn später unter seine Fittiche, wahrscheinlich weil er ihn an seinen Sohn erinnerte, der in Vietnam gefallen war, und half ihm wieder auf die Beine zu kommen. Er verrichtete verschiedene Jobs in der Stadt und machte sich nützlich, wo er konnte. Wilson war zufrieden. Als er sein Alkoholproblem wieder besser im Griff hatte, ernannte er ihn sogar zu seinem Hilfssheriff.

Damals unterstützte er die Navajos und Weißen aus der Gegend, die sich für die Umwelt und die Gesundheit der Menschen auf der Reservation einsetzten. Sie forderten die Schließung der Uranminen. Im Juli 1979 brach der Damm der United-Nuclear-Corporation-Uranmine und schickte 1000 Tonnen Uranschlacke, gemischt mit 300 Millionen Liter radioaktivem Wasser, in den Rio Puerco und das umliegende Weideland der Navajos. Das war die letzte große Katastrophe gewesen. Derringer erinnerte sich noch genau. Aber der Uranabbau lief weiter, und die Verseuchung des Wassers auch …

Er atmete tief durch. Heute war ihm besonders unbehaglich zumute. Etwas beunruhigte ihn. Seine Aufgabe, das inoffizielle Treffen der Navajos mit den Minenbesitzern zu überwachen, machte ihm keinen besonderen Spaß. Die Gefühle beider Seiten hatten sich bereits in den vorangegangenen Treffen aufgeheizt. Die Lage der Indianer war zwiespältig. Sie brauchten Geld. Sie brauchten die Arbeit in der Mine. Aber die Mine vergiftete ihr Trinkwasser. Es war ein Teufelskreis. Als Sheriff war er für die Weißen zuständig, stand also eigentlich von Amts wegen auf seiten der Minenbetreiber. Die Navajo-Polizei war nur für ihre eigenen Leute da. Doch hier verwischten sich die Grenzen …

Die Navajos hatten ihn damals wegen Norma aufgenommen. Er war eigentlich einer der Ihren. Man hatte ihm sogar erlaubt, weiter in Shiprock zu wohnen, obwohl er in Farmington arbeitete.

Nachdenklich leerte Derringer seine Kaffeetasse. Dann griff er an sein Holster und überprüfte seinen Revolver, Kaliber 38. Er hoffte ihn nicht gebrauchen zu müssen, aber er wollte sichergehen. Es gab einige Hitzköpfe unter den Indianern. Der junge Raven war einer davon. Wochenlang trieb er sich allein in der Gegend herum. Keiner wußte, was er plante.

Er hatte seine Eltern gut gekannt. Sein Vater arbeitete viele Jahre in der Mine, um die es heute ging. Woher die Krankheit kam, an der beide Eltern starben, wußte niemand. Oder niemand wollte es wissen ...

Derringer trat vor seinen Trailer und streckte sich. Es war ein strahlender Tag und noch nicht zu heiß. Vielleicht war dies ein gutes Omen. Er schwang sich in seinen Jeep und fuhr den kurzen Weg von seinem Driveway zur Straße. Die Strecke von Shiprock bis Red Valley, dem winzigen Ort zu Füßen der Chuska-Berge im Süden, war nicht sehr weit. Es würde nur etwas über eine Stunde dauern, bis er die Mesa erreichte, wo das Treffen mit dem Direktor der Mine stattfinden sollte. Er hatte an vieles zu denken, und das tat er am liebsten während der Fahrt im Jeep. Am Steuer hing er seinen Gedanken nach, und unterwegs kamen ihm auch immer die besten Einfälle zu seinen Problemen ...

Seine innere Einsamkeit, die er so oft spürte, war viel erträglicher, wenn er die verlassenen Straßen entlangfuhr, die sich zwischen den Ansiedlungen der Indianer durch die Wüste wanden. Hier fand er auf eine seltsame Art Ruhe, weil Einsamkeit in der Reservation der Normalzustand war. Er war allein, damit mußte er sich endlich abfinden. Seine Vergangenheit war untergegangen, wie ein versunkenes Schiff. Es gab sie nicht mehr.

Es ging ihm nicht schlecht, doch einen wirklichen Sinn in dem zu finden, was er tat, wurde immer schwerer für ihn. Selbst wenn sich die Dinge zum Guten wendeten, kam immer sofort das nächste Drama, der nächste Schock auf ihn zu. Immer wieder war er mit Menschen im tiefsten Elend konfrontiert. Immer wieder mußte er sich für seinen Kopf und nicht sein Herz entscheiden. Er suchte etwas, das er nicht fand. Etwas zog ihn vorwärts und warf ihn dann immer wieder auf sich selbst zurück.

Er war in seinen besten Jahren. Mit knapp fünfzig war er noch immer auf der Höhe seiner Kraft, und doch hatte sich eine gewisse Müdigkeit in ihn eingeschlichen, die Derringer mehr als alles andere fürchtete. Er fürchtete, seine Härte zu verlieren und seine Gefühle nicht mehr kontrollieren zu können. Er fürchtete sich vor seiner Weichheit, die er nach dem Abschied seiner Frau tief in sich verborgen trug.

An Tagen wie heute wäre er am liebsten daheim geblieben. Doch seine Arbeit trieb ihn weiter. Er besaß schließlich eine gewisse Autorität unter den Indianern und den Weißen. Die mußte er heute ins Spiel bringen, wenn er Reibereien vermeiden wollte. Und das wollte Derringer unter allen Umständen.

Die Situation auf der Reservation hatte sich in den letzten Monaten zugespitzt. Auch er trank nur noch Wasser aus der Flasche. Die Menschen hatten in ihrem eigenen Land ein Recht auf gesundes Trinkwasser. Zwar kannten sie noch einige Quellen, die noch nicht verseucht waren, doch die lagen viele Meilen auseinander und ebensoweit von allen Behausungen entfernt. Manche fuhren zwanzig Meilen, nur um ihren Trinkwasservorrat aufzufrischen.

Derringer nagte nervös an seinem Schnurrbart. Er sah keine Lösung. Das Minenmanagement, das waren hartgesottene Geschäftemacher. Sie hatten kein Mitleid mit den Navajos. Alles, was sie wollten, war ihr Land und die Bodenschätze dieser Erde. Sie kümmerten sich einen Dreck um die Gesundheit der Indianer und ihre mageren Schafe und Ziegen. Sie sahen nur das Geld. Die Indianer waren für sie wie Vieh, und so wurden sie oft auch behandelt.

Oft waren es Texaner, die als Leiter der Uranminen arbeiteten. Die Minen seien wichtig für den Fortschritt des Landes, sagten sie und winkten mit den Dollarnoten. Denn sie schufen Arbeitsplätze für die Arbeitslosen. Ja, sie brachten auch Wohlstand. Aber nur wenigen. Selbst einige der führenden Navajos in Window Rock füllten sich ihre Bankkonten mit diesem Blutgeld. Sie wurden dick und fett, durch den Schweiß ihrer eigenen Leute. Es widerte Derringer an, aber er konnte nur zuschauen ...

Er bog jetzt auf den Sandweg ab, der zum Camp der Navajos führte. Der Himmel hatte sich in kurzer Zeit verändert. Große, graue Wolken zogen auf, und die Sonne fand nur noch ab und zu einen freien Platz. Was war, wenn Regen kam und das Meeting platzte? Feine Staubwolken wirbelten aus der trockenen Erde, als Derringers Jeep sich dem Camp näherte. Zum Glück kannte er die meisten der Indianer. Er begrüßte alle, indem er seinen Hut abnahm und in der Luft schwenkte. Einige umarmte er wie alte Freunde.

Derringer setzte sich in den Kreis, der sich langsam um ihn bildete. Jonathan kam auf ihn zu und ließ sich neben ihm nieder.

»Es ist gut, daß du gekommen bist! Wer weiß, was ohne dich passieren könnte ...«

Er lächelte und zwinkerte mit den Augen. Für den Ernst der Lage war er in erstaunlich fröhlicher Stimmung.

»Gib auf Raven acht! Er ist zornig. Er will endlich Gerechtigkeit, und er wird darum kämpfen.«

Jonathan sah Derringer durchdringend an.

»Du weißt, wozu er fähig ist.«

Derringer wischte sich den Schweiß von der Stirn. Er

wußte es. Er nickte kurz. Er würde heute auf Raven ein besonderes Auge haben.

Jonathan erhob sich und ging zur anderen Seite des Kreises, der sich nun langsam mit Navajos füllte.

Derringer mußte die Ruhe bewahren, und er durfte vor allem gegenüber den Minen-Leuten keine Unsicherheit zeigen. Er mußte sich stark und selbstbewußt geben und damit seine Autorität bekunden. Doch innerlich war ihm anders zumute. Er hatte Mühe, seine wahren Gefühle zu verbergen. Besonders vor den Indianern gelang es ihm kaum. Sie sahen tiefer. Sie wußten immer, wie er sich in Wirklichkeit fühlte.

Es verging noch eine gute Stunde, bis sich ein neuer, heller Ford 4 Wheel Drive dem Camp näherte. Drei Männer in Anzügen mit Krawatten stiegen aus und traten zu den Indianern.

Ein paar Sekunden lang beobachteten sich alle schweigend. Dann trat einer der Männer vor.

»Ich bin Henry Stone, der neue Leiter der Mine.«

Die beiden jüngeren Männer, die mit ihm gekommen waren, blickten etwas unsicher um sich. Sie flankierten Stone und wirkten wie seine Leibwächter.

Raven sah Stone über den Kreis hinweg starr an. Stone war älter, fast weißhaarig, großknochig und schmallippig. Seine Hände zuckten nervös. Raven erhob sich langsam aus seinem Schneidersitzt und hob die Hand zum Gruß. Der Mann hatte einen verschlagenen Ausdruck im Gesicht. Er traute ihm nicht. Raven sah zu Jonathan. Auch er hatte den Mann im Blickfeld.

»Das sind meine Mitarbeiter, Henry Jackson und Tom Blake. Tom ist für die Sicherheit der Mine verantwortlich, und Henry ist mein Sekretär.«

Blake war kleiner als Stone. Zierlich gebaut für einen Mann. Er besaß flinke Augen und schütteres Haar und trug einen dunklen Anzug mit einer graugestreiften Krawatte. Jackson war jünger und wirkte etwas unerfahren. Seine Mundwinkel zuckten leicht, als er sich ebenfalls vorstellte.

Derringer trat zu den Männern und schüttelte ihnen die Hand. Etwas Ungewöhnliches fiel Derringer sofort an Blake auf. Eine Wölbung in der Brusttasche seines Anzugs verriet einen kleinen Revolver. Er zeigte sein Erstaunen nicht, sondern stellte sich vor und setzte sich wieder auf seinen Platz. Es war klar, daß er für Ordnung sorgen mußte. Drei Weiße dieser Art in einem Kreis von einigen Dutzend Indianern war kein Kindespiel. Es war eine delikate Situation, die man sehr behutsam angehen mußte.

»Setzt euch.«

Nach einigen Sekunden des Schweigens ergriff Jonathan, der fast genau gegenüber von Stone saß, als erster das Wort. Er deutete in Richtung der nahe gelegenen Mine.

»Wir wollen nicht viel Worte machen. Es geht um unser Leben. Wir brauchen sauberes Wasser, Wasser, das nicht vergiftet ist. Wir brauchen es für uns und unsere Tiere und alle, die nach uns kommen.«

Jonathan legte eine Pause ein und sah Stone durchdringend an. Stone kratzte sich verlegen am Kopf und sah auf den Boden.

»Wir tun, was wir können. Es wird hier viel übertrieben ...«, murmelte er etwas unverständlich. »Das Wasser in der Gegend ist nicht schlecht, wir haben es immer wieder überprüfen lassen ... wir trinken es selbst.«

Stones Stimme klang rauh. Sie hatte einen aggressiven Unterton. So, als müßte er sich verteidigen. Jonathan blickte besorgt auf Raven.

Ravens Kiefermuskeln spielten, und sein Gesicht wurde hart. Er sprang ganz plötzlich auf. Stone zuckte ganz automatisch zurück.

»Das Wasser ist schlecht! Es ist giftig! Wollt ihr uns als Lügner bezeichnen!«

132

Er erhob beschwörend beide Hände, eine Geste, die aggressiv und bedrohlich wirkte, selbst wenn sie vielleicht nicht so gemeint war.

Derringer tastete ganz automatisch nach seinem Revolver. Er spürte ihn hart und glatt in seiner Hand. Die Indianer hatten offensichtlich keine Waffen. Aber es wäre nicht das erstemal, daß aus dem Hinterhalt geschossen wurde.

»Wir sagen euch nur, was wir im Labor gefunden haben!« Stones Gesicht verfinsterte sich, und seine schmalen Lippen zuckten.

In diesem Augenblick griff Annie ein. Sie stand auf und stellte sich direkt vor Stone und seine Männer. »Was ihr im Labor gefunden habt, möchten wir schriftlich haben. Ich bin Anwältin und vertrete die Familien hier. Ich werde den Test von einem unabhängigen Labor überprüfen lassen.«

Annies Gesicht war hart, sie war jetzt zu allem entschlossen. Sie wollte die Wahrheit wissen. Stone wandte sich zu seinem Mitarbeiter Jackson und flüsterte ihm etwas zu. Der Sekretär erhob sich und ging zum Wagen zurück.

»Wir werden euch die Papiere zeigen!«

Annie verspürte plötzlich ein seltsames Gefühl in ihrem Magen und drehte sich zu Jonathan um. Der blinkte mit einem Auge und hielt seine Hand abwärts. Die Weißen bedienten sich der Lüge, ihre Papiere waren wahrscheinlich gefälscht.

Als der Mann mit einer Mappe vom Bus zurückkam, nahm sie ihm Stone aus der Hand. Er kramte darin und zog ein Blatt hervor.

»Hier sind die letzten Auswertungen des Grundwasserspiegels. Überzeugt euch selbst!« Stone hielt Annie das Blatt Papier hin.

Das Dokument zeigte die Auswertungen des letzten Jahres. Tatsächlich war die Wassersituation in diesem Jahr noch als »akzeptabel« angegeben. Doch etwas stimmte

nicht. Da, wo sonst der Stempel der Untersuchungs-
behörde saß, war die Schrift verwischt.

Annie versuchte sich zu beherrschen, um nicht auf den
Schwindel zu reagieren. Sie mußte ruhig bleiben, denn sie
wollte mehr erreichen. Sie wollte die heutigen Daten der
Mine sehen und bestand darauf.

»Das sind alte Auswertungen. Wo ist die neueste Untersuchung?«

»Sie ist auf dem Weg. Es braucht alles mehr Zeit!« Stone
machte ein abwehrendes Gesicht und zog die Augen-
brauen hoch.»Ihr bekommt alles zu sehen, sobald wir es
in den Händen haben, verdammt!«

Damit war für Stone die Sache erledigt. Er sprang wü-
tend auf und wollte Annie das Papier aus der Hand reißen.
Sie zog es vor ihm weg, und er packte sie grob am Arm.

In diesem Augenblick schien sich die Welt um Raven zusammenzuziehen. Er sah nur noch Stones Hand, die Annies Arm umklammerte. Sein Herzschlag begann zu rasen.
Er konnte sich nicht mehr beherrschen. Er spürte, wie sich
sein Körper wie eine Feder zusammenzog und dann nach
vorn hechtete, direkt auf Annie und Stone zu.

Derringer sprang im selben Moment auf und versuchte
Raven zu stoppen.

Zu spät! Blake griff blitzschnell in seine Brusttasche. Ein
Schuß peitschte auf. Er traf Raven an der Schulter und
warf ihn zu Boden. Derringer schlug Blake die Waffe aus
der Hand und fluchte. Warum hatte er das nicht kommen
sehen! Was sollte er jetzt tun? Er konnte die Männer nach
diesem Vorfall nicht einfach laufenlassen. Keiner der Indianer würde ihm jemals wieder trauen. Er hatte die
Pflicht, Hilfe zu holen, und er mußte Blake sofort verhaf-
ten. Von Red Rock aus konnte er gleich das Hospital in
Farmington benachrichtigen. Es war die nächstgelegene
Klinik. Stone stammelte etwas von schrecklichem »Unfall«, als Derringer hinter Blake trat und ihm die Hand-
schellen anlegte.

Sicher war sicher. Wenigstens hatte er auch in den Augen der Indianer seine Arbeit getan.

Marisa hatte alles aus einiger Entfernung beobachtet, weil sie sich nicht zu den Indianern in den Kreis gesetzt hatte. Als der Schuß fiel, warf sie erschrocken ihr Schreibzeug beiseite und rannte zu Raven. Sie riß ein Stück Stoff aus ihrer Bluse, um seinen verwundeten Arm zu umwickeln. Raven biß sich vor Schmerz auf die Lippen. Die Kugel hatte ihn in der Schulter getroffen. Eine Fleischwunde klaffte, und er verlor schnell viel Blut. Er lag auf der Seite, und Marisa kniete neben ihm. Ihre Augen hingen an seinem immer fahler werdenden Gesicht. Jonathan legte einige Kräuter auf die Wunde und umwickelte die Schulter mit einem größeren Tuch. Zwei Männer hoben Raven auf und trugen ihn wortlos zu einem großen Truck am Ausgang der Campsite. Jonathan stieg hinten in den Pickup ein. Raven lag mit geschlossenen Augen auf den blanken Holzplanken. Jemand legte eine Decke über ihn. Der Truck setzte sich in Bewegung.

Der Himmel überzog sich jetzt dicht mit grauschwarzen Wolken, die Regen ankündigten. Marisa konnte nichts für Raven tun, als zu beten. Er war hoffentlich nicht in Lebensgefahr. Ganz automatisch, so als zöge sie jemand an einer langen, unsichtbaren Leine, fuhr sie hinter dem Truck her, in dem Raven lag, bis sie die Klinik in Farmington erreichten. Dort wartete man bereits auf den Verletzten. Die Kugel saß in der Schulter und mußte schnellstmöglich entfernt werden. Es gab keine Zeit zu verlieren. Der provisorische Verband war blutdurchtränkt. Zwei Krankenpfleger brachten eine Trage und rollten Raven sofort in den Operationssaal.

Marisa saß während der Operation wie betäubt auf der Treppe der Klinik. Es war ein Alptraum. Die drohenden Wolken waren abgezogen, und die Sonne brannte erneut.

Sie starrte gedankenlos auf ihre mit rotem Staub überzogenen Schuhe. Alles schien wieder so unwirklich, oder genauso wirklich wie in einem Traum. Die Dinge veränderten sich in rasender Eile und bewegten sich in Richtungen, auf die sie keinen Einfluß mehr hatte ...

Sie saß lange mit gefalteten Händen und betete für Raven. Es war ganz natürlich. Alles schien plötzlich so einfach. Jetzt wollte sie ihm helfen und an seiner Seite sein, so wie er ihr geholfen hatte. Im Augenblick der Gefahr war alle Unklarheit ihrer Gefühle verschwunden.

Jonathan saß in der Zwischenzeit im Warteraum der Klinik. Raven war jetzt über eine Stunde im Operationszimmer. Der alte Navajo hielt sein Medizinbündel fest in den Händen. Der Große Geist mußte Raven helfen. Raven war sein Nachfolger. Er würde eines Tages den Weg des Medizinmannes gehen, so wie es seine Großmutter Dancing Grass vorausgesagt hatte. Doch er mußte zuerst den Haß gegen die Weißen aufgeben, und dazu brauchte er all seine Kraft. Er ließ noch einmal das Bild im Camp an der Red Rock Mesa vor sich aufsteigen. Er sah alles wie in Zeitlupe vor sich ... Raven sprang auf wie ein Blitz und schoß durch den Kreis. Der Revolver blitzte im selben Augenblick auf. Auch Sheriff Derringer hätte den Schuß nicht verhindern können.

Jonathan sah wieder auf die Tür zum Operationsraum. Endlich wurden die beiden Flügeltüren aufgestoßen. Zwei Schwestern rollten Raven auf einer Trage heraus. Der Verband um seine Schulter war dick und zeigte frische Blutspuren. Sie brachten ihn in einen kleinen Raum, der außerhalb der Klinik in einem Trailer lag. Jonathan ging mit langsamen Schritten neben den Schwestern her und sprach mit ihnen.

Marisa sah sie aus der Seitentür des Hospitals kommen und folgte ihnen. Die Schwestern hoben Raven mit Hilfe eines anderen Pflegers auf ein Bett, das am Ende des Trailers in einem kleinen, muffigen Raum stand. Die Fenster waren zugeschraubt.

Als Jonathan neben ihn trat, schlug Raven die Augen auf.

»Du hast Glück gehabt! Die Kugel hat deine Schulter nicht durchschlagen. Der Knochen ist heil.« Jonathan zwinkerte scherzhaft mit den Augen.«Du wirst es überleben. Nächstes Mal spring etwas schneller!«

Er machte eine rasche Bewegung mit seinen Händen in der Luft. Raven versuchte zu lächeln, doch es gelang ihm nicht ganz. Seine Augen suchten Marisa, die direkt neben seinem Bett stand, und verweilten lange auf ihrem Gesicht. Jonathan hustete verlegen und holte sich einen klapprigen Stuhl vom Gang.

Marisa ergriff Ravens Hand. In diesem Augenblick trat eine Schwester mit einer Decke über dem Arm in den Raum.

»Er wird nur einige Tage zur Beobachtung hiersein. Es kann sein, daß er eine Infektion bekommt.«

Sie war eine weiße Frau in den Fünfzigern, mit einem breiten Gesicht und gütigen Augen.

»Er ist jung und stark, er wird schnell heilen.«

Ihr Blick fiel auf Marisa, die noch immer Ravens Hand hielt.

»Mit etwas guter Pflege wird er bald wieder gesund sein …«

Sie zwinkerte ihr zu. Diese Worte hallten wie ein geheimes Versprechen in Marisas Bewußtsein wider. Er hatte sie gepflegt. Jetzt konnte sie dasselbe für ihn tun. Sie war fest entschlossen, sich von niemandem abweisen zu lassen.

Sie blieben bis zum Abend bei Raven im Hospital und redeten über vieles. Jonathan fuhr zu seinen Verwandten in Shiprock. Marisa nahm sich für diese Nacht ein preiswertes Zimmer in einem heruntergekommenen Motel an der Straße zur Klinik. Es machte ihr nichts aus. Zumindest war die Bettwäsche sauber. Sie fühlte sich todmüde und ausgelaugt, als sie schließlich gegen Mitternacht auf ihr Bett fiel.

Wie sollte es bloß weitergehen ...? Gegen ihren Willen hatte sie sich in Raven verliebt. Und er wußte es. Die Art, wie er sie heute im Krankenhaus betrachtet hatte, war in ihren Augen ein sichtbares Zeichen seiner beginnenden Zuneigung zu ihr. Es freute sie, es erregte sie, aber es machte ihr gleichzeitig auch angst ...

Aber gab es denn überhaupt eine Zukunft für sie? Sollten sie sich heimlich treffen, in aller Verborgenheit? Was würde Dancing Grass sagen ... Und Elsie, und all die anderen.

Mußte sie sich denn wirklich verstecken? Es war nicht das erste Mal, daß sich eine Weiße in einen Indianer verliebte. Es gab unzählige Geschichten. Sie dachte an die Mutter von Quannah Parker, der ein Anführer seines Volkes wurde und deren Mann ein berühmter Häuptling der Comanchen war.

Es schien nichts Ungewöhnliches zu sein. Früher jedenfalls – aber da waren die Menschen und das Leben auch noch einfacher gewesen. Unbestimmte Gefühle der Angst stiegen wieder in ihr auf, Angst, in eine völlig fremde und doch so vertraute andere Welt einzutauchen und sich darin zu verlieren ...

Marisa war eigentlich viel zu müde, um sich den Kopf über ihre Zukunft mit Raven zu zerbrechen. Doch Phantasien formten sich und wurden zu Bildern in ihren Träumen.

Die Nacht war mild, und Marisa schlief recht gut. Der Morgen begrüßte sie mit einem wolkenlosen Himmel. Sie dachte an Elsie, als sie vor dem Spiegel stand und sich das Haar kämmte. Sie mußte als erstes mit Elsie sprechen und ihren Rat einholen, wie sie sich zu verhalten hatte. Dann mußte Dancing Grass über Raven informiert werden. Woher sie jetzt plötzlich den Mut nahm, ihre Gefühle so offen zu zeigen, wußte sie selbst nicht. Die Situation war zu ernst, um noch weitere Verschleierungsmanöver zu konstruieren. Marisa fühlte eine innere Stärke in sich erwachen, die ihr bisher fremd gewesen war.

Raven lag auf seinem Bett in voller Kleidung, als Marisa in das Zimmer eintrat. Die Schwester vom Vortag nahm gerade den Tropf aus seinem Arm.

»Gut, daß Sie hier sind. Er will unbedingt sofort entlassen werden. Wir können ihn nicht gegen seinen Willen hierbehalten.«

Sie sah Marisa fragend an. »Sind Sie hier, um ihn zu holen?«

Marisa war überrascht. Sie sah Ravens Augen und vermeinte einen bittenden Ausdruck zu erkennen. Plötzlich erschien er ihr wie ein wildes Tier in einem Käfig.

»Ja, ich bin hier, um Raven abzuholen.«

Ihre Stimme klang fest. Es war ganz selbstverständlich. Sie sah, wie sich sein Körper entspannte. Er wollte fort, das war offensichtlich.

»Er muß dieses Papier unterschreiben, denn wir entlassen ihn nur auf eigene Verantwortung. Sonst müssen wir ihn hierbehalten.«

Die Schwester hielt ihr ein Stück Papier hin.

»Vielleicht können Sie ihm helfen?«

Sie sah Marisa auf eine seltsame Art an, und ein sehr verständnisvolles Lächeln umspielte ihren Mund. Marisa trat mit dem Blatt auf das Bett zu. Raven nahm das Papier und einen Stift, den ihm die Schwester reichte.

»Es wird schon gutgehen. Wir haben bis jetzt keine Entzündung festgestellt. Die Blutwerte waren die Nacht über gut. Aber er muß noch sehr vorsichtig sein. Nicht waschen und den Verband nicht selbst abnehmen. Es wäre am besten, wenn er zum nächsten Verbandwechsel in eine Klinik ginge.«

Sie nahm Raven das unterzeichnete Papier aus der

Hand. Dann wandte sie sich zur Tür, um einen Rollstuhl zu holen.

»Wir müssen ihn hinausfahren, das ist Vorschrift.«

Die Schwester schob den Rollstuhl mit Raven durch den langen Gang zum Ausgang, während Marisa seine Decke auf dem Arm trug.

Alles war wieder ganz selbstverständlich und geschah ganz spontan. Alles war, wie es in diesem Augenblick sein sollte. Marisa machte sich in diesem Augenblick keine Gedanken, wie es weitergehen sollte. Sie war bei ihm, das genügte.

Fast fühlte sie, als ob ihnen diese fremde Frau, diese Krankenschwester, ihren Segen mit auf den Weg gab. Sie ermahnte Raven noch einmal, sich sofort in der Klinik zu melden, falls er wieder starke Schmerzen bekam. Die Schachtel Tabletten, die er zum Abschied gereicht bekam, sollte eine Woche reichen, dann konnte er mehr bekommen. Raven nickte und setzte sich wortlos auf den Beifahrersitz des Jeeps. Marisa bedankte sich noch einmal bei der hilfreichen Krankenschwester und ließ den Motor an.

»Es ist gut, daß du heute gekommen bist. Ich konnte nicht dortbleiben. In der Nacht keine Luft zu bekommen und keinen Himmel zu sehen, macht mich krank! Ich danke dir …«

Marisa wußte nichts zu sagen. Ein Gefühl der Freude zeigte sich in einer feinen Röte, die ganz von selbst ihr Gesicht überzog. Gab es tatsächlich Glück im Unglück?

»Ich wollte hier sein … bei dir. Ich bringe dich zu Dancing Grass, wenn du willst …«

Marisas Stimme klang leise, und ihr Blick war fragend. Irgendwo mußte er sich schließlich ausruhen und heilen. Die Wunde war tief. Es würde einige Wochen dauern, bis seine Schulter geheilt war.

Sie fuhren schweigend. Raven war, eingewickelt in die Decke, eingenickt. An der Kreuzung in Chinle bat Raven

Marisa, in Elsies Richtung nach Many Farms abzubiegen. Ravens Blick schweifte in die Ferne und über die armseligen Häuser des Ortes. Er blieb an den Plastiktüten hängen, die wie immer von den zerrissenen Stacheldrahtzäunen hingen und im Wind schaukelten. Wie weit war sein Volk heruntergekommen? Gab es denn überhaupt noch Hoffnung?

Raven gab sich einen Ruck und versuchte sich in dem harten Sitz gerade aufzusetzen. Der Schmerz ließ ihn zusammenzucken. Er fühlte sich plötzlich benommen. Die Wunde brannte stark, und ihm wurde schwindlig. Er lehnte sich wieder im Sitz zurück und schloß die Augen. Der Große Geist mußte ihm beistehen. Er hatte die weiße Frau zu ihm geführt. Jetzt brauchte er ihre Hilfe …

# 11

Sheriff Derringer saß mit den drei Männern der Mine in seinem Office in Shiprock. Stone gab sich selbstsicher. Die Schuldfrage schien klar: Notwehr. Es würde wahrscheinlich weder eine Anzeige noch einen Prozeß geben. Die Kosten der Klinik mußten jedoch von der Mine getragen werden.

Sie kamen billig davon. Stone hatte eine Kaution für Blake hinterlegt, und Derringer mußte ihn freilassen. Ihm war nicht wohl dabei. Stone und seine zwei Begleiter schüttelten Derringer die Hand.

»Schau mal nach dem Jungen«, brummte Stone, »es wird ihn schon nicht ernsthaft erwischt haben.«

Er verzog sein Gesicht zu einem gönnerhaften Lächeln, zu dem seine kalten Augen einen scharfen Kontrast bildeten. Blake, der Mann, der Raven angeschossen hatte, starrte wortlos aus dem Fenster.

»Richte ihm aus, daß es mir leid tut ...«

Er nahm seinen Hut und stellte sich neben Stone. Er meinte es tatsächlich so, spürte Derringer zu seiner Überraschung.

»Und wegen der Abwässer der Uranmine warten wir noch auf den Entscheid vom Labor.«

Stone war nicht im geringsten verunsichert. Oder zumindest glaubte er es. Sein Boss in Dallas würde ihn nicht sitzenlassen und alle Arbeiter nur wegen des Palavers einiger Indianer und des Unfalls mit dem Jungen entlassen, um die Mine zu schließen. Diese Umwelt-Hysterie überall – das war etwas Unamerikanisches … Was wollten diese Navajos eigentlich von ihm? Sozialhilfeempfänger, die ihr Geld vom Staat bekamen und für Alkohol ausgaben. Sollten sie sich doch einen Job in Gallup suchen – da kam das Wasser aus der Leitung und war sauber!

»Du kannst uns in meinem Büro erreichen, wenn noch etwas ist.«

Stone reichte Derringer eine Karte mit seiner Nummer und wandte sich zum Gehen. Blake trottete hinter ihm drein wie ein Hund seinem Herrn. Fast hatte Derringer Mitleid mit ihm. Er war wirklich Stones Leibwache, das war klar. Aber das war auch alles. Wenn Raven keine Anklage erhob, war der Fall erledigt.

Derringer wußte, daß Ravens aggressives Verhalten Panik in Blake ausgelöst hatte. Doch einen Revolver zu gebrauchen, nur weil ein junger Hitzkopf plötzlich aufspringen mußte und versucht hatte, jemandem an die Gurgel zu gehen, war nicht ganz im Rahmen des Gesetzes. Derringer fühlte sich auf einmal hilflos. Er konnte nichts tun. Seine Hände waren gebunden. Wenn er Raven rechtzeitig erwischt und zur Seite gerissen hätte, wäre die Kugel an ihm vielleicht vorbeigegangen, und man hätte das Ganze einfach vergessen können …

Mißmutig stieg Derringer in seinen Jeep und fuhr zu seinem Trailer zurück. Er ging in den kleinen Anbau, der eine primitive Küche enthielt. Dort machte er sich eine Tasse Instant Coffee zurecht und setze sich ans Fenster. Die Gardinen waren grau von Staub und zu beiden Seiten mit einer Schnur hochgebunden. Seine Augen streiften das Wrack eines alten Chevys, der seit Jahren auf dem Parkplatz rostete.

Die schäbigen Trailer der Navajos reihten sich auf der anderen Seite der Sandstraße trostlos aneinander. Der warme Wind trieb feinen Sand durch den zerfetzten Fliegendraht und landete in seinem Kaffee. Er wischte sich die

Augen und nahm noch einen letzten Schluck aus seiner Blechtasse. Gegen Abend würde er wie gewöhnlich seine Runde drehen. Schwerfällig zog er seine Stiefel aus und warf sich aufs Bett, welches in einer kleinen Nische gleich neben der Küche stand.

Mochte alles hier zum Teufel gehen! Er hatte nicht genügend Einfluß, um wirklich etwas zu verändern. Alle paar Monate fand er einen toten Indianer, in irgendeinem von Gott verlassenen Arroyo. Meist waren es alte Familienstreitigkeiten. Fast immer war Alkohol im Spiel. Wie konnte dieses Volk überleben? Es war ihnen fast alles genommen worden, was die Ehre und die Würde eines Menschen ausmachte.

Derringer holte die Whiskeyflasche, die unter dem Bett bereitstand, und nahm einen kräftigen Schluck. Es tat gut, und es half ihm vergessen. Er war im Grunde doch nur eine unwichtige Figur in diesem schrecklichen Spiel. Doch er tat, was er konnte. Nicht mehr und nicht weniger. Dafür würde ihn keiner später zur Rechenschaft ziehen.

Er empfand eine tiefe Sympathie für die Navajos – er hatte einen Scheißjob, und die Navajos hatten einen Scheißjob. Und wie die Navajos wußte er nicht, wo er sonst hätte leben sollen ...

Plötzlich sah er Annies Gesicht vor sich. Wie sie ihn begrüßte hatte ... Ihr Lächeln ... ihr warme Hand in der seinen. Derringer nahm erneut einen Schluck. Zum Teufel! Was sollte eine solche Frau mit ihm schon anfangen!?

Was Sheriff Rick Derringer zu dieser Zeit nicht wußte, war, daß Annie Little Flower in Gallup bereits Klage gegen die Mine eingereicht hatte.

Sie wollte für Raven eine Summe von 10 000 Dollar Schmerzensgeld verlangen. Annie hatte keine Sekunde seit dem »Unfall« verloren. Ein Weißer hatte auf einen unbewaffneten Navajo geschossen, auf der Reservation. Das brachte das Blut aller hier zur Wallung. Diese Geschichte würde niemand so schnell vergessen und vergeben. Annie war sich sicher, daß sie diesen Fall mit etwas Glück gewinnen konnte. Sie hoffte nur, daß Sheriff Derringer auf ihrer Seite war und die Geschichte so wiedergeben würde, wie sie sich ereignet hatte.

Die Stimmung auf der Reservation war seit der Entdeckung der neuen Vergiftung des Wassers nicht gerade gut zu nennen. Überall brodelte es. Überall meldeten sich Stimmen, die endlich Taten sehen wollten. Ravens Schicksal erweckte mehr Aufmerksamkeit für das, was hier wirklich vor sich ging: die Ausbeutung des Landes auf Kosten aller Indianer.

Annie wollte die Situation nutzen. In wenigen Wochen erwartete man sie bereits wieder in San Francisco. Bis dahin mußte der Fall einigermaßen klar sein. Doch sie selbst mußte ein Gegengutachten des Laborberichts beantragen, wenn sie wirklich die Wahrheit erfahren wollte … Aber sie besaß kein Geld. Jedenfalls nicht die Summe, die sie brauchte, um ein unabhängiges Labor zu bezahlen. Das würde um die 5000 Dollar kosten, und die Stammesverwaltung würde das nicht bezahlen. Sie hielten sich raus. Sie wollten die Pacht kassieren und keinen Ärger mit den Minengesellschaften bekommen. Sie hatte Angst, Stellung zu beziehen und zu ihren Leuten zu halten.

Die Sonne stand bereits tief am Horizont, als Annie die weite Kurve nach Chinle durchfuhr. Wie sehr liebte sie dieses Land. Ihre Heimat. Genau wie Raven und all die anderen Brüder und Schwestern ihres Klans. Wie sehr vermißte sie diese unendliche Weite in San Francisco. Wie sehr sehnte sie sich nach den prachtvollen, klaren Sonnenuntergängen, die die Hochwüste mit ihrem durchsichtigen Gold bedeckten und die ganze Landschaft ein magisches Licht tauchten. Doch sie hatte ihre Arbeit in der Welt der Weißen gewählt.

Sie wollte ihrem Volk helfen, indem sie die Ausbildung der Weißen nutzte. Was nötig war, waren Rechtsanwälte, die sich um die Angelegenheiten der Indianer kümmerten. Zu oft waren sie von den Weißen betrogen worden. Zu oft hatte sie zusehen müssen, wie sie ihrer Rechte beraubt wurden. Damit mußte jetzt ein Ende sein.

Annie hielt an der Tankstelle, um ein paar Sodas zu kaufen. Sie wollte noch bei Elsie vorbeisehen, bevor sie zu ihrer Tante, in Richtung Coyote Springs, weiterfuhr. Raven war bereits entlassen, das wußte sie. Vielleicht traf sie ihn dort an. Sie wollte ihn von ihren Verhandlungen informieren und sicher sein, daß er nichts Dummes vorhatte.

Der Himmel bewölkte sich rasch, als Annie bei Elsie ankam. Neben dem Hogan stand der Jeep der weißen Frau. Annie fühlte einen leichten Stich in ihrem Magen, als sie aus ihrem Wagen ausstieg und auf die geschlossene Tür des Hogans zuging. Sie kannte Raven seit deren Kindheit. Sie ahnte, daß diese Frau sein Herz gewonnen hatte, obwohl er es vor ihr nicht zeigte. Sie waren Freunde, alte Freunde, nichts weiter. Vor einigen Jahren hatte sie sich noch Hoffnungen gemacht. Doch ihr Weggang nach San Francisco besiegelte alles.

Raven war zu sehr mit sich selbst beschäftigt. Immer wieder ritt er tagelang fort, hinaus in die Wüste, um seinen Schmerz zu nähren und um ihn immer wieder von neuem durch seine Adern rasen zu lassen. Das war sein Lebenselixier. Den überraschenden Verlust seiner Eltern hatte er nie verwunden …

Die Schafe befanden sich bereits in ihren Ställen, und es war seltsam still. Es herrschte jene seltsame Stille, die vor jedem Sturm auftrat. Kein Blatt bewegte sich auf den spärlichen Laubbäumen, die den Arroyo hinter dem Hogan säumten. Annie klopfte und öffnete die klapprige Tür. Elsie stand am Bett von Dennis, neben Raven und Marisa. Alle drei wandten sich gleichzeitig um und begrüßten sie.

»Ist alles in Ordnung?« Elsie nahm ihren Arm.

»Gut, daß du hier bist. Wir überlegen gerade, was das beste für Raven ist. Er braucht einen Platz, an dem er heilen kann. Doch er will nicht in die Berge, in die alte Hütte von Dancing Grass.«

Annie unterbrach sie und berichtete in kurzen Worten von der Klage, die sie für Raven eingereicht hatte.

Raven saß unbeweglich auf dem Boden. Er starrte Annie wortlos an. Sie wollte das Beste für ihn, und dafür dankte er ihr. Doch den Rest wollte er nicht. Er wollte das alles nicht! Er wollte nicht zum Gericht! Er würde auch ohne das Geld durchkommen. Er war zu stolz um »Blutgeld« anzunehmen! Sein Gesicht verfinsterte sich. Am liebsten wäre er auf seinen Pinto gestiegen und allein hinaus in die Wildnis geritten. Er hatte versucht, etwas zu tun – und der Weiße hatte ihn einfach niedergeschossen – wie einen kläffenden Hund. Der Schmerz in seiner Seele war viel schlimmer als der in seiner Schulter. Und er schämte sich, weil seine Tat ihnen allen nichts eingebracht hatte.

Nach einiger Beratung schlug Elsie Raven vor, ihren Sommerhogan im Canyon de Chelly als Unterschlupf zu nutzen. Falls es ihm draußen bei Dancing Grass schlechter ging, war er zu weit von der Klinik entfernt. Er sollte lieber im Canyon bleiben und die letzten Wochen des Spätsommers dort ihre Schafe hüten, bevor sie im Herbst wieder auf das Plateau getrieben wurden. Dort konnte er allein sein, aber man konnte nach ihm schauen.

Raven nahm diese Einladung dankbar an, und Marisa wurde dazu bestimmt, ihn mit Marisas Jeep in den Canyon zu fahren und ihn dort zu versorgen. Marisa fühlte sich sehr geehrt und glücklich über diesen Vorschlag. Es war eine wirklich gute Idee. Denn man brauchte im Canyon Allradantrieb, um die tiefen Sanddünen zu durchqueren, die sich jedes Jahr zu Seiten des kleinen Flusses, der durch den Canyon lief, bildeten. So konnte sie Raven betreuen, ohne großen Verdacht zu erregen.

Annie würde sich weiter um den Papierkram kümmern

und Bescheid geben, falls es zu einem Gerichtstermin kam. Bis dahin würde auch seine Schulter geheilt sein.

Es gab nun keine Zeit mehr zu verlieren. Die Sonne stand bereits schräg über der Mesa im Westen. Elsie packte ein paar Decken in Marisas Jeep. Lebensmittel konnten sie unterwegs neben der Tankstelle kaufen. Raven umarmte Elsie und Annie. Dann wandte er sich zu Marisa und schenkte ihr ein warmes Lächeln.

»Wollen wir fahren?«

Sie drehte sich um, damit er nicht die Röte sah, die wieder in ihre Wangen stieg, und startete den Jeep. Sie winkten sich zu, als sie den Sandweg zurück zum Highway nahmen. Elsies Gesicht hatte einen wissenden Ausdruck, der Wohlbehagen verriet.

»Sie ist gut für ihn ... Sein Herz ist seit langem einsam und schwer. Sie kann ihm vielleicht helfen.«

Annie nickte und verabschiedete sich von Elsie. Ihre Aufgabe war es, Raven auf der rechtlichen Ebene beizustehen. Sein Herz war nun vergeben. Aber sie war seine Freundin, was immer auch kam. Als sie den Weg zu ihrer Tante Margret fuhr, die in einem abgelegenen Hogan weit draußen auf dem trockenen Hochplateau lebte, tauchte plötzlich Derringers Gesicht vor ihr auf. Er war ein starker Mann. Annie spürte plötzlich, daß sie ihm vertrauen konnte. Sie würde seine Hilfe beim Gerichtstermin sicher brauchen. Annie sah in Derringer nicht nur einen gewöhnlichen »Weißen«.

Sie wußte ein wenig von seiner Geschichte. Alles sprach sich hier herum. Er war nicht wie die Männer, die sie aus den Städten kannte. Er war mit der Erde der Reservation verwachsen. Er war zu einem Teil dieser Erde geworden ... Er liebte das weite Land. Er liebte die Leere darin. Man sah es in seinem Blick. Sein Blick war klar und ehrlich. Seine Hautfarbe spielte dabei keine Rolle.

# 12

Der Weg durch den Canyon de Chelly war beschwerlich, und es wurde schnell dunkel. Marisa fuhr vorsichtig den Spuren der großen Lastwagen nach, auf denen die Touristen den Canyon gezeigt bekamen. Zu beiden Seiten des kleinen Flüßchens erhoben sich große Cottonwood-Bäume, zu deren Füßen noch immer saftige Büschel von Gräsern wuchsen. Überhaupt war es viel grüner hier untem im Canyon als bei Elsie oder in Chinle. Nach einer guten halben Stunde bog sie in einen Seitenarm des Canyons ab, an dessen Ende nach zirka einer halben Meile der Sommerhogan von Elsie in Sicht kam. Marisa konnte nur sehr langsam fahren, denn auch hier hatte der Sommerregen tiefe Rinnen hinterlassen, in denen das Wasser aus dem Canyon strömte.

Elsies Schafe weideten rund um den Hogan im Abendlicht und vermittelten eine surreale Idylle, als hätte jemand ein Stück Wiese wie eine Postkarte zwischen die roten, hundert Meter hohen Canyon-Wände gestellt. Die Schafe verbrachten den ganzen Sommer im Canyon, da es hier unten viel mehr zu fressen gab. Oben auf dem Plateau dörrte alles aus.

Die Luft war vollkommen still, als Marisa und Raven aus dem Jeep stiegen. Die Schreie der Raben, die den Canyon in der Dämmerung durchstreiften, hallten an den steilen, roten Felswänden wider. Marisa sah auf und erinnerte sich an die Zeit, als sie verletzt im Hogan von Dancing Grass gelegen hatte. Jetzt konnte sie sich revanchieren. Jetzt konnte sie Raven helfen zu heilen. Ihr Herz machte bei diesem Gedanken einen Sprung. Die ursprüngliche Scheu, die sie immer wieder in seiner Anwesenheit empfunden hatte, war in diesem Augenblick von ihr gewichen und machte einem wohligen Gefühl inniger Verbundenheit Platz.

Doch jetzt mußte sie sich beeilen und das Tal verlassen, bevor es zu dunkel zum Fahren wurde. Sie legte die Lebensmittel und die Decken in eine Ecke des Hogans, nahe der kleinen Feuerstelle, und wandte sich Raven zu.

»Ich sehe morgen nach dir und bringe frisches Essen.«

Ihr Blick traf seine Augen, und für einen Moment tauchte sie in einen dunklen Abgrund, der sie nicht mehr loszulassen schien.

»Du kannst heute nacht hierbleiben wenn du willst … Es ist genügend Platz.« Seine Stimme klang warm und einladend. Er erhob sich, nahm zwei der Decken, die ihm Elsie mitgegeben hatte, und legte sie auf die Pritsche.

»Das ist für dich, ich schlafe unter dem Himmel. Ich brauche das.«

Damit nahm er die letzte Decke und ging aus dem Hogan. Marisa folgte ihm. Sie wußte nicht, ob Elsie sie wirklich zurückerwartete. Sie wußte auch nicht, ob es richtig war, die Nacht mit Raven im Canyon zu verbringen.

Marisa zögerte und stand unschlüssig vor der Tür. Das letzte Licht brach sich gerade in rötlichem Glanz an den schräg abfallenden Wänden des Canyons. Ihr Kopf konnte keinen klaren Gedanken fassen, doch ihr Wunsch zu bleiben wurde immer stärker. Es war fast, als könne sie gar nicht in den Jeep steigen und fortfahren. Etwas sehr Starkes hielt sie zurück. Eine Kraft, der sie sich nicht zu widersetzen vermochte.

Marisa setzte sich wortlos neben Raven ins Gras. Wie eine kleine Oase war dieser Ort, im hintersten Winkel eines Tales, geschützt von allen Eindringlingen und neugierigen Augen. Plötzlich erinnerte sie sich an ihre Jugend und wie gern sie damals allein die Wälder durchstreifte. Fern von allen, die sie nicht verstanden. Wie sehr hatte sie sich damals nach Liebe gesehnt … Doch wenn sie einmal einen Jungen mitnahm, blieb es immer nur bei einigen heißen Küßen. Bei diesem Gedanken spürte sie wieder Ravens Nähe, genau wie damals, in der Hütte seiner Großmutter. Es schien bereits so lange her …

»Ich bleibe.«

Die Worte kamen ganz leicht von ihren Lippen. Es war das selbstverständlichste auf der Welt. Kein Gedanke der Angst sollte sich mehr einschleichen. Sie würde im Hogan schlafen und er vor dem Hogan. Daran war nichts auszusetzen. Marisa stand auf und nahm vom Rücksitz des Jeeps einen Schlafsack, den sie sich bereits vor Tagen, ohne zu wissen warum, im Supermarkt erstanden hatte. Er kam jetzt gerade recht. Sie trug ihn in die Hütte und rollte ihn aus.

Die Dunkelheit kam schnell, und bald war das Tal in vollkommener Finsternis versunken. Aber diese Nacht war zu schön, um sich in den Hogan zurückzuziehen. Marisa trat ebenfalls ins Freie.

Raven hatte seine Decken ausgebreitet und sich darauf ausgestreckt. Es war warm, und ein lauer Wind strich durch die Blätter und bewegte die Luft. Marisa empfand den Wind fast wie ein Streicheln. Die Brise liebkoste ihr Gesicht und ihre nackten Arme. Es war ein wundervolles Gefühl. Sie spürte plötzlich ein Gefühl der Dankbarkeit, aber auch der Melancholie in sich aufsteigen. Fast war es wie ein Abschied, oder ein unerwartetes Wiedersehen.

Marisa setzte sich unweit von Raven auf die Erde unter einen Baum und sah lange in den Himmel. Am östlichen Rand des Canyons wurde es langsam heller. Der Mond stieg auf und tauchte alles in ein weiches, geheimnisvolles Licht.

Raven stand plötzlich vor ihr und streckte seine Hand aus.

»Komm!«

Sie nahm seine Hand, und er half ihr auf.

»Komm, ich zeige dir etwas.«

Er führte sie sicheren Schrittes quer über die Wiese zum Rand der Canyonwand.

»Hier, sieh nach oben!«

Marisa strengte sich an, etwas zu erkennen. Doch sie sah nichts Ungewöhnliches. Glatte Felswände ragten vor ihr in die Nacht, überflossen vom Licht des Mondes.

»Ich sehe nichts ...«, flüsterte sie leise.

Raven nahm leicht ihr Kinn und hob ihren Kopf etwas höher. Auf einem zackigen Felsüberhang über ihnen stand ein Tier. Es sah aus wie ein Wolf oder ein Hund.

»Es ist Bruder Coyote. Er beobachtet uns schon einige Zeit ...«

Ravens Stimme klang ruhig. Marisa rührte sich nicht und versuchte das Tier genauer zu sehen. Es hatte einen kleinen Kopf und einen buschigen Schwanz. Der Coyote stand vollkommen still.

»Viele meiner Klans glauben, daß der Coyote ein Trickster ist und nur Unglück bringt. Aber ich glaube nicht daran. Ich denke, er ist ein magischer Bote. Er zeigt uns, was wir lernen sollen ... Das glauben auch meine Brüder aus dem Norden.«

Raven war hinter Marisa getreten. Seine Hand ruhte leicht auf ihrer Schulter. Sie fühlte die angenehme Wärme, die von seinem Körper ausging, und hatte den starken Wunsch, sich in diese Wärme fallenzulassen. Doch dann ließ er ihre Schulter los und trat lautlos von der Felswand zurück, über der der Coyote noch immer wie als schwarze Silhouette stand.

Marisa sah das Tier jetzt im Profil. Es wandte seinen Kopf dem Mond zu und stieß ein langgezogenes Jaulen aus. Mehrere Male rief der Coyote, bis der Ruf auch von anderen Stellen des Canyons widerhallte. Die Laute erzeugten einen Schauer in Marisa, der ihre Wirbelsäule wie ein elektrischer Impuls hinablief.

Raven nahm ihre Hand. Er spürte, was sie fühlte, und drückte leicht ihre Finger.

»Er ruft seinen Klan zusammen. Sie treffen sich hier jede Nacht. Für mich ist es ein gutes Zeichen.«

Raven sah Marisa an. Im Mondlicht erschienen ihre Züge noch weicher als bei Tageslicht. Seine Augen ruhten auf ihrem Gesicht. Sie schien ihm heute nacht nicht fremd. Sie war wie das Mädchen, nach dem er damals tagelang Ausschau gehalten hatte. Ein tiefe Erinnerung stieg in seinem Herzen auf. Es war das Bild seiner Mutter. Etwas an dieser Frau erinnerte ihn an seine Mutter. Er unterdrückte den Schmerz, der mit diesem Bild in ihm hochstieg. Seine Gestalt straffte sich.

»Weshalb bist du zu uns gekommen ...«

Seine Stimme klang dicht an ihrem Ohr.

Marisa sah nach oben. Der Coyote war fort. Sie fröstelte plötzlich, trotz der lauen Nacht. Sie war sich nicht sicher, ob er sie verstand. Damals im Hogan seiner Großmutter hatte sie im Fieber geredet. Sie wußte nicht, was damals über ihre Lippen kam.

»Ich bin hier, um etwas zu finden ... ich weiß nicht was ...«, antwortete sie langsam, ohne ihn anzusehen. »... etwas, das mir meinen Frieden wiedergibt ...«

Ihre Stimme klang leise und traurig.

»Seit dem Tod meiner Mutter habe ich meine Freude am Leben verloren und angefangen Beruhigungstabletten zu nehmen. Alles ging kaputt ... Ich hatte einen Mann, der mich verließ. Ich hatte Arbeit, die ich verlor. Zum Schluß war ich allein.«

Marisa zögerte. Sie wußte nicht, ob sie ihm sagen sollte, daß sie auch hier war, um Dancing Grass zu sehen und sie zu interviewen. Sie hatte nicht geahnt, daß sie Ravens Großmutter war. Aber dann gab sie sich einen Ruck. Es

155

gab nichts mehr zu verschweigen. Das Leben selbst hatte sie zueinander geführt und auch die Liebe.

»Ich wollte Dancing Grass sehen und sie bitten, mit mir zum heiligen Ort der Navajos zu gehen, um meine Mutter anzurufen. Ich wollte sie bitten, von ihren Heilkünsten zu sprechen, so daß ich darüber schreiben kann. Ich arbeitete als Journalistin für eine Zeitung, bevor ich hierherkam.«

Raven schwieg und schien über etwas nachzudenken.

»Du erinnerst dich nicht mehr an mich ...?« Die Frage kam unerwartet. »Du kennst mich von damals ... als du hier in dem alten Trading Post mit deinem Großvater gelebt hast. Du kamst oft auf die Mesa, und einmal brachtest du auch einen verwundeten Vogel mit.«

Marisa stand wie erstarrt. Die Pforte der Vergangenheit öffnete sich, und sie sah, sich als kleines Mädchen oben auf der Mesa. Ja, sie hatte oft dort oben gegen den Wunsch ihres Großvaters gespielt. Manchmal war ein Indianerjunge zu Fuß oder auf einem gefleckten Pony vorbeigekommen. Sie hatten manchmal sogar zusammen Verstekken gespielt ...

Doch sie erinnerte sich nicht mehr an sein Gesicht. Sie wußte nur, daß er meist ein rotes Band im Haar trug.

»Das warst du?«

»Das warst du ...«, wiederholte sie noch einmal, so als könnte sie es nicht glauben.

Der Mond stand jetzt fast senkrecht über dem Canyon. Marisa starrte Raven an. Seine ganze Gestalt war umflossen von Licht.

»Hast du mich sofort wiedererkannt ... schon am Anfang?«

Raven setzte sich nahe zu ihr auf einen Stein, der wie ein dunkles Etwas aus dem Boden ragte.

»Nein, aber ich spürte, daß ich dich von irgendwoher kannte. Ich wußte zuerst nicht woher. Doch dann wurde es mir klar. Aber ich bin dir ausgewichen. Ich wollte nicht an meine Vergangenheit erinnert werden ...«

Marisa schwieg und wünschte sich, daß er weitersprach. Es war das erstemal, daß er etwas über sich und sein Leben preisgab.

»Ja, es war eine gute Zeit, als meine Eltern noch lebten.«

Ravens Stimme klang plötzlich heiser und bitter. Marisa spürte seine tiefe Traurigkeit und fühlte sich hilflos. Es kamen keine Worte. Doch sie fühlte in diesem Moment, daß sie ein ähnliches Schicksal verband. Vielleicht konnten sie sich gegenseitig helfen. Vielleicht hatte ihr Hiersein auch diesen Grund.

Raven stand auf und reichte ihr die Hand. Schweigend gingen sie den Weg zurück zum Hogan, der in der Lichtung am Ende des Canyons wie ein Juwel im Mondlicht leuchtete. Marisa verabschiedete sich von Raven.

Sie fand im Dunkeln die Pritsche im Hogan und legte sich nieder. Durch die Löcher an der Decke konnte sie die Sterne sehen. Das Licht fiel in hellen Punkten herab auf den ausgetretenen Lehmboden und verwandelte die Hütte in einen geheimnisvollen Ort. Gedanken wirbelten wie Staubkörner durcheinander. Marisa fand lange keine Ruhe. Immer wieder wanderte sie zurück in ihre Kindheit, immer wieder versuchte sie sich an den Indianerjungen zu erinnern. Erst als die Sterne bereits verblaßten und ein weicher, rosa Schimmer die kommende Morgenröte verriet, schlief Marisa ein.

Raven lag ebenfalls lange wach und starrte in den Himmel. Was hatte das alles zu bedeuten? Weshalb war ihm diese Frau jetzt so nahe gekommen? Im Augenblick fühlte sich alles gut und richtig an. Doch etwas nagte in ihm. Er war seit langer Zeit mit keiner Frau zusammengewesen. Raven fühlte sich unsicher, und er wußte nicht, was er dieser weißen Frau überhaupt geben konnte. Sie kam aus einer ganz anderen Welt. Sie glaubte und dachte anders als er. Doch die Stimme seines Blutes war stärker. Sie versprach ihm Glück. Sie versprach ihm eine Liebe, die er noch nie erfahren hatte.

Seine Hoffnung wurde stärker und bäumte sich auf gegen seine Gedanken der Angst wie sein wilder Pinto. Vielleicht genügte ihr seine Freundschaft. Aber vielleicht wollte sie mehr ... Er wollte mehr. Das wußte er jetzt. Er hatte noch nie eine weiße Frau geküßt. Plötzlich verlangte er nach ihren Lippen, obwohl es bei seinem Volk nicht Sitte war. Er träumte vom Duft ihres Körpers. Eine tiefe Sehnsucht stieg in ihm auf. Sein Arm mußte schnell heilen. Er wollte dieser Frau seine Welt zeigen. Zu Pferd! Auf dem Rücken seines Pintos würden sie die endlosen Weiten durchqueren und sich unter den Sternen lieben. Sie würde sein Weib werden. Er hatte die Kraft, sie zu befriedigen. Weshalb war sie sonst gekommen? Was immer sie hierhergetrieben hatte, er wußte jetzt, daß es auch sein Schicksal war.

Sein Arm schmerzte plötzlich wieder stärker, doch er ignorierte es. Der Verband störte ihn. Er mochte die weiße Gaze nicht, in die man seinen Arm gewickelt hatte. Er konnte mit diesem Ding nicht schlafen. Als der Morgen graute, riß sich Raven den äußeren Verband ab. Alles bäumte sich in ihm wieder gegen die weiße Medizin auf. Er brauchte keinen Fetzen Stoff, um zu heilen! Diese Medizin hatte seinen Eltern nicht geholfen, und sie konnte ihm auch nicht helfen! Er legte sich mit zusammengebissenen Zähnen auf seinen wunden Arm und schlief ein. Sein Körper würde das Blut selbst stillen.

Als die Sonne bereits hoch stand, fand ihn Marisa schlafend. Sie sah das Blut, das aus der Wunde sickerte und bereits den ganzen Ärmel seines Hemdes rot gefärbt hatte. Ihr Herz zog sich vor Schreck zusammen. Sie weckte ihn sanft und sah liebevoll in sein verschlafenes Gesicht.

»Wir müssen sofort zurück in den Klinik. Du blutest zu stark. Mein Gott! Wo ist dein Verband?«

Marisa erschrak. Sie sah, daß sich Raven den Verband heruntergerissen hatte.

»Wir müssen sofort los!«

Ihre Stimme klang fest. Sie half ihm auf und sammelte rasch die wenigen Habseligkeiten ein. Die Lebensmittel, die hauptsächlich aus Wasser und Brot bestanden, sowie verschiedene Büchsen mit Bohnen und ein Bündel frischen Mais ließ sie im Hogan und bedeckte alles mit Steinen. Sie wußte, daß die Coyoten alles holten, was freßbar war.

Auf der Fahrt aus dem Canyon war Raven rastlos. Er rutschte auf seinem Sitz hin und her, als sie langsam der alten Spur vom Vorabend folgten. Marisa bekam plötzlich Angst um ihn, doch sie konnte es nicht zeigen. Noch nicht. Zuerst mußte sie sich klarwerden, welche Rolle er in ihrem Leben spielte. Ihr Herz hatte sich ihm geöffnet. Sie fühlte sich nicht mehr kalt und unannahbar, aber ihre Ängste waren nicht verschwunden. Sie ahnte zwar, was er fühlte, aber sie vermutete auch, daß er dieselben Zweifel hegte wie sie.

Die Fahrt verlief schweigend. Marisa fuhr, als sie den Hauptarm des Canyons erreichte, etwas schneller, denn sie wollte das Krankenhaus in Chinle so rasch wie möglich erreichen.

Der Ausdruck auf Ravens Gesicht gefiel ihr nicht. Er schien blasser und durchsichtiger als am Vorabend. Sie riß sich zusammen. Sie durfte ihn nicht mit ihren Ängsten belasten. Sie versuchte mit ihm zu scherzen, doch spürte im selben Augenblick, wie unangebracht dies war.

An der großen Kreuzung in Chinle bat er sie anzuhalten. Das Blut war durch den Ärmel gesickert, und auch das Tuch, das sie noch vor der Abfahrt um seinen Arm gewickelt hatte, war jetzt durchtränkt.

»Ich will nicht in die Klinik! Fahre nach Norden, ich zeige dir den Weg.«

Marisa wollte sich widersetzen. Sie hatte Angst um ihn. Doch sie spürte, daß jetzt jede Widerrede zwecklos war.

»Wohin fahren wir? Wäre es nicht besser, wenn ...«

Raven unterbrach sie. Seine Stimme klang gepreßt vor Schmerz.

»Ich will zu Jonathan. Ich will zu ihm, er weiß, was zu tun ist.«

Marisa wußte um die Heilkräfte der Medizinmänner und -frauen der Navajos. Sie wußte, daß sie ungewöhnliche Kräfte besaßen. Doch war dies, in diesem Augenblick, die richtige Entscheidung? Was war, wenn sich die Wunde entzündete? Weshalb blutete er plötzlich so stark? War der Coyote vielleicht doch ein böses Omen?

Sie fühlte sich unsicher. Doch sie folgte seinem Wunsch, nicht in die Klinik zu fahren, sondern zu Jonathan. Sie blieb auf dem Highway, bis sie Elsies Hogan weit hinter sich gelassen hatten und auf einen schmalen Sandweg stießen, der in westlicher Richtung den Highway verließ. Der Weg kam ihr bekannt vor. Nach einer guten halben Stunde wußte sie, weshalb. Sie war diese Strecke gefahren, als sie Jonathan zum erstenmal getroffen hatte. Coyote Springs lag jetzt kurz vor ihnen. Sie erkannte die steile Felswand, hinter der der alte Navajo verschwunden war, um mit zwei gefüllten Wasserflaschen wiederzukehren. Es war derselbe Ort.

Raven bat Marisa, den Jeep nahe der Wand an einem kleinen Mequitestrauch zu parken. Ein fast unsichtbarer Pfad führte von dort aus den Felsen entlang. Er machte plötzlich einen scharfen Knick und verschwand in einer breiten Felspalte. Raven ging schleppend voran. Marisa folgte ihm mit seiner Decke und den leeren Wasserflaschen. Das Halbdunkel tat ihren Augen gut. Irgendwo hörte sie das glucksende Geräusch rinnenden Wassers. Es hallte an den Felswänden wider und verlief sich in der Wölbung der Höhle, die sie kurz darauf betraten.

Die Decke war hoch, und man konnte sogar einen schmalen Spalt von Sonnenlicht darin entdecken. In der Mitte war ein kleiner Feuerplatz, um den einige getrocknete Sträucher lagen. Zu Seiten der Feuerstelle lag ein breiter, flacher Stein mit einem hölzernen Löffel darauf. Daneben eine Schale und ein Korb, der mit Blättern gefüllt war. Im Dunkel der Höhle lagen einige andere Gegenstände die sie nicht erkennen konnte. Am hintersten Ende wurde die Höhle breiter und führte schließlich ins Freie.

Sie traten hinaus in das gleißende Licht und standen in einem von roten Felsen umrahmten Kreis, in dessen Mitte einige grüne Pflanzen mit riesigen weißen Blütenkelchen aus dem Sandboden wuchsen. Marisa hatte solche Pflanzen noch nie gesehen. Die Gewächse strotzten von runden, stacheligen Früchten, die nicht sehr genießbar aussahen. Zur Linken sprudelte wie aus dem Nichts ein kleiner Quell aus dem Fels, dessen Wasser sich in einem natürlichen Becken sammelte, bevor es überfloß, und seinen Weg zu den Pflanzen in der Mitte des Kreises fand.

Raven setzte sich mit dem Rücken an die Felswand und deutete Marisa mit einer Handbewegung an, dasselbe zu tun.

»Wir warten hier. Trink etwas von dem Wasser und fülle bitte unsere Flaschen.«

Seine Stimme klang müde. Obwohl er sich alle Mühe gab, ganz normal zu erscheinen, sah sie eine zunehmende Schwäche in ihm. Marisa fühlte sich ebenfalls erschöpft. Doch ihr Wunsch, an Ravens Seite zu bleiben, war stärker. Als hätte er ihre Gedanken erraten, vernahm sie Ravens Stimme.

»Du kannst mich hier lassen und dich um deine Dinge kümmern. Jonathan wird bald hiersein, und dann ist es besser, wenn du fortgehst. Ich danke dir.«

Woher sollte Jonathan wissen, daß sie hier waren?

Er sah sie mit einem etwas gequälten Lächeln an.

»Du brauchst keine Angst zu haben um mich. Ich komme durch. Es ist nur ein Kratzer.«

Doch der von frischem Blut durchtränkte Ärmel sprach

eine andere Sprache. Marisa wußte nur zu gut, daß es kein Kratzer war, sondern eine gefährliche, offene Wunde.

In diesem Augenblick fiel ein Schatten von oben auf den Sand. Jonathan stand, wie aus dem Nichts, über ihnen auf einem Felsvorsprung und sah auf sie hinunter. Mit einigen behenden Sprüngen, die ihm Marisa niemals zugetraut hatte, lief er die fast senkrecht stehende Felswand hinunter.

»Du kannst bleiben! Ich werde deine Hilfe brauchen.«

Jonathan zwinkerte Marisa bedeutungsvoll zu. Dann kniete er wortlos neben Raven nieder und schnitt mit seinem Messer den blutdurchtränkten Ärmel seines Hemdes ab.

»Mach Feuer und koche Wasser!«

Marisa zuckte zusammen, als sie den etwas schneidenden Ton in seiner Stimme vernahm. Sie wandte sich rasch dem Eingang der Höhle zu.

Ihre Augen mußten sich zuerst wieder an das Halbdunkel gewöhnen. Sie fand den Topf, und neben den Sträuchern lag ein Feuerzeug. Sie schichtete einige Äste auf und entzündete das Feuer. Dann bemerkte sie einen alten Rost, der ebenfalls neben der Feuerstelle lag. Sie hob ihn auf das Feuer und stellte den Topf darauf. Jonathan betrat die Höhle und wiegte scheinbar besorgt seinen Kopf. Er sah Marisa bittend an.

»Wir brauchen noch einige Sachen aus dem Drugstore in Chinle. Bitte fahre zu Elsie und bitte sie, auch Dancing Grass zu holen.«

Er nannte ihr kurz eine Liste von Dingen, die er brauchte, unter anderem Alkohol und frisches Verbandzeug sowie einige Nahrungsmittel. Dann ging er wieder hinaus zu Raven, der mit abgewandtem Gesicht an der Felswand lag.

Marisa folgte Jonathans Bitte und lief, so schnell sie konnte, den schmalen Pfad zurück aus der Höhle. Ihr Schritt war nicht mehr unsicher. Ihre Füße fanden von selbst den Weg. Endlich hatte sie eine Aufgabe. Sie würde Dancing Grass wiedersehen und auch Elsie kurz besuchen. Doch jetzt durfte sie keine Zeit verlieren. Nach wenigen Minuten schon erreichte sie den Jeep. Sie betete, daß sie den Weg allein zurück zum Highway fand, ohne sich zu verfahren. Jede Minute war jetzt kostbar. Ihr Kopf war plötzlich klar. Marisa spürte eine neue, unbekannte Kraft in sich, die ihren ganzen Körper durchdrang und ihr Mut gab. Raven durfte nichts geschehen. Seine Genesung lag jetzt auch in ihren Händen.

Raven hatte viel Blut verloren, und die offene Wunde hatte sich stark entzündet. Er lag jetzt bewegungslos im Schatten. Jonathan mischte in der Höhle verschiedene Kräuter in das kochende Wasser und ließ sie darin ziehen. Dann nahm er eine kleine Wurzel aus einer Spalte in der Wand und zerkleinerte sie langsam mit seinem Messer. Er begann zu singen. Tiefe, fast heisere Laute drangen beruhigend aus seiner Kehle und bereiteten Raven für den nächsten Schritt vor.

Als er das frische Blut und den Eiter herausdrückte, hielt Raven still und preßte seine Lippen aufeinander. Jonathan hatte schon viele solcher Wunden behandelt. Doch diese bereitete ihm Sorgen. Die Haut war bläulich angelaufen und das Fleisch darunter auch. Er nahm noch einige andere Wurzeln aus seinem Medizinbeutel und legte sie ebenfalls in das Wasser, das jetzt auf dem Feuer wild kochte und langsam eine rötliche Farbe annahm. Dann ging er zu einer der Pflanzen mit den großen, weißen Kelchen. Er sprach kurz mit ihr und schnitt eine der Früchte ab und teilte sie in zwei Hälften. Im Inneren kamen rote Samen zum Vorschein. Er nahm sie und streute sie in den kochenden Sud. Er murmelte ein Gebet und sah hinauf in den Spalt in der Decke der Höhle, unter dem die Feuerstelle lag. Heller Rauch kräuselte leicht nach oben, schwerelos und fast unsichtbar.

Es war ein gutes Omen. Der Rauch stieg mühelos auf.
»Großer Geist, hilf uns!«

Jonathan erhob die Hände. Er betete still. Der Pflanzensaft kochte noch eine gute Stunde, bevor er ihn vom Feuer nahm und ihn etwas abkühlen ließ. Dann trug er den Topf nach draußen und stellte ihn neben Raven in den Sand. Raven lag auf dem Rücken, und Jonathan schob einen flachen Stein unter seine Schulter. Jonathan sah ihm dabei gerade in die Augen.

»Du magst sie?« fragte er schmunzelnd, um Raven etwas abzulenken.

»Sie mußte kommen … es gibt mehr als einen Grund … Wir mußten uns wiederfinden.«

»Sie hat ein gutes Herz, und sie hat schöne Beine!«

Jonathan lachte, und Raven stieß ihn mit seinem gesunden Arm ärgerlich an.

»Hör auf mit solchen Geschichten! Es ist nicht ihr Körper! Sie ist hübsch, aber sie ist auch ernst und traurig.«

Raven hatte jetzt Mühe zu sprechen.

»Es kann sein, daß sie gut für dich ist«, murmelte Jonathan nachdenklich, während er die Wunde nochmals sorgsam säuberte.

»Ich habe sie beobachtet. Sie will etwas, aber sie weiß nicht, was. Sie sucht etwas, aber sie weiß nicht, wo. Vielleicht hast du die Antwort …«

Jonathan ließ den roten, stark riechenden Pflanzensud langsam durch ein dünnes Stück Tuch in die Wunde tropfen. Raven wurde fast schwindlig vor Schmerz, doch er ließ sich nichts anmerken. Er biß auf das Stück Holz, das ihm Jonathan zwischen die Zähne geschoben hatte. Nach einigen Minuten versiegte die Blutung, und das Blau an den Rändern der Wunde verschwand. Jonathan wiederholte die Prozedur, bis nur noch ein kleiner Rest des Saftes übrig war. Dann nahm er eine dicke Kaktusscheibe, von der er zuvor sorgfältig alle Stacheln über dem Feuer entfernt hatte, und legte sie direkt auf die Wunde. Den restlichen Pflanzensaft goß er in zwei breite, saftige Blätter der großen Pflanze mit den weißen Kelchen, die er mit etwas Gaze ausgelegt hatte, und wickelte damit Ravens Schulter fest ein.

Jonathan richtete seine inneren Augen auf die Wunde. Vor seinen geistigen Augen schien sie plötzlich kleiner zu werden und sich zusammenzuziehen. Das war ein gutes Zeichen. Die Wunde würde heilen. Er holte seine kleine Trommel aus der Höhle. Monotone, dumpfe Laute schälten sich in regelmäßigem Rhythmus vom Leder und versetzten Raven in einen tiefen Schlaf.

Als das Fieber gegen Mitternacht Ravens Körper zu schütteln begann, träumte er von seiner ersten Visionquest, der Visionssuche in der Wildnis, zu der er als Sechzehnjähriger aufgebrochen war. Er sah sich auf dem hohen Plateau im Westen stehen, mit dem Blick auf die Black Mesa gerichtet. Ein Rabe kreiste über ihm und ließ eine seiner Federn fallen. Er fing sie auf. Sie glänzte schwarzblau in seiner Hand. Er richtete seinen Blick nach Süden und sah ausgedörrte Felder und wasserlose Rinnsale. Er sah, wie der Himmel schwarz wurde. Doch kein Tropfen fiel …

Er wandte sich nach Norden. Er sah Krieger über den Himmel reiten, auf kleinen Pferden, aus deren Nüstern Feuer sprühte.

Dann wandte er seinen Blick gen Osten. In diesem Augenblick erschien die Morgenröte und tauchte das ganze Land in Blut.

Und wieder erschien der Rabe.

Diesmal ließ er eine weiße Feder, die er im Schnabel trug, herabfallen. Wieder fing Raven sie auf. Ihr Stiel war rot, von Blut durchtränkt. Es ist das Blut meines Volkes, dachte Raven in diesem Augenblick. Es ist ihr Herzblut, das hier vergossen wurde. Es ist das Blut meiner Vorahnen, das Blut meines Klans. Er betrachtete die beiden Federn in seiner Hand.

In diesem Augenblick verschwand das Blut auf dem Stiel der weißen Feder. Es würde Frieden herrschen, und es würde eine Zeit der Heilung kommen ... Der Medizin-kreis würde sich wieder schließen ... Er mußte nur ganz fest daran glauben.

Als Raven erwachte, war es bereits später Nachmittag. Er lag immer noch im Schatten der Felswand. Das Fieber war fast ganz abgeklungen, und Jonathan befeuchtete seine Stirn immer wieder mit Wasser.

Das Licht hatte sich verändert. Die Sonnenstrahlen übergossen nur noch den obersten Rand der Felswände mit einem tiefen Orange, das mit jeder Minute dunkler wurde und einen purpurnen Schimmer annahm.

»Du hast dich an deine Botschaft erinnert ...«

Jonathan kannte die Antwort. Raven hatte im Traum gesprochen. Er wußte, daß ihn das Fieber in eine andere Zeit geführt hatte. »Es ist Zeit, daß du nun bald deine Arbeit beginnst.«

Mit diesen Worten legte Jonathan eine Decke über Raven.

»Du kannst hierbleiben, solange du willst, und auch die weiße Frau.«

Raven hatte in seinem Fiebertraum auch immer wieder nach Marisa gerufen. Jonathan spürte, daß Raven sie brauchte, um wieder lieben zu lernen, und daß sie ihn brauchte, um aus ihrem inneren Leiden zu erwachen.

Die Sterne leuchteten bereits hell, als sich Jonathan neben Raven legte und auf sein schlafendes Gesicht sah. Er liebte Raven wie seinen eigenen Sohn. Damals, vor vielen Mon-den, hatte er Dancing Grass sehr begehrt. Aber sie hatte einen anderen gewählt, einen Mann, der bald nach ihrer Hochzeit starb. Sie hatte nur eine Tochter, Ravens Mutter. Seither lebte Dancing Grass allein in den Bergen. Genau wie er besaß sie die Fähigkeit, die Kräfte der Pflanzen zu erken-nen und zu nutzen. Sie hatten viel gemeinsam, obwohl sie ein wenig älter war als er. Er trauerte nicht um die vergangene Zeit. Er war dankbar für die tiefe Freundschaft, die sie verband. Sie waren ein Teil voneinander geworden.

Jonathan lag lange wach und hing seinen Gedanken nach. Raven sollte es gut haben. Er würde die weiße Frau lieben, und vielleicht hatte er sogar Glück, und sie blieb bei ihm. Er hoffte, daß er durch sie seinen Haß auf alle Weißen überwinden konnte. Er wußte, daß es für Raven keine andere Wahl gab. Raven besaß die Kraft der inneren Augen. Er besaß die angeborenen Kräfte eines Medizinmannes. Jetzt sollte er lernen, sie im Guten zu nutzen und sich nicht weiter mit sinnlosen Rachegedanken zu verzehren. Er mußte zu dem werden, wozu er geboren war. Er durfte sich nicht länger dagegen wehren.

Sheriff Derringer hatte lange überlegt, sich an die Zeit erinnert, in der er stark war und etwas für die Menschen getan hatte. Dann kam der Anruf von Annie, und sie verabredeten sich in Shiprock zu einem Gespräch. Sie erzählte ihm von ihrem Plan, ein unabhängiges Gutachten über das Wassers anzufordern, und von der Klage, die sie für Raven eingereicht hatte. Doch für das Gutachten fehlte das Geld. Derringer hörte schweigend zu. Er spürte, daß er jetzt wirklich mehr tun mußte. Er wollte nach diesem Gespräch nicht einfach abwarten, was aus dem Prozeß wurde. Denn das konnte Jahre dauern … Er versprach Annie, mit Stone persönlich zu reden.

Gleich am nächsten Morgen machte er sich auf zur Mine. Es gab nichts zu verlieren. Vielleicht hatten diese Kerle doch noch etwas Menschliches in sich. Nachdenklich nahm er den breiten Highway 666 nach Süden. Er erinnerte sich wieder an die Zeit der großen Revolte, bevor viele der Uranminen wegen des großen Unglücks geschlossen wurden. Es mußte diesmal nicht so weit kommen. Doch Derringer wollte auch Gerechtigkeit für Raven. Nach einigen Meilen bog er rechts ab in Richtung Red

Valley. Die Mine lag zwischen den Chuska- und den Carrizozo-Bergen. Die Hauptverwaltung, in der Stone arbeitete, befand sich in einem kleinen Tal zwischen den Bergzügen. Wieder fiel Derringer das graue Leichentuch auf, das die einst schönen Berge heute bedeckte. Es war der Atem des sterbenden Landes ... Alles grau in grau. Selbst die Sandstraßen, die hinaufführten bis in die höher gelegenen Schichten der abgetragenen Berge, waren schiefergrau. Der graue Staub verwandelte alles in eine Mondlandschaft. Der Jeep holperte mühsam die zehn Meilen zur Mine hinauf. Das Bürogebäude war ein Flachbau aus Plastik, wie die meisten der Trailer, die es umringten. Hier wohnten auch einige der Angestellten.

Derringer mußte nicht lange suchen – neben einer Tür hing ein Schild »C. E. O.  H. Stone«. Er klopfte laut an. Innen rumorte etwas, und die Tür wurde aufgerissen. Es war Stone selbst. Seine Augen lagen heute noch tiefer in den Höhlen, und sein weißes Haar hing ihm wirr ins Gesicht.

»Was kann ich für Sie tun?«

Es klang nicht gerade freundlich. Derringer wollte sich durch diesen Empfang jedoch nicht gleich aus der Ruhe bringen lassen. Er nahm seinen Cowboyhut ab und begrüßte Stone mit einem Grinsen.

»Howdy! Wie geht's hier oben in der Mine?«

Stone traute seinen Ohren nicht. Das mußte doch ein Witz sein! Er starrte Derringer an wie einen Geist.

»Wie soll es schon gehen, beschissen!«

Stone drehte sich um, murmelte etwas Unverständliches und ließ sich in einen breiten Ledersessel hinter einem Metallpult fallen.

»Was wollen Sie von mir?« Stone machte eine kurze Bewegung mit der Hand zu einem wackligen, weißen Plastikstuhl hin, der sich vor dem Pult befand. Hier saßen alle Leute, die zu ihm kamen, tiefer als er, so wie es sich gehörte.

Doch Derringer war gute 1,90. Er sah Stone gerade ins Gesicht, als er sich setzte. Er verlor keine Minute.

»Es muß keinen langen Prozeß geben, der sich auf Jahre hinzieht und alle viel Geld kostet ...« Er dehnte die Worte aus, damit Stone sie auch gut hören konnte.

»Wir können das alles abkürzen ... wenn Sie wollen. Sie haben die Wahl.«

Stone stand der Schweiß auf der Stirn. Es ging ihm schon seit Monaten gesundheitlich nicht mehr gut. Seine Lungen schmerzten. Die Arbeit für die Mine forderte jetzt auch von ihm ihren Preis. Immer wieder bekam er Schwächeanfälle, so wie heute. Er hatte es langsam satt, immer seinen Kopf für die Investoren in Dallas hinzuhalten, denen diese Mine gehörte.

Derringer bekam plötzlich Mitleid. Stone wirkte hilflos und war in seinem ausladenden Sessel in sich zusammengesunken. Er begann laut zu schnaufen und heftig mit dem Kopf zu schütteln. Seine Hände ruderten nervös auf seinem Pult hin und her.

»Sie wissen genau, daß ich dabei war und alles gesehen habe und vor Gericht aussagen werde. Ihr Mann Blake kann sich nicht auf Notwehr berufen. Sie wissen das so gut wie ich. Die Navajos warten nur auf einen solchen Fall ...«

Stone hörte für einen Augenblick auf zu schnaufen und starrte aus dem vergitterten Fenster. Er gab es zwar nur ungern zu, doch es stimmte, was der Sheriff sagte. Es gärte schon lange auf der Reservation. Der Haß auf die Mine stieg. Er konnte sich keinen Vorfall mehr leisten, der die Mine und damit auch ihn in Verruf brachte. Vielleicht konnte er das Geld für die Entschädigung irgendwie als Sicherheits-Investition verbuchen ... In diesem Augenblick haßte er seinen Job. Er haßte sich selbst, weil er es so lange hier ausgehalten hatte. Er haßte es, keine Wahl zu haben. Doch er wollte auch keinen weiteren Ärger und sich nicht weiter mit Rechtsanwälten und langwierigen Prozessen herumschlagen.

Er wandte sich wieder Derringer zu. Sein Gesicht war

rot angelaufen, und die Adern an seiner Stirn standen dick heraus.

»Wir werden es uns überlegen. Aber ich verhandle nur mit einem Rechtsanwalt!«

Derringer war zufrieden. Zumindest würde Stone darüber nachdenken. Er stand auf. Als er ihm zum Abschied die Hand schüttelte, hatte dieser für den Bruchteil einer Sekunde fast einen menschlichen Ausdruck in den Augen.

»Ich werde Annie Little Flower Bescheid geben. Dann kann sie sich bei Ihnen melden.«

Stone war nicht dumm. Er wußte, daß diese Lösung für alle besser war.

# 13

Als Marisa Elsie erreichte, wurde sofort ein Bote ausgeschickt, um Dancing Grass aus den Bergen zu holen. Elsie bereitete ein einfaches Essen, das aus ein paar Mehlfladen und Bohnen bestand, und bat Marisa, sich zu setzen.

»Alles geschieht zu seiner Zeit ... Sie verhungern heute nicht ohne uns. Du kommst schon noch rechtzeitig zurück. Wichtig ist, daß Dancing Grass die Botschaft erhält.«

Elsie ahnte, daß Jonathan Marisa absichtlich fortgeschickt hatte. Er brauchte keinen Alkohol, um eine Wunde zu säubern. Er brauchte keinen Verband, um sie zu verbinden, und er hatte immer genügend Vorräte in seiner Höhle. Doch er wollte sie in dem Glauben lassen, daß sie eine wichtige Mission zu erfüllen hatte.

Marisa saß da und kaute an ihrem Fingernagel. Ihr Magen fühlte sich merkwürdig an, seit sie Raven bei Jonathan verlassen hatte. Es war ihr, als wäre sie seither mit einer unsichtbaren Schnur mit ihm verbunden. Sie fühlte ihn, obwohl er nicht bei ihr war. Ihre eigenen Sorgen und Gedanken waren in den Hintergrund getreten. Sie dachte nur an ihn. Aber sie mußte heute nacht hierbleiben. Dancing Grass konnte nicht vor dem Morgen eintreffen. Trotz Elsies beruhigender Worte sorgte sich Marisa, daß sie mit all den Dingen, die ihr Jonathan aufgetragen hatte zu besorgen, wirklich noch rechtzeitig eintraf. Nach einem Fladen frischen Frybreads mit Bohnen und Tomaten aus der Dose ging sie sofort schlafen.

Das Tipi stand noch am selben Fleck, und sie fühlte sich darin bereits zu Hause. Sie lag noch wach, dachte an Frankfurt und ihr Leben dort. Nun war sie seit Wochen ohne Armbanduhr. Ihr Leben in Deutschland schien so unendlich fern, so als würde es nur noch im Traum existieren. Sie las seit Wochen keine Zeitungen, sie hörte keine Nachrichten. Sie war von allem, was in ihrer alten Welt zwölf Flugstunden weit weg vor sich ging, abgenabelt. Es hatte plötzlich keine Wichtigkeit mehr.

Marisa lauschte den Grillen, die im dürren Gestrüpp vor dem Tipi ihr Nachtlied sangen. Sie lauschte auf den Wind, der eine angenehme, warme Brise zu ihr hineintrug und sie weich umarmte. Sie fühlte sich wohl und geborgen. Es gab nichts für sie zu tun. Geduld hatte sie nie verstanden, oder gelernt. Doch hier blieb ihr nichts anderes übrig. In ihrem Leben hatte sie bisher immer das Gefühl gehabt, dauernd etwas tun zu müssen und dauernd etwas zu wollen …

Hier gab es nichts, was getan werden mußte, außer sich um Raven zu kümmern. Hier lebte sie in einem zeitlosen Zustand. Zunächst hatte sich dieser Zustand unangenehm angefühlt. Immer wieder hatte sie in den letzten Wochen Anfälle von innerer Hektik erlebt, die sie zu etwas antreiben wollten, was sie selbst nicht verstand. Es war, als würde sie ein innerer Motor, der auf Automatik stand, in Panik versetzen, wenn sie nichts tat. Doch in diesen letzten Wochen hatte sie gelernt, stiller zu werden und nicht jedem Impuls nach Aktion nachzugeben. Meist hatten sich diese Impulse sowieso als sinnlos erwiesen, da sie nichts dadurch erreichte oder veränderte.

Und wieder mußte sie warten …

Es war wirklich ein ganz anderer Rhythmus, in dem sie jetzt lebte. Sie war in der »Indiantime« gelandet.

Dieser Zeitbegriff existierte auf keiner Uhr. Es war etwas Inneres, was diese Menschen hier bewegte. Sie erfühlten auf ihre ganz persönliche Weise, wann der Augenblick reif war. Nichts geschah davor. Zu Anfang hatte sie diese

Art zu leben nervös gemacht, weil sie immer das Gefühl hatte, etwas zu verpassen. Doch ganz allmählich machte sich in ihr, fast gegen ihren eigenen Willen, das Gefühl breit, daß es in Wirklichkeit nichts zu verpassen gab. Sie gab sich endlich die Erlaubnis, darauf zu vertrauen, daß alles seinen richtigen Weg ging, ganz gleich, wie sie darüber dachte oder fühlte …

Dancing Grass traf wie erwartet am nächsten Morgen zu Pferd mit einem Mann ein, der den Pinto von Raven an einem Seil mit sich führte. Sie trug einen lila Samtrock und eine Lederweste mit kurzen Ärmeln. Ihr Gesicht lachte aus den tausend Fältchen, die die Sonne und der Wüstenwind hineingegraben hatten, und schien keine Spur müde. Der Indianer, der mit ihr gekommen war, verabschiedete sich und ließ den Pinto am Pfahl vor dem Tipi stehen.

Marisa machte sich schnell zurecht. Dancing Grass begrüßte sie herzlich und umarmte sie. Es war ein schöner Tag. Die Luft war milder als gewöhnlich und fühlte sich weicher an. Es war der nahende Herbst, der der Sommersonne heute den Stachel nahm und bereits am frühen Morgen das Tal in ein sanfteres Licht getaucht hatte.

Dennis kam aus dem Hogan gelaufen und spielte mit den jungen Hunden, die zwischen den Schafställen im Sand herumkugelten. Es war wundervoll, ihn so gesund und munter zu sehen.

Marisa fühlte sich überraschend gut. Trotz des wenigen Schlafes war sie ausgeruht und aß ihren Maisfladen mit großem Appetit. Der Kaffee war nur eine dünne Brühe, aber es machte nichts. Selbst ihre Geschmacksnerven hatten sich verändert und waren anspruchsloser geworden. Wenn es nichts anderes gab, war ihr jetzt alles recht. Ihre frühere Art, sich über alles aufzuregen, was ihr nicht paßte, schien zu verblassen. Oft wunderte sie sich über sich selbst. Die Pillen blieben in der Tasche. Sie brauchte sie nicht mehr so oft wie früher, und manchmal vergaß sie

sie ganz. Endlich ergab sich die Gelegenheit, mit Dancing Grass allein zu sein. Endlich kam die Chance für ein Gespräch. Marisa versuchte sich an all die Fragen zu erinnern, die sie der Medizinfrau stellen wollte.

Als alles zum Aufbruch bereit war und Marisa zu ihrem Jeep ging, band Dancing Grass den Pinto los und stieg auf ihr Pferd.

»Möchtest du ihn reiten?«

Die Frage kam ganz unerwartet. Marisa stand einen Augenblick wie erstarrt. Es war immer ihr Kindertraum gewesen, auf einem Pferd zu sitzen.

»Ich habe es nie gelernt ...«

»Dann ist es Zeit. Er tut dir nichts.«

Marisa erschrak. Sie konnte doch unmöglich auf Ravens Pferd sitzen! Er war viel zu wild, und sie hatte keine Ahnung, wie sie es behandeln sollte. Sie bekam plötzlich richtige Angst. Doch die Stimme von Dancing Grass klang ermunternd, und ein Teil von ihr wünschte sich nichts sehnlicher. Auf Ravens Pinto zu reiten war ein Traum. Doch konnte sie dieses Wagnis wirklich eingehen, und wie kam sie ohne ihren Jeep von der Höhle von Jonathan wieder fort? Was war, wenn Raven wirklich Hilfe brauchte und ins Krankenhaus zurückmußte? Nein, ohne den Jeep war sie dort draußen in der Wüste verloren! Elsie lächelte, als sie Marisas Gedanken erriet, und versprach ihr, sie mit dem Jeep zu holen.

Der Pinto schnaubte und wandte seinen Kopf zu ihr.

»Komm und streichle ihn, er ist sanft wie ein Lamm ...«

Dancing Grass machte eine beruhigende Bewegung mit der Hand. Elsie stand an der Tür des Hogans und lachte bei diesen Worten ... »sanft wie ein Lamm«. Sie wußte, wie lange Raven gebraucht hatte, um dieses Pferd zu zähmen. Er hatte es langsam getan, mit Liebe und viel Geduld.

Wieder hatte Marisa das Gefühl, daß sie keine Gewalt mehr über ihren Körper besaß. Sie ging einige Schritte auf das Pferd zu und blieb stehen. Der Pinto drehte sich zu ihr und ging ebenfalls einige Schritte auf sie zu. Sie trafen sich in der Mitte. Marisa legte die Hand auf seine Nüstern. Er nibbelte an ihren Fingern.

»Hier, damit kriegst du ihn.« Elsie reichte Marisa eine Karotte. »Er ist ein Naschmaul!«

Alles geschah wie in Zeitlupe. Marisa gab dem Pferd die Karotte. Während es genüßlich kaute, streichelte sie seinen Hals. Der Pinto hatte keinen Sattel, sondern nur eine Decke. Die Satteldecke war aus dicker Wolle, mit roten und grauen Streifen. Sie war an einigen Stellen durchgescheuert. Sie konnte doch unmöglich nur auf einer Decke sitzen. Die Augen des Pferdes waren dicht vor ihr. Es hatte einen ruhigen Blick. Dann scharrte es mit dem Fuß. Es schien ungeduldig und wollte los.

Dancing Grass führte ihr Pferd neben den schwarzweiß gefleckten Pinto und begann ihn an der Mähne zu kraulen.

»Du kannst jetzt ruhig aufsteigen.«

Ihre Stimme klang fast befehlend. Doch Marisa sah keinen Weg, um auf den Rücken des Pferdes zu kommen. Sie hatte keine Wahl. Sie wollte nicht als Feigling erscheinen. Doch wie kam sie auf das Pferd?

Neben dem Hogan stand ein Holzblock, auf dem Elsie das Winterholz schlug. Marisa nahm vorsichtig die Zügel des Pinto und führte ihn an den Holzblock. Sie hatte nur einmal in ihrem Leben auf einem Pferd gesessen. Damals in Salzburg, in der Reitschule, die sie immer wieder mit ihrer Mutter besucht hatte. Um Reitunterricht zu nehmen, war das Geld immer zu knapp. Hier war ihre Chance. Doch jetzt, als diese Chance Wirklichkeit wurde, war ihr nicht geheuer.

Der Pinto machte brav am Holzblock halt. Er schien zu wissen, was sie wollte. Sie stieg auf den Block und lehnte sich an das Pferd. Ganz instinktiv legte sie ihren Körper über die Decke. Dann zog sie sich langsam auf seinen

Rücken. Es war ihr, als wäre sie nicht mehr sie selbst. Es war ihr, als erinnerte sie sich an eine Zeit, in der sie reiten konnte und in der sie mit Pferden vertraut war. Marisa ließ sich in dieses innere Gefühl des Wiedererkennens fallen und schwang das andere Bein auf die Seite des Pferdes.

Der Pinto stand still und ließ sie gewähren. Sie schob die Decke unter sich zurecht und nahm die Zügel in die Hand. Ein Stoßgebet ging gen Himmel, als sie ihre Fersen leicht in seine Flanken drückte. Doch der Pinto blieb ruhig. Er ging nur einige Schritte vorwärts und stellte sich neben das weiße Pferd von Dancing Grass und begann an seinen Ohren zu knabbern. Offensichtlich kannten sich die beiden gut.

Elsie band den Sack mit Lebensmitteln und Medizin hinter ihr an einem Lederband fest, das um den Bauch des Pferdes lief.

»Ich hole euch ab! Gib mir die Schlüssel.«

Wann, das sagte sie nicht. Ihr Gesicht hatte einen strahlenden Ausdruck, so als wäre sie stolz auf sie. Marisa versuchte zu lächeln. Doch sie hatte noch immer Angst und saß etwas starr auf dem Pferd, das jetzt ungeduldig mit dem Huf zu scharren begann.

Elsie reichte ihr die Hand zum Abschied.

»Ich sehe euch bald!«

Dancing Grass winkte und rief Elsie etwas zu. Dann trabten beide Pferde eng nebeneinander den Sandweg entlang zum Highway. Marisa wußte nicht, wie ihr geschah ... Plötzlich saß sie auf diesem Pferd, das sie immer bewundert hatte. Sie atmete bewußt langsam und ließ das Seil um den Hals des Pferdes locker. Seine Mähne war lang und schwarz und wehte ihr ins Gesicht.

»Siehst du, es ist ganz einfach ...«

Dancing Grass warf ihr einen etwas spöttischen, aber liebevollen Blick zu.

»Es ist nicht gut, der eigenen Angst auszuweichen.«

Marisa rutschte ein wenig unsicher auf der Decke hin und her.

»Halte ihn zwischen deinen Schenkeln, wenn wir den Highway überqueren. Er mag keine Autos.«

Gott sei Dank war kein Fahrzeug in Sicht, als die Pferde die Straße überquerten und auf der anderen Seite des Highways in die Wüste trabten. Sie schienen den Weg von selbst zu kennen. Gemächlich trotteten sie eine Sandrinne entlang, an deren Seiten es nichts zu nibbeln oder gar zu fressen gab. Marisa entspannte sich immer mehr und glich ihre Bewegungen denen des Pferdes an.

Dancing Grass hielt die Zügel locker und betrachtete den Horizont. Vor ihnen lag eine flache, hellgelbe Mesa, die keinerlei Einschnitte zeigte. Der Weg führte fast schnurgerade auf sie zu.

»Ist das eine Abkürzung?«

Marisa sah Dancing Grass fragend von der Seite an.

»Es ist der schnellste Weg.«

Dancing Grass ritt geradeaus, ohne auf Marisa zu achten. Sie schien vollkommen in Gedanken versunken. Der Weg wurde schmaler und schmaler, bis er sich vollkommen im Steppengras verlief, das gelbgebrannt den Boden bedeckte. Das weiße Pferd von Dancing Grass sah plötzlich aus wie ein Pegasus, der im Begriff war davonzufliegen. Marisa wischte sich die Augen. Je tiefer sie in die Wildnis kamen, desto mehr hatte sie das Gefühl, einer Fata Morgana zu folgen. Die Mesa vor ihr kam einfach nicht näher. Sie schien noch genauso weit enfernt wie zu Anfang.

Unter einem alleinstehenden Baum, an einem ausgetrockneten Flußbett, machte Dancing Grass halt.

»Hier, nimm einen Schluck Wasser.«

Sie reichte Marisa die Plastikflasche, die sie an ihrem Gürtel trug.

»Trink nicht zuviel, es tut nicht gut in der Hitze.«

Marisa trank gierig einige kleine Schlucke und erinnerte sich dann an die Worte von Dancing Grass. Sie setzte die Flasche ab und reichte sie ihr zurück.

»Es ist nicht sehr weit. Du hältst dich gut!« Sie zwin-

kerte Marisa an. »Du bist anscheinend für einen Pferde-
rücken geboren.«

Plötzlich fühlte Marisa einen kleinen Schmerz in ihrem
Rücken. Doch sie wollte keine Schwäche zugeben.

»Ich wollte mit dir über etwas Wichtiges sprechen …«
Endlich war es heraus. Doch es tat ihr im selben Moment
leid. Dancing Grass sah Marisa für einen Augenblick ernst
an.

»Wenn die richtige Zeit kommt …«

Damit band sie die Wasserflasche fest und übernahm
wieder die Führung.

Marisa kam sich plötzlich dumm vor. Sie hätte ihren
Mund halten sollen. Es war nicht der rechte Augenblick,
um mit Dancing Grass über ihre Probleme zu sprechen.
Doch ihre Ungeduld drängte, und sie konnte sich kaum
noch beherrschen. Endlich war sie allein mit der Medizinfrau. Das war ihre Chance. Aber sie durfte sie nicht drängen. Man konnte keinen Indianer zu etwas bewegen,
wenn die Zeit nicht reif war …

Marisa blickte wieder nach vorn und begann sich auf
die Mesa zu konzentrieren, die noch immer in gleicher
Entfernung vor ihr lag. Die Sonne brannte immer stärker,
und sie begann die Konturen des Tafelberges in einem
flimmernden Licht zu sehen. Sie war jetzt froh, daß ihr
Strohhut an einer Schnur um ihren Hals hing. Mit einer
schnellen Bewegung setzte sie ihn auf. Es war Marisa, als
würden sich die Ränder der Mesa vor ihren Augen plötzlich auflösen und dann, wie durch eine unsichtbare Hand
geführt, wieder zusammenfügen. Sie vergaß in diesem Augenblick, daß sie auf dem Pinto saß, der immer noch sicheren Schrittes den Weg fand.

Sie wischte sich mit dem Ärmel ihres Hemdes den
Schweiß von der Stirn. Sie war wirklich nicht für diese
Hitze geschaffen. Die Landschaft begann sich ganz plötzlich zu verändern. Unendlich scheinende Sonnenblumen-
felder tauchten auf, und die große Mesa lag jetzt seitlich

vor ihnen. Einige der Pflanzen waren mannshoch. Sie ritten mitten hindurch. Die Blätter streiften ihre Beine, und die Blüten ließen ihren Pollen an ihrer Hose hängen. Eine leichte Brise kam auf und trocknete den Schweiß auf Marisas Gesicht.

Dancing Grass begann ein Lied zu singen, während sie auf den Berg zuritten, der jetzt wie ein schläfriger Salamander aus dem roten Sandboden aufragte. Von nahem betrachtet sahen seine Kanten nicht mehr weich aus. Sie waren eher zackig und rauh und wirkten an manchen Stellen, als hätten Menschen darin herumgegraben.

Marisa richtete ihren Blick auf eine Stelle, die wie eine scharfe Kurve oder ein Riß aussah. Etwas Dunkles schien daraus hervorzuquellen und sich über den Boden auszubreiten. Sie blinzelte mit den Augen. Das Dunkle war fort. Vor ihr lag eine breite Spalte, die mitten in den Berg hineinführte. Aber es war nicht der Eingang zur Höhle Jonathans. Dancing Grass mußte sich geirrt haben. Sie waren nicht dort, wo sie sein sollten.

Dancing Grass hatte Marisas Unruhe bemerkt und wandte sich zu ihr.

»Langsam … Reite langsam hinter mir her.«

Der Pinto zuckte mit den Ohren, so als hätte Dancing Grass zu ihm gesprochen. Dancing Grass näherte sich dem Spalt im Gestein.

»Ist das denn die richtige Höhle?«

Marisa konnte sich die Frage nicht verkneifen. Doch wie konnte sie an Dancing Grass zweifeln? Sie kannte dieses Land, es war schließlich ihre Heimat. Sie selbst war erst einige Wochen hier und wußte gar nichts. Das wurde ihr in diesem Augenblick schmerzlich bewußt. Sie wußte nichts.

Der Pinto folgte der weißen Stute, ohne zu zögern, ins Dunkel. Der Schacht war breit und der Weg eben, und die Hufe der Pferde hinterließen deutliche Spuren im weichen Sand. Nach einigen Minuten kamen sie ins Freie. Sie befanden sich in einer Art Rondell, in dem die Felswände

179

einen weiten Kreis gebildet hatten, der zu einer Seite offen war. Die verschiedenen Steinschichten lagen in breiten rotgelben Bändern wie gemalt aufeinander und schimmerten im Licht der Sonne. Am Rand des Felsausgangs war ein weiter Überhang. Hier machte Dancing Grass halt. Sie stieg ab und nahm einen Beutel aus ihrer Satteltasche.

»Steig ab.«

Marisa fand einen Felsbrocken, und der Pinto ließ sie willig herabgleiten. Er trabte neben die weiße Stute, die begonnen hatte, an einigen armseligen Gräsern zu nibbeln. Dancing Grass ging zu den Pferden und gab ihnen etwas Wasser aus ihrer hohlen Hand zu trinken. Dann öffnete sie den mitgebrachten Beutel. Zum Vorschein kamen Frybread und ein Stück Fleisch. Sie nahm einen großen Bissen in den Mund und reichte es an Marisa weiter. Marisa nahm nur das Brot. Sie aßen schweigend. Ab und zu schlug sich der Pinto mit dem Schweif eine Fliege vom Fell und beäugte dann wieder das weiße Pferd, das ruhig im Schatten des Felsens stand und döste.

»Er will sie haben. Er hat sich in sie verliebt …«

Dancing Grass lachte und schnitt noch ein Stück Fleisch ab.

»Hier, versuch es!«

Marisa griff diesmal zu. Das Fleisch war trocken und schmeckte salzig. Es erinnerte sie auf eine seltsame Art an ihre Kindheit.

»Ruh dich aus, wir bliebe hier, bis die Sonne sinkt.«

Dancing Grass wischte sich den Mund ab und schloß den Beutel.

»Am besten, du bleibst hier im Schatten.«

Damit erhob sie sich, ging zu der weißen Stute und nahm etwas aus ihrer Satteltasche. Der Griff eines mit Silber besetzten Messers blitzte kurz auf. Dann wandte sich Dancing Grass der steilsten Felswand zu und ging gemütlichen Schrittes auf sie zu.

Marisa ließ ihren Körper nach hinten sinken. Wie durch

ein Wunder kam ihr Kopf auf einem kleinen Büschel Gras zu liegen, das aus dem sandigen Boden sproß. Sie starrte in den Himmel und sah einigen winzigen Wölkchen nach, die sich über ihr bildeten und sich wieder im unendlichen Blau des Himmels auflösten ...

Dancing Grass ging nahe der roten Felswand entlang, bis sie das Loch entdeckte. Es war nicht groß. Sie mußte sich auf ihren Knien hindurchzwängen. Auf der anderen Seite der Wand angelangt, richtete sie sich auf und sah sich um. Der Platz war unberührt.

Eine weite, spärlich bewachsene Mulde lag vor ihr, umschlossen von glatten, hellrosa schimmernden Felswänden. In ihrer Mitte wuchs ein Kreis kleiner Kakteen. Sie waren rundlich, besaßen wenig Stacheln und waren nicht besonders groß. Dancing Grass ging auf sie zu und beugte sich nieder und berührte sie sanft mit ihren Fingerspitzen. Dann setzte sie sich an den Rand des Kreises und begann zu beten.

Sie mußte den Geist der Kakteen anrufen und befragen. Sie wußte nur zu gut, daß niemand einen der heiligen Kakteen einfach mitnehmen durfte. Der Geist des Peyote war stark und unbesiegbar, er war ihre Verbindung zu den Kräften des Großen Geistes. Wie oft hatte er ihrem Volk in Zeiten der tiefen Not gedient. So mancher Krieger hatte seinen Mut und seine Zuversicht aus den Kräften dieses Geistes gewonnen. So manche Heilzeremonie war nur durch die Kraft des Peyote zu einem guten Ende gelangt.

Dancing Grass besaß tiefen Respekt und tiefe Liebe für diesen Kaktus, der für sie viel mehr war als nur eine Pflanze der Wüste. Seine magischen Kräfte überstiegen alle Wahrnehmungen des alltäglichen Bewußtseins. Der Geist des Peyote hatte die Kraft, den Menschen in Räume zu führen, in denen sie ihre Einheit mit dem allwissenden Großen Geist erkannten und sich daran erinnerten, daß die Erde ihre Mutter war ...

Erst als die Sonne schräg in die Mulde fiel, bewegte sich Dancing Grass. Einige der Kakteen hatten zu ihr gesprochen und waren bereit, geschnitten zu werden. Sie nahm das silberbesetzte Messer in die Hand und machte sich ans Werk. Der Schnitt mußte glatt und waagerecht ausgeführt werden, um die Wurzeln der Pflanze nicht zu beschädigen, so wie bei Pilzen.

Sie ließ sich Zeit und murmelte wieder einige Gebete, während sie die Kakteen vorsichtig abschnitt. Dann legte sie sie sorgfältig in ihren Medizinbeutel, den sie immer in den Falten ihres Rockes verborgen hielt. Der Beutel war aus weichem, hellbraunem Leder gefertigt und besaß einige Steine als Verzierung und zwei Federn, die zu beiden Seiten herabhingen.

Dancing Grass bedankte sich bei den Pflanzen und benetzte alle Stellen, an denen sie die Kakteen geschnitten hatte, mit ihrem Speichel, um die Wunden zu schließen. Wieder murmelte sie einige Gebete und strich dankbar über die restlichen Kakteenköpfe.

Die Sonne stand bereits tief hinter den Felswänden, als Dancing Grass wieder bei Marisa ankam. Die weiße Frau schlief fest. Sie hielt ihre Ledertasche im Arm, so als wolle sie sich auch im Schlaf daran festklammern und sie nicht verlieren. Dancing Grass schmunzelte. Diese Frau hatte noch viel zu lernen. Doch der Große Geist hatte sie zu ihr geführt. Sie hatte die Aufgabe, ihr zu helfen. Ihre Gedanken schweiften zu Raven. Vor ihrem inneren Auge sah sie ihn im Sand liegen und ebenfalls schlafen.

Sie weckte Marisa.

»Es ist Zeit.«

Marisa wischte sich verschlafen die Augen. Einen Moment lang wußte sie nicht, wo sie war. Dann erinnerte sie sich an einen Traum, den sie soeben geträumt haben mußte. Er stand noch ganz deutlich vor ihren Augen. Sie befand sich in einer langen Schlucht und suchte einen Ausweg. Die Wände waren steil und unbegehbar. Es schien aussichtslos.

Plötzlich schwebte über ihr ein Vogel. Im kleinen Spalt des Blaus, den die hohen Felswände über ihr frei ließen, folgte sie der Richtung seines Fluges und fand den Weg ins Freie.

Als Marisa aufstand, waren ihre Beine wacklig, und sie mußte sich für einen Augenblick an die Felswand anlehnen. Die Realität dieses Augenblicks schien ihr plötzlich ebenso unwirklich wie der Traum. Von ihrem inneren Gefühl her bestand kein Unterschied. Noch nie zuvor war ihr die traumhafte Qualität ihres Lebens so bewußt wie jetzt.

Sie sah Dancing Grass nach, als sie zu ihrem Pferd ging und den Beutel mit den Nahrungsmitteln und der Wasserflasche festband. Ihre Schritte waren sicher und fest. Ihre Füße schienen den Boden genau zu kennen. Sie trat nie fehl.

In diesem Augenblick begann sie die alte Indianerin anders wahrzunehmen. Der Körper von Dancing Grass erschien plötzlich größer und breiter. Marisa sah ein weiches Licht um ihren Körper fließen, das an den Rändern mit ihrer physischen Form zu verschmelzen schien. Marisa blinzelte mit den Augen, um klarer zu sehen. Ihr Verstand sagte in diesem Augenblick, daß es nur das Licht der sinkenden Sonne sein konnte, das ihr diese Wahrnehmung vorgaukelte, und nicht irgendein Licht, das von dem Körper von Dancing Grass ausging.

Marisa rieb sich die Augen und ging auf den Pinto zu, der sich von selbst an einen hohen Stein gestellt hatte, damit sie auf ihn klettern konnte. Sie war erstaunt, wie wenig Angst sie plötzlich vor diesem Pferd hatte. Sie streichelte dankbar seinen Hals und ließ die seidenweiche Mähne durch ihre Finger gleiten.

Nachdem sie die Felsspalte hinter sich gelassen hatten, wandte Dancing Grass ihr Pferd wieder nach Westen. Sie ritten ein Weile schweigend im Schatten der steilen Felswand entlang. Die Medizinfrau schien vollkommen in sich versunken, und Marisa wagte es nicht, ein Wort an sie zu richten.

Sie dachte wieder an ihren Traum. Sie hatte darin den Mut und die Einsicht, dem Vogel zu folgen. Marisa spürte, wie sich bei diesem Gedanken ihr Körper wieder entspannte und sich den leicht schaukelnden Bewegungen des Pferdes anpaßte. Noch heute nacht würde sie Raven wiedersehen. Die Selbstverständlichkeit der Umstände sagte ihr, daß sie sich nicht mehr vor irgendwas zu fürchten brauchte. Aber ihre Ängste waren tief. Sie wurzelten auch in ihrem starken Verlangen nach Vereinigung, nach Auflösung und Liebe. Einer Liebe, die sie in ihrem Leben nie erfahren hatte. Wieso ein Mann aus einer vollkommen anderen Welt solche Sehnsüchte in ihr wecken konnte, war ihr noch immer nicht klar. In ihrer Ehe mit William hatte sie nie solche intensiven Gefühle oder eine derart starke Sehnsucht verspürt.

# 14

Jonathan lag noch wach, als Dancing Grass und Marisa die Höhle erreichten. Die Pferde hatten den Weg im Dunkeln wie von selbst gefunden. Jonathan half die Satteltaschen lösen und verstaute die Lebensmittel.

»Raven schläft. Hier ist euer Lager.«

Er hatte einige Decken im weichen Sand für sie ausgebreitet.

»Es geht ihm besser. Schon morgen wird er auf den Beinen sein.«

Jonathans Gesicht leuchtete zufrieden im hellen Mondlicht. Marisa bemerkte plötzlich wieder das seltsame Licht, das sie bereits am Nachmittag bei Dancing Grass gesehen hatte. Es umfloß jetzt auch seine ganze Gestalt. Verwirrt sah sie auf den Boden. Es konnte nicht sein, der Mond hatte keine solche Kraft. Als sie wieder hochsah, war das Licht fort. Jonathan erschien nun wie ein dunkler Klumpen, der sich schwerfällig durch die kleine Sandmulde bewegte. Marisa konnte keinen klaren Gedanken fassen. Sie legte sich wortlos nieder. Lange sah sie in den sternenübersäten Himmel. Es gab keine Erklärung für das, was sie gesehen hatte. Nach einer Weile schlossen sich ihre Augen ganz von selbst, und sie sank in einen tiefen, wohltuenden Schlaf.

Dancing Grass stand unterdessen an der mondbeschienenen Seite der Wand, an der Raven lag. Er schlief mit dem Gesicht der Erde zugewandt. Jonathan trat an ihre Seite und nahm ihren Arm.

»Er ist auf dem guten Weg, er heilt schnell.« Seine Stimme klang etwas rauh und müde.

»Ich werde heute nacht wachen.« Dancing Grass sah ihn an. »Es ist gut, daß wir beide hier sind.«

Jonathan lächelte und drückte ihren Arm. Dann wandte er sich um und ging zum Eingang der Höhle zurück. Dancing Grass nahm ihre Decke, setzte sich neben Raven und lehnte sich mit dem Rücken an die Felswand. Das Gestein war immer noch angenehm warm. Sie beobachtete seinen Atem. Er war ruhig und tief. Sie sah hinüber zu Marisa, die regungslos unter ihrer Decke lag. Welches Schicksal hatte diese Frau hierhergebracht? Konnte es denn wirklich nur die Erinnerungen an eine Zeit sein, die lange im Dunkel der Vergangenheit lag? Oder war es mehr …

Dancing Grass nahm die Kakteen aus dem Medizinbeutel, den sie immer mit sich trug, und reihte sie bedächtig im Sand vor sich auf. Das helle Mondlicht schimmerte auf ihren kleinen, runden Köpfen wie geschmolzenes Silber. Es ist gute Medizin, dachte Dancing Grass bei sich. Sie würde helfen, die Kräfte des Großen Geistes anzurufen und vieles zu klären. Dann konzentrierte sie sich wieder auf Ravens Atem und glich ihren eigenen Atemfluß dem seinen an.

Vor ihrem inneren Auge erschien ein Bild. Sie sah Raven an einer Klippe stehen. Unter ihm lag ein breites, helles Band. Es sah aus wie Wasser.

Raven sah in die Tiefe. Dann sprang er hinab. Er tauchte unter und kam erst nach einiger Zeit wieder hoch. Sie sah seinen Kopf plötzlich von der Seite. Er lachte. Über ihm kreiste ein Rabe und stieß einige langgezogene, durchdringende Schreie aus. Dann verschwamm das Bild und wurde langsam undeutlich. Dancing Grass glaubte noch eine Gestalt am Rande des Wassers zu sehen … doch sie war sich nicht sicher. Etwas bewegte sich, aber sie konnte nicht erkennen, was es war. Dann war alles still.

Dancing Grass blickte wieder auf die Kakteenköpfe.

186

Hatten sie bereits begonnen, ihre Kräfte zu entfalten? Sie fühlte eine tiefe Dankbarkeit in sich aufsteigen. Wie beschenkt war sie doch mit ihrem Leben. Was bedeutete die Einfachheit ihres Lebens? Was bedeutete die Armut hier draußen? Sie waren in Wirklichkeit ein Geschenk. Ihre innere Welt war reich. Der Reichtum ihres inneren Wissens überstrahlte alle Härte und Hürden der äußeren Welt. Ihr Innerstes war voller Kraft und Liebe. Diese Kräfte befähigten sie zur Heilung. Mit diesen Kräften war sie den Spuren ihrer Mutter und Großmutter gefolgt. Dancing Grass wachte noch bis in die tiefe Nacht über Ravens Schlaf. Sie folgte geduldig seinen ruhigen Atemzügen, bis auch sie hinüberglitt in die unsichtbare Welt.

Jonathan war schon früh auf und machte gerade Feuer, als Dancing Grass die Augen aufschlug.

»Du schläfst wie ein kleines Kind!«

Dancing Grass streckte die Glieder und hielt die Nase in die Luft.

»Es riecht schon nach Herbst ...«

»Du hast recht«, erwiderte Jonathan und sah in den Himmel. Leichte Wolkenfelder reihten sich aneinander und bildeten einen weißen Kranz um ihr Felsversteck.

»Wir bekommen frühen Schnee. Die Vögel suchen bereits Futter.«

Er sah einem kleinen Schwarm von schwarzen Vögeln nach, die in einem Dreieck flogen und dann aus seinem Blickfeld verschwanden.

Das kleine Feuer prasselte jetzt hell, und Jonathan setzte einen Kübel mit Wasser auf, das er frisch aus der verborgenen Quelle geholt hatte. Er schüttete eine Handvoll Instant Coffee hinein und rührte alles mit einem Holzlöffel um.

»Damit wir wach werden«, schmunzelte er und sah verstohlen auf Dancing Grass, die sich gerade ihre Samtbluse zurechtzog.

»Du bist noch immer so schön wie damals ...«

Seine Augen hingen bewundernd an ihrem langen Haar. Sie hatte die Bänder gelöst, und es floß lang über ihren gebeugten Rücken.

»Hör auf, du Scherzbold, du machst mein Herz noch schwach!«

Dancing Grass blitzte ihn schelmisch aus ihren dunklen Augen an.

»Kümmere dich lieber um deine Brühe und laß mich arme alte Frau zufrieden!«

Jonathan lachte und rührte wieder in seinem Kübel. Dancing Grass erhob sich und ging zu Raven hinüber, der noch immer fest schlief. Auch Marisa schien ebenfalls noch zu schlafen.

»Was machen wir nur mit den beiden …«

Ein frischer Wind kam auf, und Jonathan beugte sich schützend über das Feuer.

»Ich habe den Geist des Peyote bei mir. Letzte Nacht hat er zu mir gesprochen.« Dancing Grass erzählte Jonathan von ihrem Traum. Er kratzte sich am Kopf und legte ihn schief.

»Ist sie die Gestalt im Traum, die du nicht erkennen konntest?«

»Ich weiß es nicht, aber ich habe das Gefühl, daß sie es ist.«

Dancing Grass machte ein rasche Handbewegung, so als wollte sie ein Fliege fortscheuchen. »Was ihn gefangenhält, hält auch sie fest.« Ihre Stimme klang bestimmt.

»Wenn sie bereit ist, die Zeremonie mitzumachen, werde ich nichts dagegen sagen.« Sie sah Jonathan fragend an.

»Es ist gegen unsere Tradition.« Sein Gesicht wurde ernst. »Wenn etwas geschieht, was wir nicht kontrollieren können, ist es schlecht für alle.«

Dancing Grass sann über seine Worte nach. Er hatte recht. Es war keinem Weißen erlaubt, an traditionellen Zeremonien teilzuhaben. Sie verstanden zu wenig, und das Wissen der Indianer war geheim.

»Wie können wir dann die Tore der Vergangenheit für sie öffnen? Ich weiß, daß sie Kontakt mit ihrer Mutter … und auch ihrem Vater sucht. Ich habe in ihr Herz gesehen.«

Dancing Grass band sich ihre Haare wieder zu einem Knoten am Nacken fest und wickelte ein rotes Samtband darum. Sie sah wieder zu den Schlafenden. Ihr Blick glitt mitfühlend über beide Gestalten, die in ihre Decken gewickelt am Boden lagen. Sie wußte, daß auch Raven eine Antwort suchte. Sein Weg lag klar vor ihm, aber er sah ihn noch nicht selbst.

»Wir müssen heute nichts entscheiden …« Jonathan sah sie aufmunternd an.

Er reichte Dancing Grass einen Blechbecher mit heißem Kaffee und ein trockenes Biskuit. Damit war die Sache für den Augenblick erledigt. Eine Antwort würde kommen.

In diesem Moment drehte sich Raven in seiner Decke um. Er roch den Duft des frischen Kaffees und schlug die Augen auf. Er setzte sich langsam auf und lehnte sich mit dem Rücken an die Felswand. Jonathan reichte ihm einen Becher.

»Hier nimm, der schwarze Geist wird dich schnell aufwecken.«

Raven sah auf die schlafende Marisa, und ein kleines Lächeln umspielte seinen Mund. Er fühlte sich besser, die Schulter schmerzte nicht mehr so sehr wie am Abend zuvor. Er verspürte frische Kraft in sich.

»Deine Medizin ist gut. Sie hat mir geholfen.«

»Und dein Pferd ist auch hier.« Dancing Grass zwinkerte ihm zu und lachte.

»Ich dachte, es würde dir gefallen. Sie hat es für dich bis hierher geritten.«

Raven strahlte. Er stand auf und ging langsam durch die Höhle dem Ausgang zu. Beide Tiere standen unter einem Felsüberhang, dicht beieinander. Raven lehnte sich an sein

Pferd und flüsterte etwas in sein Ohr. Der Pinto hob den Kopf und scharrte mit dem Huf. Er fühlte, wie die beruhigende Wärme des Tieres in seinen Körper drang. Raven versuchte sich auf den Rücken des Pinto zu ziehen. Doch sein Arm gab nach, und er rutschte in den Sand. Das weiße Pferd schlug aus und wieherte erschreckt.

Marisa erwachte in diesem Moment und sah sich erstaunt um. Sie wußte für einige Augenblicke gar nicht, wo sie sich befand. Dann sah sie Jonathan und Dancing Grass am Feuer sitzen und lachen. Sie fuhr sich mit der Hand durch das wirre Haar und stand auf. Jonathan gab ihr einen Becher des heißen Gebräus. Raven war nicht in Sicht. Seine Decke lag zerknäult an der Felswand.

»Er ist bei seinem Pferd. Er kommt wieder ...«

Jonathan erhob sich und verschwand in der Höhle. Dancing Grass schürte still das Feuer und sah Marisa an.

»Hier, setz dich zu mir.«

Sie warf Marisa einen aufmunternden Blick zu. Marisa rückte näher und setzte sich neben Dancing Grass. Sie nahm einen Schluck aus ihrem Becher. Das Gebräu schmeckte wirklich bitter. Viel zu bitter für ihren Geschmack. Außerdem trank sie niemals Kaffee ohne Milch. Sie stellte den Becher ab und nahm den Biskuit, den Dancing Grass ihr reichte.

»Du suchst den Geist deiner Mutter ...«

Es war keine Frage, sondern eine Feststellung. Marisa sah Dancing Grass erstaunt an. Sie hatte kein Wort darüber zu ihr gesprochen.

»Du suchst nur deine Mutter ...?« wiederholte Dancing Grass eindringlich. Marisa war einen Augenblick lang verwirrt.

»Ja, ich suche meine Mutter, obwohl sie nicht mehr lebt ...« Marisas Stimme zitterte, und Tränen stiegen in ihre Augen. »Ich konnte mich nicht verabschieden. Ich wollte sie immer in meinen Armen halten ... Aber es kam nicht so. Sie war allein im Zimmer, als es geschah. Seitdem denke ich nur daran, wie ich sie finden kann. Ich wollte dich bitten, mir zu helfen.«

Marisa sah Dancing Grass mit den Augen eines Kindes an. »Ich habe gehört, daß es hier einen magischen Ort geben soll, an dem die Geister zu euch sprechen?«

»Es ist verboten, über diese Dinge zu reden.«

Dancing Grass sah ins Feuer.

Marisa fühlte sich plötzlich zurückgestoßen und hatte wieder das gräßliche Gefühl, in eine tiefe, innere Leere zu fallen.

Dancing Grass zögerte. »Doch vielleicht ist es möglich, eine Verbindung herzustellen …« Sie sah Marisa mit einem seltsamen Blick an. »Aber du mußt sehr viel Geduld haben.«

Damit schien das Thema beendet. Dancing Grass stand auf und ging in die Höhle zu Jonathan, ohne sich noch einmal umzudrehen. Marisa blieb verdutzt am Feuer sitzen. Zumindest hatte sie den Mut gehabt und die Gelegenheit genutzt, ihren Wunsch deutlich zu machen. Die Zeit floß jetzt immer schneller dahin. Sie hatte nur noch wenige Wochen bis zu ihrer Abreise. Etwas mußte geschehen. Und wieder beschlich sie ein dunkles Gefühl der Verzweiflung und der Sinnlosigkeit ihres Vorhabens. Ihre Gedanken liefen wirr durcheinander. Was war, wenn nichts passierte? Vielleicht mußte sie ihren Wunsch einfach begraben. Vielleicht konnte sie von diesen Menschen doch keine Hilfe erhoffen.

Dancing Grass beobachtete vom Schatten der Höhle, wie Marisas Kopf nach vorne sank und sie ihre Knie mit den Armen umschlang. Sie fühlte die Not dieser Frau und rang innerlich mit sich. Wenn sie auf die Black Mesa mitkam, würde der Geist des Peyote dort auch zu ihr sprechen? Vielleicht gab es doch einen Weg. Dancing Grass sah nach den Vorräten. Es waren genügend Lebenmittel vorhanden, um einige Tage auf der Mesa zu bleiben.

Als sie sich umwandte, stand Raven vor ihr. Seine Augen leuchteten im Dunkel. Er stand etwas gebeugt und hielt sich die Schulter mit der Hand. Blut quoll zwischen seinen Fingern hervor. Bevor Dancing Grass etwas sagen konnte, schnitt er ihr das Wort ab.

»Es ist gut! Es hört schon auf zu bluten.«

Er nahm seinen Ärmel und entfernte das Blut von seinen Fingern. Den Rest wischte er im Sand ab.

»Ich fiel runter. Der Pinto ist wild, er will los.«

So wie du, dachte Dancing Grass, aber sie sagte nichts. Wortlos wechselte sie seinen Verband. Sie wußte, daß er ein Mann war, der keinerlei Einmischungen duldete. Sie nahm sich zusammen, um nicht besorgt zu scheinen. An einen weiten Ritt war nicht zu denken. Aber auf die Black Mesa würde er es schaffen. Und das war alles, was im Moment zählte.

Dancing Grass setzte sich in den kühlen Schatten am Eingang der Höhle und begann einige Maiskolben zu schälen. Ihre braunen, runzligen Hände hielten liebevoll das Korn, das ihr Volk seit Jahrhunderten ernährt hatte und allen heilig war.

Raven kniete bewegungslos an der Felswand und sah in den Himmel. Marisa hatte sich wieder in die kühle Höhle zurückgezogen und schlief. In der Mitte der kleinen Mulde standen die weißen Kelche der magischen Pflanzen weit geöffnet im Sonnenlicht und schienen die Hitze sehr zu genießen.

Dancing Grass spürte, daß es einer der letzten heißen Tage sein würde. Noch einmal stieg die sommerliche Hitze an, um dann endgültig loszulassen und den ersten kühlen Stürmen zu weichen. Die Weißen nannten es »Indian Summer«. Sie liebte diese Jahreszeit ganz besonders, denn sie hatte auch etwas Wehmütiges in sich. Vielleicht war es das Gefühl des unaufhaltsamen Wandels, des ewigen Kreises der Natur, der sich immer wieder öffnete und dann wieder schloß. Jetzt begann bald die Zeit der Tänze und der traditionellen Zeremonien, an denen kein Weißer teilhaben durfte.

Sie dachte an Marisa. Sie konnte sie nicht einfach fort-schicken. Nichts war geklärt. Weder Raven noch sie hatten sich ihre Herzen offen gezeigt. Was war, wenn sie die Frau seines Traumes war. Dann war sie mit ihm und seinem Schicksal verbunden. Dann war sie ein Teil von ihm und da-mit auch ein Teil ihrer Familie. Sie mußte dem Großen Geist, der die weiße Frau hierher gebracht hatte, vertrauen und die Dinge ihren eigenen Weg gehen lassen. Sie konnte sich nicht in sein Schicksal einmischen. Doch wenn ihre Hilfe gefragt war, durfte sie sie nicht verwehren.

Die Maiskolben waren geschält. Dancing Grass erhob sich etwas schwerfällig und humpelte in die Höhle. Neben dem erloschenen Feuer lag Marisa auf einer Decke und schlief fest. Dancing Grass betrachtete ihr Gesicht. Es war rundlich und sah im Schlaf noch kindlicher aus als sonst. Ihre goldenen Locken, die jetzt zerzaust und verschwitzt um ihr Gesicht hingen, umrahmten es wie ein helles Licht.

Sie legte die Kolben leise in das Gefäß, das neben der Feuerstelle stand. Kein Wunder, daß sich Raven in sie ver-liebt hatte. Wenn sie schlief, schien sie noch verletzlicher und hübscher als sonst. Oft lag eine tiefe Falte auf ihrer Stirn. Doch jetzt im Schlaf hatte sich diese Falte geglättet und gab ihr das Aussehen eines Kindes. Doch Dancing Grass sah mehr als nur das Äußere. Sie sah in diesem Ge-sicht auch die Geschichte ihrer eigenen Jugend. Sie sah sich plötzlich selbst in diesem Gesicht, welches eine weiße Haut hatte und ihrem eigenen Äußeren niemals ähnlich war. Und trotzdem erkannte sie sich selbst in ihm wieder. Sie legte noch einige Kräuterbündel zurecht, bevor sie die Höhle wieder verließ und sich neben Raven setzte. Seine Augen waren geschlossen, aber er schlief nicht.

»Was macht sie?«

»Sie schläft wie ein Kind.«

Dancing Grass lächelte. Vielleicht würde ihr der Große Geist die Kraft schenken, die Barrieren zu durchbrechen, die ihre Welten trennten. Vielleicht könnte der Geist des Peyote die Antwort zu ihr bringen, nach der sie schon so lange suchte …

Sie vertraute dieser Kraft und nahm sich vor, noch einmal mit Jonathan darüber zu sprechen.

# 15

Annie Little Flower saß im McDonald's-Restaurant in Chinley und dachte nach. Neben ihrem halbgegessenen Hamburger lagen die Gerichtspapiere. Sie hatte zwar ein Verfahren beantragt, aber es würde wesentlich mehr Zeit brauchen, als sie gehofft hatte. Mit einem etwas verlorenen Blick streifte Annie die Buchstaben.

Raven würde, wenn alles gutging, eine Kompensation von etwa 5000 Dollar erhalten. Das war besser als gar nichts.

Beim Wasser war es schwieriger. Die Untersuchungen in Gallup gingen nicht gerade sehr schnell voran. Alle Unterlagen über die Reichweite der Verseuchung des Wassers waren verschwunden. Doch Stone gab mit einem gequälten Gesichtsausdruck zu, daß die Abwässer der Mine einfach in die Wüste abgeleitet wurden. Und das seit Jahren ...

Mit einer Aussage von Sheriff Derringer und den von den Vergiftungen betroffenen Familien konnte sie den Fall gegen die Mine vielleicht sogar gewinnen. Sie war Derringer dankbar. In seiner Nähe fühlte sie sich auf eine seltsame Art sicher, und er hatte seine Ehrlichkeit und seinen Standpunkt klar bewiesen. Derringer hatte ihr auch versprochen, noch einmal mit Stone zu reden, und wollte hier im Restaurant vorbeischauen.

Draußen jagte ein Windsturm Fetzen von Papier und Plastik über die Straße, als sie den Jeep von Derringer in den kleinen Parkplatz fahren sah. Sie beobachtete ihn, wie er schlaksig ausstieg und sich den braunen Hut tiefer ins Gesicht zog. Er war ein baumlanger Mann. Sie reichte ihm sicher kaum bis an die Brust. Seine scharfen Augen hatten sie trotz des trüben Lichts im Restaurant sofort erspäht.

»Hallo, Annie!«

Er begrüßte sie und holte sich an der Theke schnell eine Coke und einen Hamburger. Dann setzte er sich ihr gegenüber an das verhangene Fenster.

»Ich war bei der Mine und habe schon mit Stone gesprochen ...«

Annie sah überrascht auf. Er hatte sein Wort gehalten.

»Ich glaube, er hat mir sogar zugehört. Wenn wir Glück haben, wird sich die Abfindung für Raven ohne lange Gerichtsverhandlungen klären lassen. Aber er will alles Weitere direkt mit dir aushandeln.«

Annie nickte. So war es rechtlich auch angesagt. Es mußte alles über einen Rechtsanwalt abgewickelt werden, wenn es vor der Verhandlung zu einem Vergleich kam und Raven Schmerzensgeld erhielt.

Derringer biß in seinen Hamburger. Der Ketchup spritzte an den Seiten heraus. Er hatte sichtlich großen Hunger. Annie sah ihm belustigt zu. Dann erinnerte sie sich an ihren eigenen Hamburger, der inzwischen kalt war, aber sie biß trotzdem noch einmal hinein.

»Was machen wir nur mit Raven ... Er ist so ein Hitzkopf ...«

Derringer leckte sich den Ketchup von seinem Finger, und Annie lachte. Es sah einfach komisch aus. Dieser baumlange Kerl, der sich die Finger leckte.

»Der wird sich nicht ändern. Er ist und bleibt ein Dickkopf! Wir können nicht sein Kindermädchen spielen ...«

Sie beugte sich bei diesen Worten leicht nach vorn und sah Derringer in die Augen.

Derringer wischte sich schnell den Mund ab und erwiderte ihren Blick. Für den Bruchteil einer Sekunde vergaßen sie alles um sich herum.

196

»Ich muß leider gleich nach Window Rock ... aber wir bleiben in Kontakt. Laß mich bitte wissen, wie es Raven geht ...«

Derringer fiel es schwer, in diesem Moment zu gehen, aber er mußte los. Er erhob sich und drückte Annie die Hand. Seine Augen lagen mit einem besonderers warmen Blick auf ihrem Gesicht.

Annie sah im nach, als er in den Jeep stieg. Er drehte sich noch einmal unerwartet um und winkte. Sie lächelte und hob ebenfalls die Hand. Dann wandte sie sich dem letzten Bissen ihres Hamburgers zu. Die Dinge liefen nicht ganz so, wie sie es erwartet hatte. Aber wenn sie es schaffte, eine separate Begutachtung des Wassers zu beantragen, und wenn diese so ausfiel, wie sie es bereits ahnte, würde eine endgültige Schließung der Mine der nächste Schritt sein. Die Zeichen standen vielleicht also doch nicht so schlecht. Nur mußte sie bald die Angehörigen der Familien ausfindig machen, die von den Verseuchungen der letzten Jahre gesundheitlich geschädigt waren. Sie wußte, daß einige sogar an ihren Vergiftungen gestorben waren, wie Ravens Eltern.

Die Zustände auf der Reservation waren teilweise furchtbar. Es reichte nicht, daß die Familien manchmal stundenlang unterwegs waren, um ihre Wasservorräte zu holen. Was sie dann unter vielen Mühen zurückbrachten, war dazu noch ungenießbar und gefährlich für Mensch und Tier. Die depressive Stimmung wuchs und demzufolge auch der Genuß von Alkohol. Ebenso die meist unerkannten Fälle von Diabetes und Nierenversagen. Sie würde all ihre Kraft brauchen, um gegen die Herrschaft der Mine anzugehen. Die Weißen hatten mehr Geld und mehr Einfluß und auch die besseren Anwälte.

Aber die Mine befand sich auf Indianerland. Kein Indianer wollte seit den Vorfällen der vergangenen Zeit dort mehr arbeiten. Doch Arbeit auf der Reservation war knapp. Sehr knapp. Jetzt mußte sie, trotz dieser Knappheit, ihr eigenes Volk dazu bringen, den Vertrag mit der Mine zu kündigen. Obwohl sie die Zustände auf der Reservation gut kannte, war sie immer wieder von der Not, die hier immer noch herrschte, überrascht. Sicher, einige hatten schon Geld. Die Korruption hatte auch ihr Volk nicht verschont. Doch die meisten waren arm, bettelarm sogar. Sie besaßen nicht einmal das Notwendigste.

Erst letzte Woche hatte der Bruder einer guten Freundin einen Selbstmordversuch unternommen, weil er wegen seiner Trinkerei den Job bei einer Tankstelle verloren hatte. Er lag fünf Tage an einem Beatmungsgerät im Indian Hospital in Gallup. Die Pumpe hob und senkte seine Lungen. Er konnte nicht mehr von selbst atmen. Gestern nachmittag beriet sich die Familie. Die Maschine wurde abgestellt. Er starb, als die Sonne sich im Westen gegen die roten Berge senkte und die Strahlen sein Gesicht trafen. Ein junger Mann, ohne Hoffnung auf eine bessere Zukunft und ohne die Kraft, sein Schicksal zu wenden ...

Annie wurde bitter bei diesen Gedanken. Ihrem Volk war alles genommen worden. Die Menschenwürde, ihr Stolz und ihre Lebensart. Fast alle Navajos schämten sich, das zu sein, was sie waren: Navajos.

Jede Familie erlebte ihre eigene Tragödie. Auch die Mißhandlung von Frauen und Kindern war schon lange keine Seltenheit mehr. Die Trunksucht der Männer hatte viele Familien ruiniert. Die Frauen sahen oft hilflos zu. Sie hatten ihre Arbeit, sie tauschten ihre Gefühle aus. Sie webten und kochten und kümmerten sich um die Schafe. Aber für die meisten Männer gab es keine würdige Arbeit. Sie waren in ihrer Seele immer noch Krieger. Es war beschämend für sie, den Mais zu pflanzen. Viele versuchten es als Feuerwehrmänner in den großen Städten. Sie arbeiteten auch auf Hochhaus-Baustellen, weil sie schwindelfrei waren. Auf diese Art blieben ihnen ihre Würde und ihr Stolz. Manche landeten Jobs in Spielcasinos und wurden selbst süchtig nach Gewinn.

Annie aß den Rest des Hamburgers und füllte ihre Coke nach. Heute abend würde sie bei Elsie vorbeifahren. Damit Raven erfuhr, wie alles stand. Sie wischte sich den Mund ab.

In wenigen Wochen flog sie zurück nach San Franciso in ein anderes Leben, in eine andere Welt. Zurück zu ihrer Arbeit dort. Aber trotz der Armut sehnte sich Annie immer nach der Stille der Reservation, besonders dann, wenn sie vom Lärm der Großstadt überwältigt wurde.

»Annie!«

Eine wohlbekannte Stimme riß sie aus ihren Gedanken. Elsie stand ganz plötzlich vor ihr. Sie trug ihre einzigen Jeans und ein graubraunes, verwaschenes, viel zu großes T-Shirt dazu.

Annie stand auf und umarmte Elsie.

»Ich dachte gerade an dich … Sheriff Derringer hat uns geholfen. Stell dir vor, er hat noch mal mit Stone gesprochen. Es gibt vielleicht einen Vergleich und bald auch Geld für Raven.«

»Annie, du bist die Beste! Komm mit!« Elsie drückte eine volle Tüte mit Hamburgern in einer dicken Silberfolie dichter an sich. »Komm schnell mit. Ich bringe dich heim!«

Der Wind war stärker geworden und wirbelte den Staub zu beiden Seiten des Highways zu dichten Wolken auf. Annie trat mit Elsie vor die rote Schwingtür des McDonald's. Ein plötzlicher Windstoß erfaßte sie und hätte sie fast umgeworfen.

Elsie nahm schnell ihren Arm.

»Hier, ich halte dich, du bist zu dünn, du wehst noch fort!«

Die kleinen Federwolken, die noch am Morgen den Himmel schmückten, hatten sich zu dichten Ballen zusammengezogen. Über der Mesa im Westen, die zu beiden Seiten flach abfiel, wurde der Himmel immer schwärzer. Der Wind wurde zum Sturm, und jetzt roch es stark nach Regen.

Am Rande des Parkplatzes stand Marisas Jeep. Elsie schwang sich hinein und öffnete die Tür für Annie. Elsie bog zum Highway nach Many Farms ein, der jetzt im Sandsturm kaum noch zu erkennen war. Dichte Massen von Staub wirbelten wild durcheinander und rissen runde Ballen von stachligen Gräsern mit sich. Annie hielt ihre Tasche mit den Papieren darin fest auf ihrem Schoß, während Elsie den Jeep geschickt durch das Chaos manövrierte.

»Dancing Grass ist mit Raven und Marisa in Jonathans Versteck.«

Elsie erhaschte einen kurzen Blick von Annie. »Ich bringe jetzt den Jeep dorthin.«

An der Kreuzung in Many Farms, an der die kleine Tankstelle stand, die auch gleichzeitig das Postamt war, stieg Annie aus.

»Raven soll sich bitte, wenn es ihm bessergeht, gleich bei mir melden.«

Sie drückte Elsies Hand. Dann ging sie den Sandweg entlang, der zu dem kleinen Trailer ihrer Verwandten führte. Elsie sahen ihr nach. Ihre schmale Gestalt stand neben dem Häuschen. An der Tür drehte sich Annie noch einmal um und winkte.

Elsie wendete den Jeep und fuhr eine kurze Strecke auf dem Highway zurück, bis sie an das kleine, ausgetrocknete Flußbett kam, das unscheinbar von rechts die Straße kreuzte.

Hier bog sie ab und fuhr in Richtung der hellen, weichgeschwungenen Felsen, die wie Einsiedler aus der Wüstenlandschaft ragten. Einer von ihnen hatte ein riesengroßes Loch in der Mitte. Sie steuerte geradewegs auf ihn zu.

Als Elsie nach einer guten Stunde den Jeep an einer steilen Felswand, die einen breiten Überhang besaß, zum Stehen brachte, war der Himmel schwarz. Sie nahm schnell die Lebensmittel vom Rücksitz und machte sich auf den Weg. Sie ging eine kleine Steinrinne entlang, die schließlich in den Eingang einer Höhle mündete. Dort tastete sie sich weiter, bis der Pfad breiter wurde und in einen größeren Raum mündete. Am Ende dieser Höhle war Tageslicht zu sehen. Sie ging darauf zu. Nach wenigen Minuten erreichte sie einen Seitenarm von Jonathans Höhle.

Dancing Grass und Raven saßen um ein Feuer, das sie in der kleinen Mulde im Freien entzündet hatten.

»Elsie!«

Dancing Grass drehte sich um und lachte. Ihr altes Gesicht legte sich in tausend Furchen und strahlte eine freundliche Wärme aus. Elsie legte die Tüte mit den Hamburgern und andere Lebenmittel ab und umarmte sie freudig. Raven stand auf, ging auf sie zu und umarmte sie ebenfalls.

»Wir dachten schon, du bist verlorengegangen!«

Elsie erzählte, was sie von Annie erfahren hatte. Jonathan und Dancing Grass hörten gespannt zu. Nur Raven schien über diese Entwicklung nicht glücklich. Sheriff Derringer. Was hatte der sich einzumischen? Raven fühlte sich bei dem Gedanken, so abgespeist zu werden, nicht wohl. Sie konnten ihn doch nicht einfach kaufen!

Dancing Grass sah seine Gedanken und wiegte ihren Kopf. »Du mußt heute nichts entscheiden … Laß Zeit vergehen. Dann wirst du wissen, was zu tun ist …«

Seine Schulter schmerzte heute zwar weniger, aber er konnte das Gesicht des weißen Mannes nicht vergessen, der auf ihn geschossen hatte. Er hatte Mühe, seine Wut nicht zu zeigen.

Sein Blick fiel auf Marisa, die jetzt um die Ecke der langen Seitenwand der Höhle bog. Sie mußte bei den Pferden gewesen sein. Marisa kam freudig auf Elsie zu und umarmte sie lange.

»Morgen brechen wir zur Black Mesa auf.« Jonathan hielt inne. »In zwei Tagen ist Vollmond.«

Dancing Grass lächelte ihn an. Er hatte sich also überwunden. Er würde helfen, den Knoten zu lösen, der Marisas Herz umfangen hielt.

Marisa konnte es nicht fassen. Endlich würde sie die

Black Mesa sehen. Den sagenumwobenen Berg der Ahnen und der geheimen Zeremonien. Ihr Herz machte einen Sprung. Vielleicht konnte sie den Kontakt zu ihrer Mutter finden und damit ein neues Leben beginnen. Sie fühlte sich plötzlich voller Mut und frischer Kraft. Raven nickte und sah Jonathan an. In seinen Augen, die im Feuerschein wie dunkle Seen waren, erschien ein neues Licht.

Nach einem kurzen Abendessen, das wieder aus Frybread und Bohnen bestand, legten sich alle zum Schlaf nieder. Morgen war ein langer Tag.

Nur Jonathan saß noch eine gute Weile allein am Feuer und legte Holz nach. Die Nacht war kühl und klar. Der Regen war weitergezogen und an einer anderen Stelle der vollkommen ausgetrockneten Landschaft niedergegangen. Nun kam es auf ihn und Dancing Grass an. Sie mußten ihre Kräfte auf die richtige Weise miteinander verbinden, damit der Große Geist das Wunder vollbrachte.

Am nächsten Morgen brachen sie gegen Mittag auf. Raven saß neben Marisa im Jeep. Elsie saß hinter ihnen mit den Decken und Lebensmitteln. Alle Plastikflaschen waren prall mit frischem Quellwasser gefüllt. Marisa war sich plötzlich überhaupt nicht mehr sicher, ob sie das Vertrauen der Freunde nicht irgendwie ausnutzte, wenn sie bei diesem Abenteuer auch an ihren Artikel dachte. Sie fühlte sich sehr unwohl bei dem Gedanken, alles nur mit den Augen einer Journalistin zu sehen.

Dancing Grass und Jonathan nahmen die Abkürzung zu Pferd. Das gab ihnen die Gelegenheit, über einiges zu sprechen. Morgen abend trafen sie sich auf der Black Mesa wieder. Sie führten Ravens Pinto an einem Seil mit.

Während der Fahrt durch kaum erkennbare Sandstraßen, die hier wie ein Spinnennetz das Land durchzogen, erklärte Elsie Marisa die Namen der Mesas. Crescent Moon war einer der Tafelberge, der zu ihrer Linken lag. Wie eine halboffene Schale ruhte er in der Wüste. Sein dunkles Rot strahlte eine ganz besondere Kraft aus. Marisa konnte ihre Augen nicht von ihm lösen. Ein großer Felsbrocken, den sie umrunden mußten, riß sie in die Gegenwart zurück.

»Hier am Flußbett fahr nach rechts! Dort oben liegt das alte Kohlebergwerk, das stillgelegt wurde.«

Raven sah sie von der Seite an.

»Willst du, daß ich fahre?«

Marisa lehnte dankend ab.

Nach einer guten Stunde machten sie halt. Sie hatten einen kleinen Bergkamm erreicht, von dem man einen wundervollen Rundblick auf all die umliegenden Tafelberge gewann. Jetzt übernahm Elsie das Steuer. Sie scherzte mit Raven und gestand Marisa, daß auch sie keinen gültigen Führerschein besaß.

»Aber wie du siehst, fahre ich nicht schlecht!«

Elsie durchquerte eine weite Ebene, in der es unzählige kleine Mesquitebüsche gab, an denen winzige braune Bohnen hingen, und bog dann in eine fast unsichtbare Fahrspur ein, die in Richtung einiger langgestreckter Mesas führte. Eine davon hob sich von allen anderen deutlich ab, sie schien vollkommen schwarz aus dieser Entfernung. Sie sah aus wie ein riesiger flacher, glänzender Hut.

Nach einer Zeit, die Marisa wie eine kleine Ewigkeit erschien, erreichten sie den Fuß der schwarzen Mesa. Die Silhouette hob sich jetzt scharf vom orangeroten Himmel ab. Diese Mesa war gewaltig, und es schien eine seltsame Kraft von ihr auszugehen. Vielleicht lag es an den ungewöhnlichen Farben. Das Gestein schimmerte in einem tiefen Indigo, gemischt mit glitzerndem Silbergrau. Es war nicht rötlich, wie das Gestein der anderen Mesas. Frische dunkelgrüne Tupfer auf den steilen Hängen, die hier und da in Kliffs endeten, deuteten Büsche und Sträucher an. Doch das ganz Besondere war das magische Licht, das über dem Berg lag und ihn fast einzuhüllen schien …

Elsie stellte den Motor ab und stieg aus. Wortlos öffnete

sie die Tür und nahm die Bündel mit Lebensmitteln und Wasser an sich. Einen Teil reichte sie Marisa und Raven. Elsie ging voran. Sie stiegen schweigend einen Hang der Mesa hinauf, der nicht allzu steil war.

Der Mond stieg im Osten auf wie ein riesiger Ball. Er war fast voll und leuchtete tiefrot im hellen Graublau der Nacht. Nach einer guten Stunde Anstieg erreichten sie das Plateau der Mesa. Zur Rechten standen zwei Hogans und mehrere Gerüste, die mit Zweigen und Laub bedeckt waren. Bis auf die Zikaden, die man in regelmäßigen Abständen hörte, war alles totenstill. Elsie gab Marisa ein Zeichen, ihr Bündel in dem kleineren Hogan abzulegen. Raven verschwand kurz und kam dann mit einem Arm voll Holz durch die Tür, das er an der Feuerstelle ablegte. Dann lehnte er sich an die Wand und zerrieb einige Kräuter in seinen Händen. Sein Blick streifte Marisa und blieb an ihren Augen hängen. Heute nacht würde sie neben ihm schlafen.

Nachdem Elsie in der Blechtonne ein Feuer entzündet hatte, legte sich Marisa wortlos neben Raven. Elsie blieb auf der anderen Seite des Feuers sitzen und breitete dort ihre Decken aus. Marisa fühlte Ravens Körper, obwohl er sie nicht berührte. Sie lag mit dem Rücken zu ihm und spürte seine Atemzüge in ihrem Nacken. Er atmete tief und ruhig. Sie wußte nicht, ob er schlief. Lange konnte sie keine Ruhe finden. Die Vibrationen seines Körpers durchdrangen sie wie eine warme Strömung, der sie nicht entrinnen konnte. Doch dann überkam auch sie der Schlaf.

Als sie erwachte, war es noch tiefe Nacht. Raven lag auf der Seite. Sie konnte sein Gesicht im hellen Mondschein, der durch das Rauchloch drang, gut erkennen. Sie betrachtete sein Gesicht. Immer wieder blieb ihr Blick am Schwung seiner Lippen hängen. Sie hatten etwas Herrisches und zugleich etwas Weiches und Sinnliches an sich. Marisa drehte sich vorsichtig ganz zu ihm um. In diesem Moment öffnete er die Augen und sah sie an. Sein Blick war vollkommen wach, so als hätte er nicht geschlafen. Ohne ein Wort zu sagen, nahm er sie in seine Arme. Sein Mund verschloß ihre wartenden Lippen. Die Harmonie ihrer Körper verwandelte sich in eine Kraft, die alle Fesseln sprengte und alle Barrieren löste.

Als der Morgen graute, erwachte Marisa. Sie glaubte Elsies Umrisse auf der anderen Seite des erloschenen Feuers zu erkennen, als Raven sie an der Schulter faßte.

»Still, komm mit!«

Er half ihr mit seinem gesunden Arm auf die Füße. Marisa zog den Schal enger um sich und suchte ihre Stiefel. Vor dem Hogan zog sie sie an und ließ sich von ihm an der Hand nehmen. Raven führte sie an den Rand der riesigen Mesa. Im Osten erschien gerade ein schwaches Licht. Die dunklen Pinion-Büsche am Steilhang erschienen wie Wächter, die diesen wundersamen Ort beschützten. Diese geheimnisvolle Landschaft und das magische Licht erinnerten Marisa in diesem Augenblick an die Visionen, die sie im Hogan von Dancing Grass erlebt hatte.

Raven riß sie aus ihren Erinnerungen und deutete mit seinem Arm in südliche Richtung. Auf einem Felsvorsprung saß ein Tier und sah ganz ungerührt zu ihnen hinüber. Marisa zuckte zurück, doch Raven hielt beruhigend ihren Arm fest.

»Es ist wieder unser Freund Coyote, ein gutes Zeichen für heute abend!«

Sie standen eng umarmt in der klaren Morgenluft und beobachteten den Coyoten, bis die ersten Sonnenstrahlen die Ebene rot zu färben begannen. Marisa Kopf lehnte an Ravens Brust. Sie reichte ihm gerade bis unter das Kinn. Sein Arm lag warm um sie, und Marisa fühlte sich vollkommen geborgen.

Leise Geräusche vom Hogan her verrieten, daß sich Elsie an der Feuerstelle zu schaffen machte. Marisa hörte etwas klappern und drehte den Kopf zu Raven. Sie wünschte sich, daß dieser Augenblick nie enden würde. Raven berührte ihre Stirn mit seinen Lippen und zog sie noch einmal fest an sich. Dann nahm er ihre Hand, und sie gingen gemeinsam zur Hütte zurück.

Elsie rief sie neckend, als sie sich dem Hogan näherten. »Ihr müßt doch großen Hunger haben?!«

Raven und Marisa setzen sich das erste Mal eng nebeneinander an das Feuer, auf dem ein dampfender Kessel mit heißem Wasser stand. Sie aßen eine einfache Mahlzeit, bestehend aus Frybread, das Elsie mit etwas trockenem Fleisch und Bohnen belegt hatte, was allen vorzüglich schmeckte.

Dann war es an der Zeit, die Scheite für das Feuer der Zeremonie vorzubereiten. Das Feuer mußte die ganze Nacht durch brennen. Raven half mit, so gut er konnte, und Elsie und Marisa schälten die üblichen Maiskolben für das abendliche Mahl.

# 16

Gegen Mittag trafen Jonathan und Dancing Grass ein. Sie hatten am Snake Creek übernachtet und hatten lange am Feuer gesessen, um sich wegen Marisa zu einigen. Während sie mit Elsie die nötigen Dinge für die Zeremonie vorbereiteten, saßen Raven und Marisa unter einem Pinienbusch und sprachen miteinander. Es war, als hätten sich ihre Welten das erste Mal wirklich füreinander geöffnet. Marisa offenbarte Raven ganz spontan Dinge, über die sie mit keinem Menschen zuvor gesprochen hatte. Sie sprach über ihre Angst vor dem Alleinsein und über ihre Tablettensucht, für die sie sich schämte. Sie erzählte ihm von ihrer Furcht, ihre wahren Gefühle zu zeigen. Der Damm war gebrochen, und Raven hörte still zu.

Er war vollkommen in sich versunken, während er aufmerksam jedem Wort lauschte, das über ihre Lippen kam. Ein großer Schmerz sprach aus ihren Worten. Sie berührten ihn tief und erinnerten ihn an seinen eigenen Schmerz. Raven verstand.

Nach einiger Zeit wurde Marisa ruhiger, und es flossen weniger Worte. Dankbar hielt sie seine Hand und sah in sein Gesicht. Es strömte eine Milde und ein Verständnis aus, das für sie neu war. Plötzlich erschien er ihr älter und weiser als zuvor. Sie spürte seine warme erdverbundene Kraft durch seine schlanken, braunen Hände strömen und schloß dankbar die Augen.

Auf der westlichen Seite der Black Mesa sank jetzt die rote Sonne und gab den tiefvioletten Schatten, die sich wie lange Finger nun der Ebene bemächtigten, immer mehr Raum. Auf der anderen Seite der Mesa erschien der Vollmond, in ein herrliches, leuchtendes Orange gekleidet, vor einem taubenblauen Firmament.

Marisa und Raven sahen sich an. Aus ihren Augen sprühten Stärke und neue Hoffnung. Sie nahmen sich an der Hand und schlenderten langsam zu den Hogans zurück.

Elsie fegte gerade im großen Hogan einen Kreis um die alte Blechtonne sauber. Kurz darauf entzündete Jonathan darin ein großes Feuer. Dancing Grass nahm Marisa mit in den kleinen Hogan und deutete ihr an, sich hinzusetzen. Dann trat sie mit einem Federbüschel hinter sie und begann damit sanft über ihren Kopf zu streichen. Marisa zuckte zusammen. Doch dann begann sie sich zu entspannen und die leichte Berührung zu genießen.

Ihr Körper schien sich wieder auf seltsame Weise zu öffnen ... Besonders um den Kopfbereich herum. Doch dann bekam sie plötzlich Furcht, und ihr Atem wurde schneller. Dancing Grass begann zu singen. Marisa erinnerte sich ... Die Furcht in ihr verschwand und machte einer tiefen, inneren Ruhe Platz. Ihr Körper wurde noch weicher und lockerer, bis sie ganz von selbst rückwärts auf die Decke sank, die Dancing Grass für sie ausgebreitet hatte.

Jonathan nahm vorsichtig die getrockneten Peyoteköpfe aus dem Lederbeutel und begann sie mit einem kleinen Messer in ebenmäßige Stücke zu schneiden. Dabei summte er ein Lied. Auf dem Feuer stand ein Topf mit Kräutern für den zeremoniellen Tee. Daneben eine Pfanne mit Wasser, die für das Peyote bestimmt war. Darin würde der Kaktus sieden, bis ein Brei entstand. Elsie und Dancing Grass breiteten unterdessen sorgfältig dicke, bunte Wolldecken um die Feuerstelle aus und fegten noch einmal den sandigen Boden glatt. Dann setzten sich alle im Kreis um die Blechtonne, aus der ein helles Feuer hervorloderte.

In diesem Augenblick betrat Raven den Hogan. Sein

Haar floß offen über seinen braunen Rücken und reichte ihm fast bis zur Taille. Sein Oberkörper war nackt und sein Gesicht mit weißer und schwarzer Farbe bemalt. Seine rechte Schulter trug einen frischen Verband, der mit einem grünen Tuch umwickelt war. Er nahm die Wassertrommel, die ganz wie eine normale kleine Trommel aussah, zwischen seine Knie und begann sie langsam zu schlagen. Jonathan hatte sie zuvor von unten her mit Wasser gefüllt und die Lederbänder, welche die Trommel zusammenhielten, sorgfältig stramm gezogen. Ihre Laute erklangen dumpf und voll. Raven begann zu singen.

Die Töne hallten wie dumpfe Schreie in die Stille der Nacht. Jonathan, Elsie und Dancing Grass stimmten in seinen rhythmischen Gesang ein. Das Feuer knisterte laut, und der Sud brodelte in den Töpfen leise gluckernd vor sich hin. Auf einen Wink von Jonathan brachte Raven ein Glas mit Maishüllen und Tabak. Alle drehten sich eine dicke Zigarette und zündeten sie an einem Stock an, der in der Glut gelegen hatte. Sie stießen den Rauch nach allen vier Himmelsrichtungen aus und murmelten ein Gebet. Sie berührten sich an ihren Herzen und ihren Köpfen und segneten den Augenblick.

Raven reichte die Wassertrommel an Jonathan weiter. Dancing Grass nahm ihre große Adlerfeder und fächelte das Feuer.

Der Mond hing hoch über dem Hogan, als sie die Medizin des Peyote einnahmen. Sie reichten den grünlichen Brei herum, und alle nahmen einige Löffel davon. Danach trank jeder einen Becher des Kräutertees, denn der Brei schmeckte sehr bitter. Jonathan begann wieder zu singen, und Raven stimmte kraftvoll ein. Als genügend glühende Kohlen in der Blechtonne lagen, nahm er einen Holzrechen und kehrte sie in Sternenform am südlichen Ende des Ofens aus und legte frisches Holz nach.

Raven saß zwischen Jonathan und Dancing Grass. Als

die erste Vision in ihm aufstieg, sah er im Feuerschein, der aus der Blechtonne flackerte, seine Eltern. Die blaue Flamme war seine Mutter und die gelbe sein Vater. Sie lachten und tanzten. Sie winkten ihm zu. Sein Geist verband sich in diesem Augenblick mit ihrem Geist. Der monotone Ton der Wassertrommel, verbunden mit dem Klang einer Rassel, die Dancing Grass rhythmisch dazu bewegte, brachte tiefen Frieden in Ravens Herz. Seine Augen schlossen sich, und er hörte die Stimme seines Vaters, die aus der Tiefe seines Inneren zu ihm sprach.

»Du mußt jetzt deinen Weg gehen. Du hast jetzt die nötige Kraft und das Wissen, um deine Arbeit zu tun. Erinnere dich an deine wahre Kraft, an das, was du in Wirklichkeit bist ... Erinnere dich an dich selbst. Alles ist gut!

Hozoji!«

Raven hörte die Worte seines Vaters ganz deutlich in seinem Herzen widerhallen. Wie in Wellen kam das Echo auf ihn zu und entfernte sich wieder ...

Mit einem kleinen Ruck kam Raven in seinen Körper zurück und öffnete die Augen.

Dancing Grass und Elsie saßen noch immer mit geschlossenen Augen an der Wand des Hogans. Nur Jonathan hatte sich bewegt und mehr Wasser geholt, und alle tranken wortlos aus demselben Blechbecher. Raven blickte lange in die Flammen, die aus der Blechtonne emporzüngelten, und sah dem Rauch nach, der sich nach oben aus der Öffnung des Hogans in den schwarzblauen Himmel kräuselte. Er hörte wieder das Lachen seiner Mutter ...

Ahalani! Beautiful!
Ahalani! Beautiful!
Ahalani! Beautiful!

Sein Herz schrie diese Worte hinaus in das All. Für den Großen Geist, um Dank zu sagen, an seine Eltern, für das Geschenk seines Lebens. Seine Augen leuchteten, als er Jonathan, Elsie und Dancing Grass lächeln sah. Er spürte die

Verbindung ihres Blutes. Er spürte die Kraft ihrer Herzen. Er spürte, daß sie auf immer miteinander verbunden waren. Er spürte, daß seine Eltern lebten. Er spürte die Kraft seines Klans, die Kraft seines Volkes. Sie waren eins.

Ahalani!

Ravens Herz erinnerte sich in diesem Augenblick an Marisa. Als das letzte Lied verklungen war, stand er auf, ging den Kreis nach Osten um das Feuer und trat ins Freie. Der weite Himmel wölbte sich über ihm wie eine riesige Kuppel. Sterne und Mond strahlten heller in dieser Nacht. Er zog die frische Nachtluft dankbar in seine Lungen und ging zu dem kleinen Hogan, in dem Marisa ruhte. Sie lag noch immer bewegungslos auf dem Boden, auf einer der Schafwolldecken von Dancing Grass. Ihre Augen waren geschlossen, doch ihre Lippen bewegten sich. Raven konnte ihre Worte nicht verstehen. Sie redete in einer anderen Sprache. Er trat näher und sah, daß Tränen über ihre Wangen liefen. Doch ihr Gesichtsausdruck war entspannt. Er kniete sich hinter sie und nahm ihren Kopf sanft in seine Hände. Die Tränen versiegten, und Marisa sah nach oben, direkt in seine Augen. Es war Raven, als sähe er in diesem Moment sein eigenes Gesicht.

Als Marisa einige Minuten später an Ravens Arm in den Hogan trat, stand Elsie auf und breitete eine weitere Decke zwischen sich und Dancing Grass aus. Marisa nahm still darauf Platz. Es schien in diesem Augenblick ein stummes Einverständnis zwischen allen zu herrschen, daß alles richtig war und so sein mußte.

Jonathan gab ihr eine Tasse Tee zu trinken und reichte ihr den Kräutertabak und die Maishülsen. Dann griff er nach der Trommel und begann wieder zu singen. Marisa drehte sich umständlich eine dicke Zigarette, und Raven reichte ihr den glühenden Stab aus dem Feuer, um sie anzuzünden. Sie rauchte langsam und trank den Tee in kleinen Schlucken.

Nach einer guten Weile, die ihr wie eine Ewigkeit erschien, reichte Jonathan den Brei zum zweitenmal herum, von dem auch sie einige Löffel aß. Marisa wußte instinktiv, daß es sich um eine heilige Medizin handelte, und vergaß ihre Angst. Sie schluckte den bitter schmeckenden Brei tapfer hinunter und spülte mit dem Kräutertee nach.

Sie sah in das Feuer, das Raven immer wieder von neuem schürte und neu aufschichtete. Sie beobachtete Dancing Grass und Elsie, die mit leicht geschlossenen Augen neben ihr saßen. Jonathan hielt jetzt eine Trommel zwischen den Knien, und Raven hatte einen seltsam geformten und mit Federn behangenen Stab in der Hand. Er sang durchdringend laut. Die Töne stiegen auf, wie Rauch aus dem Feuer, wie ein Gebet, eng verwoben, zu Ehren des Großen Geistes.

Marisas Körper begann sich jetzt immer tiefer zu entspannen. Sie saß aufrecht, im Schneidersitz, an der braunen Erdwand des Hogans.

In diesem Augenblick wurde ihr bewußt, daß sie sich auf einmal wesentlich größer fühlte als ihr physischer Leib ... Ihr Kopf wollte Einspruch erheben, aber er kam nicht mehr zu Wort. Eine wohltuende Ruhe senkte sich in ihr Herz, und sie begann, alles um sich herum auf eine vollkommen veränderte Weise wahrzunehmen ...

Der Körper von Dancing Grass und auch der Körper von Elsie schienen auf eine wundersame Art zu vibrieren. Es war ihr, als fühlte sie ihre Herzen in ihrem eigenen Körper mitschlagen. Marisas Furcht und gleichzeitig auch ihre Sehnsucht, den unendlichen Schmerz um den Verlust ihrer Mutter wieder zu spüren, waren plötzlich fort. In ihrem Inneren breitete sich jetzt ganz von selbst eine immer tiefer werdende Ruhe aus. Eine Stille, die sie noch nie zuvor erfahren hatte. In dieser Stille, in dieser tiefen Ruhe, die jetzt in ihr herrschte und die ihr ganzes Wesen umfaßte, war sie bereit, alles in ihrem Leben anzunehmen, was geschehen würde und was auf sie zukam.

Es erschienen Bilder der Vergangenheit vor ihrem inneren Auge, eine Kette von Ereignissen, die sich in geordneter Folge aneinanderreihten und einen ganz neuen Sinn ergaben. Einsichten offenbarten sich, Erkenntnisse stiegen ganz von selbst in ihr hoch, ohne neue Gedanken zu formen ... Sie war vollkommen bewußt und klar und besaß doch keine Erinnerung ...

Dann sah sie sich ganz plötzlich wieder unter der roten Felswand liegen und durch einen tiefblauen Himmel ins Nichts starren. Ihr Kopf war leer. Sie sah und begriff alles, ohne zu denken.

In diesem Augenblick stieg eine allesumfassende Freude in ihr auf, die jede einzelne Zelle ihres Leibes zu durchdringen schien. Ihr Herz öffnete sich dieser pulsierenden Energie und begann eine tiefe Kraft auszustrahlen. Eine Kraft, die alles in sich aufzunehmen schien und die aus einer schier endlosen Quelle in ihr selbst kam. Wellenartig schlugen die Schwingungen dieser Kraft über ihr zusammen, und sie fühlte sich geborgen wie im Mutterleib. Nichts störte den Raum der Stille, in dem sie sich befand ...

Marisa öffnete die Augen. Plötzlich stand ihre Mutter mit weit ausgebreiteten Armen vor ihr. Sie trug das Kleid mit den Blümchen.

Mutti!

Marisas Stimme versagte. Sie bekam keinen Ton heraus. Ihre Kehle war trocken. Die Augen ihrer Mutter leuchteten mit unsagbarer Kraft und Liebe. Marisa fiel in ihre Arme und begann zu schluchzen. Ihre Mutter strich ihr sanft über das Gesicht, bis die Tränen versiegten. Sie hob sie empor, als sei sie noch ein kleines Kind, und drückte sie an ihr Herz. Marisa spürte ihren eigenen Körper nicht mehr. Sie lag am Herzen ihrer Mutter, nach der sie sich so lange gesehnt hatte. Ihre Sinne schwanden, und sie fiel in einen unbenennbaren Zustand von grenzenloser Glückseligkeit. Marisa hörte das Herz ihrer Mutter, jetzt eins mit dem unendlichen Herzen des Universums, lebendig in ihrem eigenen Herzen schlagen.

Auf ewig eins ...

Auf ewig vereint ...

Auf ewig eins ...

Es pulsierte ganz tief aus ihrem Inneren ...

Im nächsten Augenblick schienen sie beide zu schweben. Marisa war jetzt, als flögen sie höher und höher, dem Himmel entgegen.

Als sie ihre Augen wieder öffnete, stand sie an der Hand ihrer Mutter auf einer herrlichen Blumenwiese. Alles duftete! Jede Blume verströmte einen wundersamen, betörend himmlischen Duft. Ihre Farben waren so klar und rein, daß sie fast durchsichtig schienen. Marisa fiel in diese Blumenwelt hinein und konnte sich nicht satt sehen und satt riechen an dieser Pracht. Sie vergaß Raum und Zeit und spielte wie früher auf der Bergwiese ... und ihre Mutti war ganz nahe bei ihr.

Plötzlich waren sie nicht mehr allein. Aus einem kleinen Wäldchen, das die Zauberwiese umgab, kamen zwei Gestalten auf sie zu. Sie schienen mehr zu schweben als zu gehen. Sie berührten die Blüten kaum, über die sie hinwegschritten. Marisa blinzelte mit den Augen. Sie konnte nicht erkennen, wer sie waren. Um ihre Köpfe leuchtete jedoch ein seltsames Licht. Dieses Licht schien in allen Regenbogenfarben zu pulsieren und verwandelte sich ständig.

Die beiden Gestalten kamen näher. Jetzt erkannte sie ihren Vater und ihren Großvater. Ihr Herz weitete sich, und sie fühlte deutlich, wie eine warme Welle der Kraft aus ihrem Herzen ihnen entgegenströmte ... Ihre Körper schienen durchsichtig, obwohl sie Kleidung trugen.

Als Marisa sie ansah, leuchteten ihre Augen auf. Marisa glaubte in ihnen sogar helle Funken aufblitzen zu sehen, die in winzigen Kreisen wie ein göttliches Feuerwerk aus ihren Augen strahlten.

Ihr Vater trat zu ihr und nahm sie in die Arme. Marisa

spürte eine warme, durchdringende Kraft in all ihre Glieder strömen … Sie fühlte sich plötzlich kleiner werden und hatte das Gefühl, als Baby in seinen Armen zu liegen. Er hatte sie oft in den Schlaf gewiegt … Diese Erinnerung stieg auf einmal glasklar in Marisas Bewußtsein auf. In diesem Augenblick ließ etwas Hartes und Erstarrtes in ihr los, und ihre eigene Lebenskraft begann wieder voller und stärker zu fließen …

Sie stand plötzlich wieder auf dem Boden und hielt den Großvater in den Armen. Er schien jetzt kleiner und zierlicher zu sein. Sie blickte in seine gütigen Augen und hörte wieder sein Lachen, er sagte etwas … sie hörte Laute, aber keine Worte. Es war wie ein Echo, das in den Membranen ihres Gehirns widerhallte. Sie umarmte ihn innig. Ihr Großvater sah plötzlich viel jünger und frischer aus, als sie ihn in Erinnerung hatte. Marisa erkannte sich plötzlich auch in seinen Zügen wieder …

Dann faßten sie sich an den Händen und bildeten einen Kreis. Ein gebündelter Strom von Kraft hielt sie zusammen und ließ sie zu einer einzigen Energie verschmelzen.

Als sie wieder zu sich kam, saßen sie zusammen am Rand eines kleinen Baches, der sich langsam durch feines, goldgelbes Blattwerk schlängelte. An seinen Seiten stiegen steile, rot leuchtende Felsen empor. Über ihnen kreiste ein großer, schwarzer Vogel. Seine Rufe schallten zu ihnen hinunter.

Es war, als riefe er ihr zu … und Marisa bekam plötzlich das deutliche Gefühl, daß sie nun Abschied nehmen mußte.

Ihre Mutter schien mit ihren Augen zu ihr zu sprechen.

»Wir sind immer um dich. Du bist niemals allein …

Niemals allein …

Du mußt dich nur an uns erinnern …

Wir leben in deiner Erinnerung weiter …«

Marisa sah zu ihrem Vater und ihrem Großvater auf. Beide nickten. Mit einemmal wußte sie, daß sie die Wahrheit sprachen. Es gab kein Ende. Formen wandelten sich.

Sie kamen und gingen. So, wie auch die ihre sich einmal auflösen würde.

Aber die Erinnerung blieb … Sie blieb auf ewige Zeit in aller Herzen lebendig.

Der Vogel über ihr rief jetzt lauter. Sie streckte noch einmal die Arme nach ihrer Mutter aus. Noch einmal bildeten sie einen Kreis. Sie standen eng umarmt, bis der Vogel das dritte Mal rief.

Eng umarmt von ihrer Mutter, stand Marisa und starrte auf die langsam unsichtbar werdenden Körper ihres Vaters und ihres Großvaters. Sie lächelten ihr durch das goldene Licht noch einmal aufmunternd zu. Dann waren sie fort. Wo sie gestanden hatten, war nichts mehr. Marisa konnte nicht fassen, was sie sah. Ihr Kopf versuchte zwar krampfhaft zu verstehen, doch es gab keine Erklärung.

Nun löste sich auch ihre Mutter aus der Umarmung und hielt ihr mit einem kleinen Lächeln etwas entgegen. Es war eine kleine schwarze, glänzende Feder.

»Hier, jemand wartet auf dich …«

Ihre Augen erstrahlten wieder mit einem herrlichen, inneren Licht, und noch einmal strömte ihre unendliche Liebe in Marisa ein. Und dann löste sich auch ihre Gestalt auf, bis sie zu einem goldenen Nebel wurde, der schimmernd den Bachlauf hinunterzog …

Marisa hielt den Atem an. Doch bevor sie einen Gedanken fassen konnte, rief sie jemand.

»Marisa!«

Hoch über ihr auf einer Klippe stand ein Mann. Er winkte ihr zu.

Marisa fühlte nur noch, daß sich ihre Arme ausstreckten und sich ihr Körper ganz von selbst emporschwang. Der Mann breitete lachend seine Arme aus. Sie flog direkt in sie hinein. Seine Arme schlossen sich um sie … Sie waren warm und stark. Sie fühlte sich geborgen. Sie sah auf in sein Gesicht und erkannte den Mann. Es war Raven.

Als Marisas Bewußtsein wieder in ihren Körper zurück-kehrte, war sie die Erdwand heruntergerutscht und lag seitlich auf dem Boden. Jemand hatte eine Decke gebracht und sie damit zugedeckt. Ihr Körper fühlte sich warm und geborgen an.

Marisa sah zu Raven hinüber, der wieder am Feuer kniete und gerade frisches Holz nachlegte. Ihre Augen und Herzen trafen sich im Bruchteil einer Sekunde, die ihr wie eine Ewigkeit schien. Sie hatte das Gefühl, daß er mit ihr gereist war. Es lag kein Schleier mehr zwischen ihnen. Sie sah in sein unschuldiges Gesicht, und Tränen traten in ihre Augen. Sie sah sein Wesen so klar vor sich wie das Feuer selbst. Seine Energie pulsierte. Sie dehnte sich aus und zog sich wieder zusammen in einem magischen Rhythmus. Marisa konnte ihren Blick nicht von ihm wenden. Nichts schien sie mehr zu trennen. Sie floß in ihn ein. Er schien sie aufzusaugen, und sie strömte immer tiefer und tiefer in ihn ein … bis sie zu einem einzigen Wesen verschmolzen …

Jonathan rief etwas und brach den Bann.

Marisa schüttelte sich und setzte sich auf. Elsie legte er-neut die Decke um ihre Schultern. Marisa nahm einen Zipfel und zog ihn über ihren Kopf. Raven drehte sich um und brachte wieder den Tabak mit den Hülsen.

Dancing Grass begann jetzt in ihrer Sprache zu reden. Sie sprach lange und eindringlich. Dann war Elsie an der Reihe. Sie weinte und hielt ein Tuch vor ihr Gesicht. Schmerz brach aus ihr heraus und wusch alles sauber.

Marisa konnte ihre Worte nicht verstehen, doch sie ver-stand den Inhalt. Dann blickten alle Augen auf sie. Raven reichte ihr Wasser aus einem Kübel. Marisas Kehle war plötzlich trocken, und sie übergab sich. Raven kam mit einer kleinen Schaufel und einem locker gebundenen Be-sen und fegte alles sehr liebevoll und fast ehrfurchtsvoll fort und entsorgte es draußen.

Dann erklang Marisas Stimme plötzlich ganz von selbst. Sie hörte sich sagen, wie glücklich und dankbar sie war, hier in dieser Runde sein zu dürfen. Wie sehr sie sich diesen engen Kontakt gewünscht hatte und wie wichtig es für sie war, dieses Erlebnis mit allen Anwesenden zu teilen.

Es war eine große Ehre.

Sie sprach von ihrer Mutter und ihrer Familie. Ihre Worte bekamen einen leichten und dankbaren Klang. Die Einfachheit überraschte sie. Alle verbalen Schnörkel fielen ab, und sie sprach jetzt ganz aus ihrem Herzen. Sie sprach von Dingen, die sie längst vergessen glaubte, sie sprach von Schmerzen und Wunden, die sie sorgfältig vergraben hatte und die jetzt nach Erlösung und Heilung riefen. Sie erzählte allen, was sie gesehen hatte. Alle im Kreis nickten ihr berührt und liebevoll zu.

Nachdem Marisa gesprochen hatte, ging die Wassertrommel wieder an Raven weiter. Er hielt seine Augen geschlossen, als er die Trommel noch kraftvoller schlug als zuvor. Jonathan begann aus voller Kraft mitzusingen. Auch Dancing Grass und Elsie stimmten ein. Marisa spürte ebenfalls einen Drang einzustimmen, doch es kam kein Ton. Sie rückte sich auf ihrer Decke wieder zurecht und lehnte sich zurück. Die Erdwand gab Halt, und sie ließ sich wieder in ihr Inneres sinken. Alles war gut. Sie verspürte keine Angst mehr vor ihrem Leben. Was immer auch auf sie zukam, sie würde jetzt damit umgehen können. Wieder fühlte sie eine unendlich tiefe Dankbarkeit in sich. All ihre Befürchtungen hatten sich heute nacht in dieser Dankbarkeit aufgelöst. Was blieb, war ein klarer Raum der Einfachheit und Klarheit. Eine Einfachheit, auf die sie nie geachtet hatte, weil alles in ihrem Leben bisher immer kompliziert sein mußte, nur um Sinn zu ergeben. Marisa sah jetzt ganz deutlich, daß sie selbst es war, die sich ihren Lebenssinn immer wieder von neuem selbst erschuf. Sie sah, daß sie nicht weiter um den Abschied ihrer Mutter trauern mußte, nur um ihre Liebe zu beweisen. Sie durfte wieder froh sein. Ihre Mutter hätte es nicht anders gewollt. Sie hatte sich immer nur gewünscht, daß ihr Kind glücklich war … und zufrieden.

In diesem Augenblick fiel eine schwere Last von Marisa ab. Eine unendliche Schwere und abgrundtiefe Traurigkeit, deren sie sich nie wirklich bewußt gewesen war und die ihr Leben wie ein Vorhang verdunkelt hatten, wichen von ihr. Sie atmete tiefer durch, und ihre Lungen schienen sich mit mehr Luft zu füllen als zuvor. Marisa roch jetzt ganz plötzlich auch deutlich den Rauch, der fast unsichtbar durch die Öffnung in der gewölbten Decke des Hogans in den sternklaren Himmel stieg.

Jonathan war aufgestanden und deutete allen mit einer kleinen Bewegung an, den Hogan zu verlassen. Als Marisa an die Luft trat, hatte sie das Gefühl, neu geboren zu sein. Alles in ihrem Leben war jetzt anders. Sie konnte noch einmal neu beginnen und alles Alte hinter sich lassen. Sie sah gen Osten und bemerkte einen Stern, der ihr durch die Dunkelheit hell zuleuchtete. Ganz plötzlich verspürte sie wieder den Geist ihrer Mutter um sich, und heiße Tränen der Freude liefen über ihre Wangen.

Raven trat von hinten lautlos zu ihr und nahm ihre Hand. Er hielt sie eng umfangen. Gemeinsam sahen sie dem Morgenstern entgegen. Alles war im Einklang. Alles war wundervoll in seiner Klarheit und Einfachheit.

Nach einigen Minuten gingen sie in den Hogan zurück und setzten sich wieder in den Kreis um das Feuer. Niemand sprach. Die Trommel und der Stab wurden herumgereicht, und die gutturalen Laute der alten Lieder, der geheimnisvollen Zeremonien der Klans, stiegen weiter mit dem Rauch in den ewigen Himmel. Marisa wurde von einer Welle der Müdigkeit erfaßt und schlief binnen weniger Minuten fest ein.

Als sie ihre Augen wieder öffnete, drang bereits das Tageslicht in den Hogan. Raven saß an ihrer Seite und lächelte sie an. Elsie trat mit Dancing Grass durch die niedrige Türe. In ihren Händen hielten sie Schüsseln mit klein geschnittenen Äpfeln und Maisbrei. Dazu Stücke getrocknetes Fleisch sowie einige Zuckerwürfel. Es gab frisches Wasser aus dem Eimer, der, mit einer Blechkelle versehen, an der Tür stand.

Raven lehnte an der Erdwand neben Marisa, die langsam den Zucker in ihrem Mund zergehen ließ. Nach einigen Minuten nahm er ihre Hand und führte sie ins Freie. Im kleineren Hogan war ein Lager für sie bereitet. Frische Sagebüschel lagen darauf, die wundervoll dufteten, und einige gekochte Maiskolben lagen in einer Holzschale, die auf dem frisch gekehrten Sandboden stand. Daneben befand sich eine Plastikflasche voll Wasser.

Marisa ließ sich auf die Decken sinken. Raven kniete hinter ihr nieder und nahm ihren Kopf in seine Hände. Er berührte mit unendlicher Sanftheit ihre Lippen. Marisa war zu müde, um zu sprechen. Sie lehnte sich an ihn und ließ sich wortlos von ihm liebkosen.

# 17

Wie zwei alte Freunde lagen Jonathan und Dancing
Grass dicht beieinander am erloschenen Feuer. Jonathan zog eine der Decken über Dancing Grass, so daß
nur noch ihre weißgrauen Haare hervorlugten. Dann
streckte er sich mit einem kleinen Lächeln aus und schloß
die Augen. Er war zufrieden. Alles war gutgegangen.
Auch das Experiment mit der weißen Frau. Ihr Geist hatte
sich nicht gegen den Geist des Peyote gewehrt. Er hatte sie
aufgenommen und ihr den Weg gezeigt. Jonathan war
froh, denn er wünschte Raven und der weißen Frau Glück
und Heilung.

Dancing Grass schlief bereits fest. Ihre Atemzüge drangen an sein Ohr, und er lauschte ihnen, wie einer fernen,
geheimnisvollen Musik. Manchmal stockte ihr Atem und
wurde unregelmäßig oder lauter, und dann wurden ihre
Atemzüge wieder ruhiger. Jonathan entspannte sich und
dankte still dem Großen Geist des Peyote für die Segnung
dieser Nacht. Alle waren reichlich beschenkt worden. Er
wußte, daß Raven ihn jetzt bald brauchen würde. Er mußte
sein Schüler werden, bis er selbst den guten, roten Weg
fand. Jonathan wußte auch, daß Marisa nun den Schatten
ihrer Vergangenheit abwerfen konnte.

Sie ruhten den ganzen Tag. Raven und Marisa kamen
nicht aus ihrem Hogan. Dancing Grass und Jonathan
schmunzelten. Am Spätnachmittag stellte Elsie neues
Maisbrot und Wasser vor die Tür und machte ein paar an-
zügliche Bemerkungen. Man durfte die Liebenden nicht

stören. Erst als die Sonne sank, trat Raven mit Marisa aus dem Hogan.

Dancing Grass winkte Marisa zu sich, und sie gingen Arm in Arm zu der Seite der Mesa, die den weitesten Blick auf die Ebene freigab. Sie setzten sich nebeneinander auf die dunkle Erde. Marisa fühlte sich wacher als sonst und auf eine seltsame Art erregt. Nochmals allein mit der Medizinfrau zu sein, war ein ganz unerwartetes Geschenk.

Dancing Grass schwieg lange. Erst als die Sonne ihren tiefsten Stand erreichte und tiefviolette Schatten auf die roten Berge in der Ferne warf, begann sie zu sprechen.

»Der Geist des Peyote, unserer heiligsten Pflanze, ist jetzt mit dir. Er wird dich begleiten, wo immer du hingehst. Denk immer daran, du bist nicht allein. Das, was du einmal verstanden und gesehen hast, geht niemals mehr verloren. Es lebt in deinem Herzen weiter …

Die meisten der Weißen verstehen das nicht. Ihre Welt ist eine andere als die unsere. Sie wollen immer etwas, und sie suchen dauernd das Unmögliche. Ihre Herzen sind niemals ruhig.«

Dancing Grass sah Marisa ernst an.

»Du hast gestern nacht ein ganz besonderes Geschenk erhalten. Vielleicht wirst du erst später wissen, was dieses Geschenk ist. Aber es wird dir auf deinem Weg helfen und dein Leben verwandeln. Was du gesehen und gespürt hast, ist die Wahrheit aller Dinge. Es ist auch deine Wahrheit. Und es ist auch unsere Wahrheit. Das Geschenk der heiligen Pflanze hat deine inneren Augen für einen Moment geöffnet. Du siehst jetzt mit anderen Augen … Vertraue dem, was du siehst und in dir spürst. Vertraue dem, was auf immer in dir lebendig ist.«

Marisa hielt den Atem an. Dancing Grass sprach zu ihr, und sie hörte zu und verstand, wie sie es noch niemals in ihrem Leben getan hatte. Sie fühlte sich jetzt vollkommen wach und vollkommen bewußt. Ihr ganzes Wesen hungerte nach der Wahrheit, die aus dem Mund der alten Frau kam.

»Was du hier siehst, ist unsere Heimat. Die Heimat aller Wesen, die hier leben. Ganz gleich, ob sie zwei oder vier Beine haben. Die rote Erde ist unsere Mutter. Wir haben diese Wahrheit mit uns aus der Unteren Welt gebracht, aus der die Dineh, unser Volk, vor langer, langer Zeiten emporgekommen sind.«

Dancing Grass nahm ihr Medizinbündel, das sie wie immer an ihrem Gürtel trug, und öffnete es. Sie nahm ein wenig weichen, gelben Maispollen in ihre Hand und berührte Marisas Hände und Stirn damit. Dann füllte sie ein wenig in einen kleinen, braunen Lederbeutel und reichte ihn ihr.

»Dieser Maispollen ist heilig. Er beschützt uns auf unserem Weg. Er gibt uns und unseren Kindern Leben. Ohne ihn können wir unsere Zeremonien nicht abhalten. Er ist die Verbindung zu unserer Mutter. Er kommt aus ihrem Schoß und muß wieder in ihn zurückkehren. Das ist der Kreis, der uns das Leben schenkt.«

Marisa saß stumm und lauschte jedem Wort mit großer Achtsamkeit. Dancing Grass' Worte klangen einfach, doch sie trugen eine tiefe Wahrheit in sich. Eine Wahrheit, die Marisa erst jetzt ganz allmählich zu verstehen begann.

»Wenn der Große Geist uns in einen Körper schickt, gibt er uns allen eine ›Windseele‹ mit. Diese Windseele hält den Körper zusammen, solange er lebt, und verläßt ihn erst dann, wenn sich der Körper aufzulösen beginnt … Solange die Windseele den Körper bewohnt, ist die Mutter Erde unsere Heimat, die uns und unseren Körper nährt. Wir nehmen von ihr nur das, was wir brauchen. Wir ehren und beschützen sie, denn sie ist unser Leben. Der Maispollen erinnert uns immer an diese Wahrheit, und der Geist des Peyote macht diese Wahrheit für unsere menschlichen Augen sichtbar.«

Dancing Grass legte eine Pause ein.

Der Himmel stand jetzt in Flammen. Ein tiefes Purpur berührte das hell leuchtende Orange und zauberte ein Violett hervor, das Marisa noch nie in ihrem Leben gesehen hatte. Es überstrahlte den ganzen Himmel. Marisas Augen tranken die herrlichen Farben. Sie nahm sie in sich auf, wie eine Seelennahrung, die ihren Geist und ihren Körper erfrischte.

Dancing Grass sah lange über das karge Land im strahlenden Abendlicht.

»Wir besitzen nichts auf dieser Welt …

Nichts ist unser eigen. Ohne unsere Mutter sind wir nichts, ohne sie haben wir keinen Boden, ohne sie haben wir kein Herz. Ohne sie sind wir verloren. Deshalb müssen wir uns immer an sie erinnern. Sie ist das wichtigste in unserem Leben, denn sie gibt uns das Leben.«

Marisa dachte in diesem Augenblick an ihre eigene Mutter, und wieder durchflutete eine Welle tiefster Dankbarkeit ihr Herz.

»Du mußt dich immer an sie erinnern und von ihr lernen. Du bist ein Teil von ihr. Du bist auch ein Teil deines Vaters und deines Großvaters. Doch deine Mutter hat dir das Leben gegeben, und du trägst dieses Leben weiter …«

Dancing Grass machte eine kreisförmige Bewegung mit ihrer Hand.

»Es ist ein Kreis, und du wirst bekommen, was du brauchst. Vielleicht sogar die Kraft, unsere Welten zu verbinden.«

Sie schwieg für einen Moment und schloß die Augen.

»Es wird vielleicht schwer sein, denn deine Vorstellung ist sicher eine andere. Aber du kannst alles, was du wirklich willst. Wir bekommen die Kraft durch unsere Mutter. Wenn sie will, daß wir etwas tun, bekommen wir auch die Kraft, es zu tun. Allein mit unserem Willen geht es nicht. Wir müssen uns immer auf die Kraft unserer Windseele besinnen. Und weshalb wir hier sind. Der gute Weg ist oft nicht der leichteste …«

Dancing Grass berührte ihr eigenes Herz und dann das Herz von Marisa.

»Folge deinem Weg. Folge dem Weg deines Herzens. Erlaube deinem Herz, dich zu führen. Am Ende findest du das, was du immer gesucht hast. Wir haben keine weisen Worte, die in Büchern stehen. Unsere Geschichten gehen weiter von Mund zu Mund. Aber so bleiben sie auf ewig lebendig.

Wenn du den ersten Schritt tust, beachte die Richtung. Wenn die Richtung stimmt und du deinem Herzen folgst, findest du heim und erreichst dein Ziel.

Achte auf den Lauf der Sonne und folge ihrem Weg. Beginne im Osten und bitte um das Licht, dein Leben zu verstehen und um das Rechte zu tun. Wende dich nach Süden und bitte um die reine Unschuld und Klarheit deines Herzens und laß dich immer von ihr leiten. Wende dich nach Westen und denke über das Leben aller Wesen nach und lerne von ihnen. Wende dich nach Norden und ruhe in der Weisheit, nach der du immer gesucht hast und die du in Wirklichkeit selbst bist.«

Dancing Grass schwieg einen Augenblick und sah Marisa lange an.

»Ich weiß, daß du bald fortgehst, denn du mußt jetzt erst einmal wieder zurück in deine Welt.«

Marisa zuckte zusammen. Woher wußte Dancing Grass von ihrer Abreise? Sie hatte zu niemandem davon gesprochen, auch zu Elsie nicht.

»Es ist gut, daß du bald gehst ...«, fuhr Dancing Grass mit beruhigender Stimme fort.

»Es ist das Richtige. Raven muß sich jetzt auch seinen eigenen Weg gehen. Er muß seine Wunden heilen lassen und den Weg nehmen, der für ihn bestimmt ist. Er wird Jonathan in die Wildnis folgen und alles von ihm lernen, was er für seinen Weg braucht.«

Marisas Herz sank. Aber es kam keine Traurigkeit auf.

Sie verstand plötzlich. Es war Zeit. Sie mußte zurück. Obwohl sie hier ein neues Zuhause finden konnte ... Es gab noch viel zu tun. Sie wollte kein Chaos hinterlassen. Die Fäden waren nicht alle gelöst. Sie mußte zurück, um ihre Vergangenheit zu klären, um Dinge, die in der Luft hingen, wie ihre Arbeit, in Ordnung zu bringen. Sie mußte ihr Leben dort auflösen, bevor sie hier ein neues begann. Sie wäre gern gleich dageblieben. Doch sie mußte auch Raven Zeit geben. Obwohl es weh tat, spürte sie doch, daß es das richtige war.

»Du fragst dich, warum ich das weiß? Deine Windseele ist in Bewegung. Sie macht sich bereit fortzufliegen. Ich spüre ihre Bewegung ...«

Sie nahm Marisas Hand.

»Du verstehst mehr, als du glaubst. Du weißt mehr, als du ahnst, und du kannst nur das geben, was du verstanden hast. Alles andere ist nicht echt und schadet deiner Windseele. Denk immer daran. Das, was wahr ist, ist einfach. Alles andere kommt aus deinem Kopf. Deine Windseele wohnt in deinem Herzen und nicht in deinem Kopf. Alles, was du siehst, hat zwei Seiten. Finde heraus, welche Seite zu deinem Herzen gehört und welche zu deinem Kopf. Finde heraus, in welcher Welt du leben willst.«

Die Sonne war gesunken, und das Licht der herrlichen Farben verblaßte. Am östlichen Himmel stieg der Mond auf und tauchte die Mesa in sein weiches Licht. Marisa fand keine Worte, um sich zu bedanken. Aber ihr Herz sprach. Sie umarmte Dancing Grass lange. Sie fühlte ihren vibrierenden Körper, der in der Dämmerung wieder zu leuchten begann. Sie spürte die Erde unter ihren Füßen und die Kraft des Himmels über sich. Sie fühlte sich plötzlich innerlich sehr leicht und frei. Frei auf eine Weise, die sie noch nie zuvor so deutlich erfahren hatte. Die Schwingung dieser Freiheit schien von ihrem Herzen aus in kreisförmigen Wellen nach außen zu strömen und alles um sie herum zu durchdringen.

Dancing Grass lachte, als sie sah, was mit Marisa geschah. Sie war zufrieden. Die weiße Frau hatte ihre Worte gehört und verstanden. Nun mußte sie ihrem Leben vertrauen und sich weiter leiten lassen. Ihre Arbeit war beendet.

Am nächsten Morgen sattelte Jonathan schon früh die Pferde. Elsie brachte den restlichen Proviant und band die Taschen fest. Als Raven mit Marisa endlich aus dem Hogan kam, lachten alle.

Hozoji!

Sie umarmten sich und wünschten sich Glück. Ihre Gebete waren erhört worden, der Große Geist stand ihnen bei. Dancing Grass ritt mit Jonathan den Weg zu seinem Versteck zurück. Sie sahen Dancing Grass und Jonathan nach, als sie die Flanke der Mesa erreichten und im dichten Junipergebüsch verschwanden. Marisa standen plötzlich Tränen in den Augen. Sie wischte sie nicht fort. Sie brauchte ihre Gefühle nicht mehr zu verheimlichen. Ihr Herz schlug plötzlich lauter. Sie wollte Dancing Grass etwas nachrufen, aber sie brachte kein Wort heraus. Raven beobachtete sie und nahm sanft ihren Arm.

»Komm, wir gehen ... alles wird gut ...« Seine Stimme klang liebevoll und beruhigend. Sie machten sich an den Abstieg.

Nach einer guten halben Stunde erreichten sie den Fuß der Mesa. Marisa ging auf den Jeep zu und kletterte auf den Rücksitz, während Raven das Steuer übernahm. Sie fuhren zuerst in östlicher Richtung, am Rand der Black Mesa entlang, bis einige dichte Wacholderbüsche eine schmale Fahrrinne zum Boden des Canyons freigaben.

Marisa war müde, und sie lehnte sich zurück. Ihr Körper weich und glücklich, ihr Kopf still. Elsie begann zu singen. Die Worte des Liedes schienen sich in verschiedenen Höhen und Tiefen zu wiederholen. Ihre Stimme sank und erhob sich wie der Wind, der von Westen her aufkam und den Jeep vor sich herschob.

Marisa sah hinaus in die karge Landschaft. Es war ihr

immer noch ein Rätsel, wie die Menschen hier überlebten. Doch es war keine Zeit, sich Sorgen zu machen. Die Tage zuvor hatte sie nicht daran denken wollen. Alles geschah auf einmal so schnell. Die Weise, wie sie Raven so nahe gekommen war. Wie sehr sie einander begehrten. Aber ihre Maschine hob bald in Albuquerque ab, und sie mußte Abschied nehmen.

Elsie lud Raven und Marisa ein, bei ihr im Tipi zu bleiben. Dancing Grass war in die Berge zu ihrem Hogan zurückgekehrt. Auch dort waren sie immer willkommen. Jonathan kam am nächsten Tag kurz vorbei und brachte Ravens Pinto mit. Endlich kam auch eine Nachricht von Annie. Stone hatte der Untersuchung keine Steine in den Weg gelegt. Der Gerichtsfall war erledigt. Raven bekam eine Abfindung von 5000 Dollar, so wie Annie es erhofft hatte. Sie trafen sich noch einmal in der Lodge am Canyon de Chelly. Raven, Marisa, Rick und Annie. Raven hatte lange nachgedacht. Seit der Zeremonie auf der Black Mesa war ihm klar, was er mit dem Geld anfangen mußte. Er wollte es Annie geben, damit sie eine separate Untersuchung des Trinkwassers damit bezahlen konnte. Sein Wille stand fest. Er fühlte sich leicht und gut dabei. Er hatte getan, was jeder gute Krieger tat. Er gab, was er konnte.

Annie Little Flower und Rick Derringer beschlossen, sich zu treffen, um gemeinsam nach Gallup zu fahren und die Untersuchung zu beantragen. Sie lachten und scherzten am nächsten Morgen miteinander, als sie den Highway von Chinley Osten nahmen, der sich wie ein silbernes Band durch die Wüste zog. Beide liebten dieses Land. Für beide war es die Heimat. Sie wollten ihre Heimat gesund erhalten, solange es ging.

# 18

In den folgenden Tagen, in denen der Spätherbst mit seinen wilden Stürmen in das Land zog, nahm Raven Marisa auf seinem Pferd mit, und sie duchquerten die weiten Ebenen und Mesas seines Landes. Er zeigte ihr versteckte Pflanzen und erklärte ihr mit wenigen Worten, welche Kräfte sie besaßen. Er ahmte die Stimmen der Tiere nach, und sie lachte.

Sie fuhren zusammen zum großen Pow Wow nach Shiprock, dem größten Treffen der Navajo-Familien, und sahen dort auch Dancing Grass und Jonathan wieder. Auch Elsie war gekommen, und Dennis trat als einer der kleinsten Tänzer bei den Zeremonien auf. Marisa war fast die einzige Weiße unter Tausenden von Navajoindianern. Sie war immer an Ravens Seite, wenn er zu den verschiedenen Wettkämpfen ging. Er gewann viele Preise. Sein Pferd war immer das schnellste von allen. Er nahm sie mit zu einem der geheimsten Tänze seines Volkes, dem Yei-Bi-Chai-Tanz, der um Mitternacht begann und erst in den frühen Morgenstunden endete.

Sie liebten sich unter den klaren Sternen der kühlen Wüstennächte, dicht in ihre Decken gewickelt. Der Himmel über ihnen tat sich auf und ließ sie nicht mehr los. Für Marisa stand in diesen Tagen die Zeit still. Immer wenn sie von ihrer Abreise reden wollte, hielt Raven ihr den Mund zu. Er wußte ja, daß sie eines Tages gehen mußte, und es schmerzte ihn. Am letzten Tag ritten sie hinaus auf die kleine Mesa, die von Sonnernblumenfeldern umringt war.

Raven nahm Marisas Hand.

»Ich weiß, daß du jetzt fortgehen mußt …«

Seine dunklen Augen waren bei diesen Worten ohne jeden Ausdruck. »Wirst du zurückkommen?«

Die Stille zwischen ihnen wurde schwer.

»Ich will es.«

Marisa sah Raven hilflos an. Ihr Herz schlug bis in den Hals. Das Gefühl, ihn vielleicht niemals wiederzusehen, war zu schrecklich.

»Ich komme wieder!« hörte sie sich selbst mit fester Stimme sagen. Sie mußte es nur glauben, dann würde es auch wahr werden. Auch wenn sie vielleicht nicht für immer in seiner Welt leben konnte, mußte es doch einen Weg geben.

Schweigend ritten sie zurück und lagen den ganzen Tag im Tipi bei Elsie eng beieinander.

Als die Sonne zu sinken begann, verabschiedete sich Marisa von Elsie und Dennis. Sie drückte den Kleinen fest an sich und wollte Elsie nicht loslassen. Es bildete sich ein dicker Kloß in ihrem Hals, der sich nicht auflösen wollte. Ihr standen Tränen in den Augen. Alles erschien wieder so unwirklich. Marisa war plötzlich voller gemischter Gefühle. Nichts schien mehr greifbar zu sein …

Die Abendsonne blendete, und sie setzte ihre Brille auf. Raven sollte sie nicht weinen sehen, als sie ihr Gepäck in den Jeep legte. Sie wollte tapfer und stark sein. Er ritt neben Marisas Wagen her, bis sie die scharfe Kurve nach Chinle erreichten. Hier machte er halt. Marisa fuhr zur Seite. Sie stellte den Motor ab und stieg aus dem Jeep.

Raven legte seinen Arm um sie und sah sie still an. Seine dunklen Augen leuchteten.

»Erinnere dich an alles … ich bin immer bei dir … immer.«

Seine Hand deutete in die Ferne, machte einen Bogen über die kargen Hügel und ruhte über dem Horizont.

»Auch dort!«

Marisa nickte, und Tränen fielen auf den silbernen Armreif, den Raven ihr geschenkt hatte. Er küßte sie schnell weg und hielt sie fest. Wieder spürte sie die Welle eines unstillbaren Verlangens in sich aufsteigen, als sie in seine warmen, dunklen Augen sah. Er küßte sie noch einmal leicht auf den Mund und die Wange, dann wandte er sich ab und sprang auf sein Pferd. Der Pinto wieherte und hob die Vorderfüße in die Luft. Raven lachte, und sein langes, schwarzes Haar wehte im Wind.

»Er will auch mit!«

Ein unvorstellbarer Schmerz zerriß in diesem Augenblick Marisas Körper. Es war ihr, als würde sie gewaltvoll dem Mutterleib entrissen.

Wie eine Marionette stieg sie wieder in den Jeep. Sie konnte nicht glauben, daß sie Raven jetzt verließ. Es schien ihr alles so unwirklich, wie die Zustände, die sie im Hogan von Dancing Grass erlebt hatte. Sie startete den Motor und löste automatisch die Handbremse. Dann drehte sie sich noch einmal um.

Raven saß auf seinem Pinto und winkte. So wie er es manchmal auf der Mesa vor dem Hogan seiner Großmutter getan hatte. Sie winkte zurück und gab Gas. Ihr Herz zog sich bei diesem Geräusch zusammen, und Tränen verschleierten ihren Blick. Sie wagte nicht mehr in den Rückspiegel zu sehen. Sie wollte Raven so in Erinnerung behalten, wie sie ihn das letzte Mal gesehen hatte, lachend, auf seinem gefleckten Pinto.

Raven saß still auf seinem Pferd. Der Pinto schnaubte, spitzte die Ohren und drehte den Kopf. Beide sahen dem Jeep nach, der die weiße Frau, die sein Herz gewonnen hatte, aus ihrem Leben trug. Der Jeep fuhr in die langgezogene, weitausladende Kurve hinter Chinle. Er glänzte wie pures Gold in den Strahlen der sinkenden Sonne. Nach einigen Sekunden hatte ihn die Kurve verschluckt. Dann war die Straße wieder leer, und nur das hellgelbe, dürre

Steppengras wogte lautlos im Wind. Sein Blick streifte die Landschaft der gelbroten Berge, die die einsame Straße umsäumten.

Ein Rabenpaar kreiste über ihm und ließ sich in der Krone eines niedrigen Mequitebusches unweit von ihm nieder. Dies war ein Zeichen. Der Rabe war sein Krafttier. Er hatte ihm vor vielen Jahren bei seiner ersten Visionssuche, bei dem er von einem gewaltigen Gewitter überrascht worden war, seinen Namen geschenkt: Raven White Thunder.

Die beiden Raben saßen ganz nah beisammen. Sie lehnten ihre Köpfe aneinander und sprachen. Raven verspürte in diesem Augenblick einen abgrundtiefen Schmerz in sich, aber gleichzeitig auch ein Gefühl der Hoffnung. Dann flog einer der Raben gen Osten, in Richtung der roten Berge, und der andere blieb still auf dem Zweig sitzen. Der Wind bewegte seine Federn, und er sah in Ravens Richtung. Er glaubte das schwarze Augenpaar aufleuchten zu sehen. Der Rabe wollte ihm etwas sagen.

Raven senkte den Blick und sah dann wieder auf. Der Rabe saß jetzt mit dem Rücken zu ihm und schien auf etwas zu warten. Er hüpfte von einem Bein auf das andere und war unentschlossen. Der Rabe hatte ihm oft den Weg gewiesen und ihm gezeigt, worauf er zu achten hatte, und er würde es wieder tun. Nach einiger Zeit kam der andere Rabe zurück und setzte sich wieder auf den Zweig. Sie schnäbelten eine Weile und flogen dann in westliche Richtung davon.

Raven beobachtete sie, wie sie einen weiten Bogen machten und sich langsam dem Canyon näherten. Dann verschluckte sie die Abenddämmerung. Der Pinto hielt den Kopf gesenkt, als Raven den Weg nach Norden einschlug. Die weite Ebene vor ihm tat sich auf wie ein dunkler Schlund, in den er sich jetzt willig fallen ließ.

Als Marisa am nächsten Morgen noch immer wie gelähmt im Flugzeug saß, sah sie auf den silbernen Armreif an ihrem Handgelenk. Er war das Zeichen von Ravens Freundschaft und Liebe. Das helle Silber fing in diesem Augenblick das Sonnenlicht ein, und sie wußte in ihrem Herzen, daß sie nichts mehr von ihm trennen konnte. Selbst wenn sie ihn niemals wiedersah, würde ihre Erinnerung an die Zeit mit ihm auf immer als geistiges Verbindungsglied dienen. Ihr eigenes Erwachen war jetzt gezeichnet vom Wissen ihrer inneren Welt. Der Welt, die jetzt als ewige Gegenwart in ihr lebendig war und in der kein Gefühl von Zeit mehr herrschte. Marisa wußte, daß sie mit Raven auf dieser inneren Ebene auf ewig vereint war. Sie blickte jetzt ihrem Leben in Frankfurt mit Zuversicht entgegen. Sie zog ihr Notizbuch heraus und begann die Worte von Dancing Grass niederzuschreiben. Sie würde es schaffen. Sie mußte sich nur immer wieder an sich selbst erinnern. An ihren Weg. Wenn der Himmel es wollte, würde sie dieser Weg wieder zu Raven führen.

Sie hoffte es und betete darum, als die Maschine immer höher stieg und die verzauberte Landschaft des Südwestens unter ihr immer kleiner wurde. Es grub sich eine tiefe Sehnsucht in ihr Herz, und doch spürte sie zur gleichen Zeit auch eine tiefe innige Zufriedenheit in sich. Jetzt mußte sie sich selbst vertrauen. Sie konnte sich auf niemanden mehr stützen. Jetzt mußte sie in die Tat umsetzen, was sie in den letzten Monaten gelernt hatte.

Marisa versuchte zu schreiben. Doch ihre Gedanken wanderten immer wieder zu Raven zurück …

Sie spürte noch immer seinen warmen Atem auf ihrem Gesicht. Sie sah ihn noch immer ganz deutlich vor sich, so als wäre er neben ihr. Sie sah, wie er auf seinem Pinto saß und ihr aus seinen dunklen Augen lachend nachsah.

# 19

Raven stand auf der steilen Mesa, westlich von Chinle, und sah über das weite, weiße Land. Er trug seinen dicken, roten Winterponcho, der mit einem breiten Streifen von Schwarz durchzogen war. Seine Füße steckten in weichen hohen, mit Fell gefütterten braunen Mokassins. Sie hielten ihn gut warm. Die Temperaturen waren in dieser Nacht tief gesunken. Er hielt den Pinto an einer dünnen Lederschnur. Das Pferd schnaubte und scharrte mit seinen Hufen im Schnee. Sie war nun bereits viele Monde fort …

Doch die Sehnsucht nach ihr hatte ihn nicht verlassen. Im Gegenteil. Sie war stärker geworden.

Raven nahm die Zügel des Pintos und führte ihn durch ein kleines Wäldchen dem neuen Hogan seiner Großmutter zu. Der Hogan war gut geworden. Gut und fest. Dancing Grass hatte sich wieder geweigert, in den Ort oder zumindest zu anderen Verwandten zu ziehen. Sie liebte die Einsamkeit der Mesa. Sie liebte ihr Alleinsein. Manchmal kam Jonathan zu Besuch. Manchmal schlief er hier, um nach ihr zu sehen. Ihr Haar war schneeweiß geworden, wie die Schneedecke, die jetzt alles bedeckte.

Als Raven den Hogan erreichte, sah er keinen Rauch aufsteigen. Alles war still. Sein Herz setzte einen Moment aus. Er betrat den Hogan. Das Feuer war lange erloschen …

Er sah seine Großmutter neben dem Feuer sitzen. Ihr Körper war leicht nach vorn gebeugt. Ihr Haupt ruhte bewegungslos auf ihrer Brust. Der hölzerne Stab, mit dem sie immer kochte, war vor ihr ins Feuer gefallen und verkohlt.

Raven kniete nieder und nahm ihren leblosen Leib in seine Arme. Er schmiegte sich ohne Widerstand an ihn. Ihr Kopf fiel zurück, und er blickte in ihr ruhiges Gesicht. Ihre Augen waren geschlossen, und ihre Haut hatte sich geglättet. Fast glaubte er ein kleines Lächeln auf ihren Lippen zu sehen. Sie war fort. Ihr Geist hatte diesen Körper verlassen. Dancing Grass hatte die sichtbare Welt, die Welt aller Dinge, hinter sich gelassen. Sie war heimgekehrt in das Reich des Unsichtbaren, heim in die Welt des Großen Geistes.

Raven saß die ganze Nacht bei seiner Großmutter. Er hatte eine Decke über sie gebreitet und die Tür des Hogans geöffnet. So konnte ihr Geist leichter zum Himmel aufsteigen. In der Stille der Nacht dachte er über sein eigenes Leben und dessen Vergänglichkeit nach. Er bedankte sich bei Dancing Grass für all das, was sie für ihn in diesem Leben getan hatte. Er betete für sie und wünschte ihr das Beste auf ihrem Weg. Dem Weg der Schönheit, der auch sein Weg war und den er jetzt endgültig gehen mußte.

Hozoji!

Ahalani!

Hozoji!

Der Morgen kam schnell. Raven stand auf und ging nach draußen. Die Dämmerung weckte die Natur. Ein Falke stieß nieder und fand eine Maus. Ein weiteres Leben erlosch.

Dann sah er den ersten Sonnenstrahl, der in den Hogan drang und das Gesicht seiner Großmutter berührte. Sie sah plötzlich lebendig aus, und er dachte, sie würde jeden Moment die Augen öffnen und ihn auslachen.

»Es war doch nur ein Scherz!

Ich bin doch hier, hier, hier!«

Ahalani!

Ahalani!

236

Ahalani!

Tränen rannen über seine Wangen, er wischte sie nicht fort. Er nahm ihren Leib, der jetzt so leicht schien wie der Körper eines Kindes, und umwickelte sie liebevoll mit einer ihrer schönsten Decken.

Dann brach er eine Öffnung in die Ostseite des Hogans und trug seine Großmutter hinaus. Er trug ihren Leib zu einem kleinen Felsvorsprung, der hinter dem Hogan lag und der den Eingang zu einer kleinen Höhle bildete. Dort legte er sie behutsam nieder.

Er ging in den Hogan zurück und holte ihre Medizinbündel und Kräuter und legte sie auf ihre Brust. Eine Schale mit Maispollen für ihre Reise in die unsichtbare Welt stellte er an ihren Kopf. Ihre Webschiffchen legte er liebevoll bei ihren Händen nieder. Die Kochlöffel und Holzschalen kamen an ihre Füße. Er sammelte all ihre Schmuckstücke, all ihre alten Türkise und all ihre Tücher und legte sie ebenfalls vorsichtig auf ihren Leib. Dann breitete er flache Steine über sie, bis ihr Körper vollkommen bedeckt war.

Wieder wachte Raven, ohne zu essen oder zu trinken, den ganzen Tag und die ganze Nacht. Er machte sich ein kleines Feuer und wärmte seine Glieder. Seine Lieder stiegen auf zu Ehren des Großen Geistes und trugen die Windseele seiner Großmutter mit in den Himmel. In den folgenden vier Tagen und Nächten betete Raven und dachte nach.

Er dachte auch an Marisa, die weiße Frau, die sein Herz mit sich genommen hatte … und die ihm so sehr fehlte …

Würde er sie jemals wiedersehen?

Plötzlich streifte ihn ein Windhauch, und er spürte den Geist seiner Großmutter. Eine Brise berührte sein Haar. Sie roch nach frischem Mais. War dies ein Zeichen? Würde sein Herd eines Tages auch den Geruch der geliebten Speise verbreiten? Seine Gedanken wirbelten wild durcheinander. Er wollte nicht nur von der Hoffnung leben.

Aber er mußte warten. Er konnte nicht anders. Ihm fielen die Worte seiner Großmutter ein.

»Wenn du Geduld lernst ... erntest du auch ihre Früchte. ...«

Die Worte nahmen für Raven in diesem Augenblick einen tieferen Sinn an. Sein Leben war bisher getrieben von Gedanken von Haß gegen die Weißen, die seine Eltern auf dem Gewissen hatten. Sie sollten büßen, ganz gleich, in welcher Gestalt sie in sein Leben kamen.

Und dann brachte ihm der Große Geist eine weiße Frau. Er brachte ihm eine weiße Frau, nicht eine Frau seines Volkes und seiner Rasse. Er hatte sich dagegen gewehrt, so gut er konnte. Sein Herz hatte schließlich gesiegt. Und Dancing Grass gab ihren Segen. Dies durfte er nie vergessen. Besonders jetzt nicht.

Als der Morgen des fünften Tages anbrach, verdeckte eine Silhouette das Licht der grellen Morgensonne. Jonathan stand lautlos hinter ihm. Er trat in die Felshöhle und legte seine beiden Hände wie schützend auf den kalten Stein.

»Sie ist nicht weit, aber wir dürfen sie nur rufen, wenn wir sie brauchen ...«

Er lächelte. Raven glaubte in diesem Lächeln das spitzbübische Lachen seiner Großmutter wiederzuerkennen.

»Sie ist nicht weit ...«

»Ahalani! Du hast recht!«

Der Pinto kam plötzlich von hinten und stubste Raven in die Seite.

»Du siehst, selbst er weiß, was zu tun ist.«

Jonathan trat von der Grabstelle zurück und sah mit zusammengekniffenen Augen still in die aufgehende Sonne. Dann wandte er sein Gesicht wieder Raven zu. In diesem Augenblick glaubte Raven ein Leuchten zu sehen, ein Licht, das Jonathans Kopf wie einen weichen Schleier umgab. Seine Stimme erklang jetzt wie aus weiter Ferne zu ihm, obwohl er dicht vor ihm stand.

»Sie ist ihren Weg gegangen …

Es war ein guter Weg. Es ist auch unser Weg.«

Jonathan senkte den Kopf und sah auf die Steine, die den Leib von Dancing Grass bedeckten. Er hatte sie geliebt, und er würde sie immer lieben.

»Ihr Geist ist lebendig, vergiß das nie …«

Er legte Raven sanft die Hand auf die Schulter.

»Komm, es ist Zeit zu gehen … dein Weg ruft.«

# 20

Als die Maschine an einem grauen Oktobertag in Frankfurt landete, kamem Marisa wieder Zweifel. Sie wußte nicht, ob sie die richtige Entscheidung getroffen hatte. Doch sie war jetzt zu erschöpft. um weiter darüber nachzudenken. Das Leben hatte sie weitergezogen … zurück an den Ort, an dem sie begonnen hatte. Ihre Freundin Gaby wartete am Flughafen, um sie abzuholen. Marisa zitterten die Knie, als sie in den Kleinwagen stieg, um sich in ihre winzige Wohnung bringen zu lassen. Sie fröstelte. Die Feuchtigkeit drang in alle Glieder.

Als sie allein in ihrer Wohnung war, fühlte sie sich in ihr fremd, obwohl Gaby alles so schön hinterlassen hatte. Bunte Herbstastern schmückten den kleinen Küchentisch mit der blaukarierten Tischdecke, und die Bettwäsche lag gefaltet und sogar gebügelt im Schrank. Eine süße Karte mit einer weiten Landschaft und einem Pferd stand an ihrem Bett.

»Herzlich willkommen daheim!«

Daheim … war sie denn wirklich noch hier daheim?

Marisa fühlte sich schwach. Es war ihr, als sei sie zwischen zwei Welten gelandet. Einer bekannten Welt und einer vollkommen anderen Welt, an die sie sich gerade erst wieder zu erinnern begann …

Sie ließ sich in den Korbsessel am Fenster fallen und sah hinaus. Graue tiefe Wolken lagen über der Stadt. Kein Sonnenstrahl, keine Farbe, keine Weite. Marisa fühlte, wie sie innerlich zusammenschrumpfte. Sie lebte sich in den ersten Wochen nur schwer ein, aber sie begann zu schreiben. Sie stellte den Artikel für das Frauenmagazin fertig. Die Redakteurin war zufrieden. Marisa verdiente wieder Geld und erhielt weitere Angebote. Es ging ihr besser.

Doch immer wenn sie sich hinsetzte, um Raven zu schreiben, kamen keine Worte, dann dachte sie an ihn … ganz stark und ganz fest. Bis sie ihn nahe bei sich fühlte. Er war sicher irgendwo oben in den Bergen mit Jonathan. Immer wieder rieb sie den silbernen Armreif an ihrem Handgelenk … bis er strahlend glänzte.

Ende November fiel ihre Periode aus, und Marisa wußte in diesem Augenblick, daß sie schwanger war. Ihr Herz tat einen Satz. Sie hatte genug Arbeit, um sich durch den Winter zu bringen. Sie konnte in Ruhe daheim sein und schreiben. Gaby erwies sich wie immer als ihre größte Stütze in den folgenden Monaten. Gaby, mit ihrer ruhigen Art, ihrer optimistischen Weise, die Dinge in die rechte Perspektive zu rücken, war einfach ein Geschenk des Himmels. Im März begann sich der Bauch ein wenig zu runden. Marisa schrieb ihren ersten Brief an Raven und versprach ihm bei ihrer Rückkehr ein großes »Geschenk«. Sie verriet ihm nicht, daß sie nun bald ein Kind von ihm bekam.

Es wurde eine gute und leichte Schwangerschaft. Ende Juni gebar sie einen kleinen Sohn, den sie Ray nannte. Ein Strahl des Lichts. Sein süßes Gesichtchen strahlte sie bereits in den ersten Tagen an. Ray besaß das dunkle Haar seines Vaters und die blaugrünen Augen seiner Mutter.

Marisa war unendlich glücklich. Die ersten Wochen verliefen gut, und Ray schlief sogar manchmal durch. Sie gab ihm die Brust, wann immer er danach verlangte, ohne wie die meisten Mütter auf die Uhr zu sehen. Sie erinnerte sich, daß die Navajofrauen ihre Kinder ganz lange stillten und daß die Muttermilch das Beste war, was eine Mutter ihrem Kind schenken konnte. Es machte die Kinder körperlich und seelisch stabil, es stärkte ihr Immunsystem, und sie wurden nicht so leicht krank. Der kleine Ray entwickelte sich ganz prächtig. Er wuchs zu einem kleinen Bündel der Freude heran, und Marisa konnte sich nicht satt sehen an ihm.

In einer Nacht, in der es draußen heftig stürmte und blitzte und Marisa eingekuschelt mit ihrem kleinen Ray im Bett lag und sich an das Geräusch des Windes auf der Reservation zu erinnern begann, hatte sie einen Traum.

Sie stand in einer engen Schlucht von Häusern und versuchte herauszukommen. Doch alle Wege und Straßen waren von Autos versperrt. Sie fühlte, wie sie eine leichte Panik ergriff, und hatte das Gefühl, nicht genug Luft zu bekommen. Das Gefühl des Gefangenseins wurde stärker und stärker, bis Marisa ganz bewußt einen tiefen Atemzug tat und sich vorstellte, daß alles nur ein Traum war …

Sie erwachte im Traum und sah, daß sie in Wirklichkeit frei war.

Ganz frei!

In diesem Augenblick verwandelten sich ihre Arme in starke Flügel. Diese Flügel trugen sie hoch hinaus in die Weite einer unendlichen Landschaft. Sie spürte das Rauschen des Windes in ihren Flügeln und sah die sinkende Sonne hinter einer langgezogenen flachen Bergkette in der Ferne. Sie sah hinab. Alles lag weit unter ihr. Ein rötlicher Tafelberg tauchte auf, und sie schwebte hinunter auf das glänzende Steinmassiv. Im Zwielicht schimmerte der Stein wie Purpur.

Sie lag auf dem Stein, die Flügel weit ausgebreitet. Sie spürte den warmen Stein unter sich und fühlte sich vollkommen geborgen.

Über ihr im Tiefblau der kommenden Nacht tauchte plötzlich ein schwarzer Vogel mit glänzendem Gefieder auf. Marisa hörte deutlich das Schwirren seiner Flügel. Es war wie ein tiefes Summen, das einmal leiser wurde und dann wieder anschwoll …

Es kam ihr irgendwie bekannt vor … Es war nichts, das sie fürchten mußte.

Der Vogel flog jetzt tiefer, und Marisa verspürte auf einmal ein seltsames Ziehen in ihrem Körper. Als sie zur Seite sah, waren die Flügel fort. Sie erblicke ihre Arme, die weit ausgebreitet auf dem Fels lagen, genau wie zuvor die Flügel.

Der Vogel schwebte tiefer. Er trug etwas in seinem Schnabel. Es sah aus wie eine Wurzel. Marisa spürte ganz instinktiv, daß diese Wurzel für sie bestimmt war. Der Vogel neigte den Kopf und ließ die Wurzel fallen. Sie fiel direkt auf Marisas Brust.

Der Vogel senkte sich jetzt noch weiter herab und streifte leicht ihren Kopf mit seinem Gefieder. Es war Marisa, als würde sie aus einem weiteren Traum erwachen …

Sie setzte sich auf und betrachtete die Wurzel. Sie nahm sie in den Mund. Sie schmeckte sehr bitter.

Marisa begann sich zu erinnern …

Sie sah Raven auf einem riesigen, weißroten Kliff stehen, das durch eine tiefe Schlucht von der Mesa, auf der sie sich befand, getrennt war.

Er winkte ihr zu, er rief etwas, doch sie konnte ihn nicht verstehen. Er winkte noch einmal heftiger, so als riefe er sie jetzt zu sich …

Marisa machte ein paar Schritte auf ihn zu.

Sie stand jetzt am Abgrund der Schlucht und sah hinunter. Sie schien unüberbrückbar. Viel zu tief, um hinabzusteigen, und viel zu breit, um hinüberzuspringen.

Marisas Herz sank.

Der Abgrund zwischen ihnen schien jetzt wellenartig zu vibrieren …

Er schien sich vor ihren Augen auszudehnen und wieder zusammenzuziehen. Die Entfernung zwischen ihr und Raven schien manchmal weniger und manchmal mehr zu sein …

Plötzlich war Raven wieder sehr weit von ihr entfernt.

Marisas Herz klopfte laut. Als sich nach einigen Momen-
ten die Entfernung zwischen Raven und ihr wieder zu ver-
kleinern schien, nahm sie all ihren Mut zusammen und
sprang. Ihr Körper sprang, wie von unsichtbaren Fäden
gezogen, in den Abgrund.

Sie sprang ins Leere. Sie fiel und fiel und verlor das Bewußtsein …

Marisa erwachte schweißgebadet. So deutlich hatte sie
Raven in der letzten Zeit nie in ihren Träumen gefühlt. Er
war ihr so nah gewesen. Er rief sie zu sich.

Marisas Herz sprach jetzt laut und deutlich. Nichts
würde sie mehr zurückhalten, jetzt wußte sie genau, was
zu tun war. Sie kündigte noch am selben Tag ihre Wohnung und verschenkte in den nächsten Monaten nach und
nach alles, was sie nicht mitnehmen konnte. Sie verabschiedete sich von ihrer Arbeit bei den Magazinen und
sagte ihren Freunden in Frankfurt Lebewohl.

Alles ging auf einmal sehr schnell. Und Marisa verlor
keine Minute mehr. Der Traum hatte zu ihr gesprochen.
Das Leben hatte ihr den nächsten Schritt gezeigt. Sie
wußte, daß Raven nun bereit war, sie zu empfangen. Und
sie freute sich ganz besonders auf sein Gesicht, wenn sie
ihm ihr »Geschenk« überreichte.

Nach drei Monaten war es endlich soweit. Marisa
buchte einen Flug in ihr neues Leben. Sie wußte nun jen-
seits aller Zweifel, wo sie hingehörte. Der Traum und ihr
kleines »Himmelsgeschenk« hatten ihr den Weg gewiesen.
Zurück in eine Heimat, die in Wirklichkeit nie verloren
war.


Raven war natürlich unendlich stolz auf seinen Sohn und
tanzte stundenlang lachend mit ihm in Elsies Hogan
herum. Sie bezogen nach einigen Wochen bei Elsie einen
geräumigen Trailer, ohne fließendes Wasser, auf der West-
mesa des weitläufigen Defiance-Plateaus. Das nötige
Trink- und Waschwasser holte Raven wöchentlich aus der

Quelle eines versteckten Canyons. Marisa lernte ohne allen Luxus zu leben und glücklich zu sein. Sie wurde ohne viele Worte von den Navajos aufgenommen und begann im Learning Center in Window Rock mitzuarbeiten. Ihr Name unter den Navajos war jetzt »Die mit dem Regen kam«.

Sie schrieb Artikel über die Situation der Indianer und kümmerte sich um die Kinder, die ihre Eltern und Großeltern in den ungelüfteten Schächten der Todesminen verloren hatten.

Raven folgte seinem Weg und wurde unter der Anleitung von Jonathan zu einem »Roadman« der Native American Church. Er wurde dazu bestimmt, Peyotezeremonien zu leiten und besondere Heilzeremonien für Kranke durchzuführen. Regelmäßig sah man ihn im Gefängnis von Gallup, um den Insassen dort Hoffnung zu geben, indem er Schwitzhüttenrituale mit ihnen machte und ihnen die alten Lieder seines Volkes vorsang.

Oft ritt er tagelang durch die Wildnis, zu den weit verstreuten Hogans, um den Menschen zu helfen und ihnen Mut zuzusprechen.

Jonathan kam, nachdem er sein Wissen an Raven weitergegeben hatte, immer seltener aus den Bergen nach Chinle. Es hieß unter den Alten, daß er sich bald ganz zurückziehen werde. Oft ritt er zu der Stelle, an der Dancing Grass in den Felsen lag. Immer mehr Zeit verbrachte er dort oben in den Bergen und kam auch im Winter nicht nicht mehr herunter.

Viele glaubten, daß er sein Versteck an den Coyotesprings jetzt Raven überlassen hatte und seine Windseele bereit war, die lange Reise in die unsichtbare Welt anzutreten.

Elsie begann in der Schule in Chinle mitzuarbeiten und den Kindern die Geschichten der Alten zu erzählen, damit sie sie im Gedächtnis behielten und ihren wahren Ursprung und ihre eigenen Traditionen nicht vergaßen. Sie wurde ein Mitglied der »Chinle Valley Singers« und begann mit ihnen um die Welt zu reisen. Dennis wurde ein sehr guter »Hoop-Tänzer« und gewann auf allen Pow Wows die höchsten Preise. Er wurde von allen Klans verehrt und war sehr beliebt.

Annie Little Flower verließ San Francisco und ließ sich in Gallup nieder. Sheriff Rick Derringer schien bei Annies Entschluß heimzukehren eine sehr wichtige Rolle gespielt zu haben. Man sah ihn jetzt immer öfter Arm in Arm mit ihr und munkelte, daß sie bald auch zusammen leben würden. Derringer entschloß sich kurz darauf, Shiprock zu verlassen und eine Stelle als Sheriff in Gallup anzunehmen.

Annie eröffnete ihre eigene Anwaltspraxis und begann mit Hilfe verschiedener Umweltorganisationen den Versuch, neue Uranminen zu bekämpfen. Obwohl die Regierung der USA um die todbringenden Gefahren, wie Krebserkrankungen, gewußt hatte, hatte man diese Information den Arbeitern in den Minen jahrelang verschwiegen. Die Navajos, die in den verheerenden Verhältnissen der Minen nicht an Krebs erkrankten und starben und die »nur« an gefährlichen Nierenleiden litten, schleppten sich monatlich, oder sogar wöchentlich, zu den Nierenmaschinen, die im Indian Hospital in Gallup für sie eingerichtet wurden. Die meisten dieser Geschichten wurden unter den Tisch gekehrt und vor den Menschen verheimlicht.

Und obwohl seit dem großen Unglück Ende der siebziger Jahre die meisten der Minen geschlossen wurden, wollte Annie kein Risiko eingehen. Keine der 1100 Minen, die in den fünfziger und sechziger Jahren auf der Navajoreservation in Arizona wie Pilze aus dem Boden schossen, wurde richtig entsorgt. Es durften einfach keine neuen Vergiftungsherde mehr erlaubt werden. Das Grundwasser, die Kraft des Lebens der Navajos, ließ sich durch nichts ersetzen.

Doch der Kampf geht weiter. Heute, über dreißig Jahre später, versuchen immer noch texanische Firmen den Uranabbau in Arizona und New Mexico anzukurbeln. Gegen den Willen und Wunsch der meisten Indianer, deren Land betroffen ist und denen kein sauberes Trinkwasser garantiert werden kann.

Annie Little Flower ist noch immer sehr besorgt. Sie nennt es den langen Weg des Leidens ihres Volkes. Werden Gier und Macht auf ewig Sieger bleiben? Werden Menschenleben weiter nur für Geld aufs Spiel gesetzt? Wird dieses Leiden jemals enden ...?

Wir hoffen es und schicken unsere Gebete gen Himmel!
Hozoji!
Ahalani!
Möge der Große Geist uns alle beschützen!

# GLOSSAR

**ARROYO**
Spanisches Wort für ein trockenes Bach- oder Flußbett.

**CANYON**
Tiefe Schlucht, durch die oftmals ein Fluß läuft.

**FRYBREAD**
Traditionelles Brot der Navajos. Der Teig besteht aus Mais oder auch weißem Mehl mit Wasser und Salz und wird in Form von Fladen in Öl ausgebraten.

**HOGAN**
Das traditionelle, achteckige Haus der Navajoindianer wurde meist nur aus Lehm, Zweigen und Holzstämmen errichtet. Der Eingang zeigt immer nach Osten, zur aufgehenden Sonne hin. In der Mitte liegt das »Herz« des Hauses, die Feuerstelle. Über der Feuerstelle befindet sich ein Loch in der Decke, durch das der Rauch aufsteigen kann und das eine Verbindung mit dem Himmel herstellt.

**MESA**
Tafelberg, oben meist sehr abgeflacht. Der Südwesten der USA ist von unzähligen solcher Mesas, oder Tafelberge, durchzogen, die auf vollkommen unterschiedlichen Höhen liegen.

## PEYOTE

Peyote ist der heilige Kaktus der Navajos, die der Native American Church angehören. Aber andere Stämme und auch Indianer in Mexiko verehren den Peyotekaktus wie ein Heiligtum, der ihnen eine Öffnung zu den Kräften des Himmels bringt. Der Peyotekaktus ist in den südlichen Regionen des Südwestens der USA und in Mexiko zu Hause. Er enthält mindestens acht aktive Alkaloide, Mescalin ist nur eines davon, die sehr starke Visionen hervorrufen können. Peyote ist auf keinen Fall dazu geeignet, um sich die Zeit zu vertreiben! Den verschiedenen Indianerstämmen ist die bewußte Einnahme von Peyote, zum Beispiel im Ritual einer Heilzeremonie, ebenso heilig wie den christlichen Kirchen ihre Sakramente.

## PICKUP

Kleiner Lastwagen mit offener Ladefläche

## PINTO

Meist weißbraun oder auch schwarzweiß geflecktes Pferd. Sehr schnell und ausdauernd. Ist verwandt mit den wilden Mustangs, die in der Vergangenheit in vollkommener Freiheit in großen Herden die endlose Weite der USA und auch Kanada durchstreiften. Sie stammen von verwilderten Pferden ab, die einst von den spanischen Eroberern nach Amerika gebracht wurden.

## POW WOW

Die traditionellen Feste der Native Americans, der Indianer, zu denen sich viele Klans treffen und gemeinsam feiern, Geschenke austauschen und Wettkämpfe veranstalten. Das größte Pow Wow der Navajoindianer findet jedes erste Wochenende im Oktober in Shiprock statt, im Norden der Reservation, in der berühmten Four Corners Area. Es gibt verschiedene Rodeos, Tänze, bei denen die besten Tänzer Preise gewinnen, sowie viele unterschiedliche Gesangsgruppen, wie z. B. die »Chinle Valley Singers«, die ebenfalls bewertet werden. Aber der Heiltanz, der »Yei Bi Chai«, ist immer etwas ganz Besonderes und findet am Ende jedes Pow Wows statt. Dieser sehr geheime Tanz beginnt um Mitternacht und endet erst im Morgengrauen. Nur auserwählte Tänzer dürfen daran teilnehmen.

RESERVATION
Wohngebiete der verschiedenen Indianerstämme, die ihnen von der US-Regierung zugewiesen wurden und in denen es eine Selbstverwaltung gibt. Heute meist auf ein Bruchteil der Größe zusammengeschmolzen, die sie selbst noch vor zirka einhundert Jahren besaßen. Die Navajoreservation ist die größte Reservation der USA, auf der offiziell kein Weißer leben darf. Diese Reservation umfaßt Teile von New Mexico, Arizona, Utah und Colorado. Es ist das Heimatland des Volkes, welches sich die »Dineh« nennt: Die Menschen. Nach ihrem langen Marsch nach Fort Sumner, im Nordosten von New Mexico, im 18. Jahrhundert, auf dem Tausende an Hungersnot und Kälte starben, erlaubte man ihnen endlich nach ungefähr vier Jahren Exil, wieder in ihre Heimat zurückzukehren. Den meisten der anderen Indianerstämme war dies jedoch nicht vergönnt.

## DANKSAGUNG

Ich bedanke mich bei allen Freunden auf der Navajo Reservation in Arizona für ihre Hilfe und Unterstützung.

Mein besonderer Dank geht an Elsie Deswood und ihre Mutter Eliszabeth sowie an Francis und June Burnside.

Ich danke meinem Partner Tony für seine unendliche Geduld und seine liebevolle Aufmunterung und Christine Mckenzie für ihren ansteckenden Optimismus.

Mein ganz besonderer Dank gilt Michael Görden, meinem Lektor und Herausgeber dieses Buches. Ohne seinen wertvollen Rat und seine unermüdliche Inspiration wäre dieses Buch, in dieser Form, nie zustande gekommen.

Umwelthinweis:
Dieses Buch wurde auf chlor- und
säurefreiem Papier gedruckt.


Allegria ist ein Verlag der Ullstein Buchverlage GmbH
Herausgeber: Michael Görden


© Ullstein Buchverlage GmbH, Berlin 2005
Umschlaggestaltung: FranklDesign, München
Titelabbildung: Shivananda Ackermann
Gesetzt aus der Sabon
Satz: LVD GmbH, Berlin
Druck und Bindearbeiten: Pustet, Regensburg
Printed in Germany
ISBN 3-7934-2009-4